방카슈랑스
How to Work

제2권 · 워크북편

최종욱 지음

한국경제신문

방카슈랑스(Bancassurance)가 등장한 것은 30년 전의 일이다.

'Allfinanz(독일어로 광범위한 금융 슈퍼마켓을 의미)' 또는 'Assur-finance(프랑스어로 은행을 소유하는 보험회사를 의미)' 로도 알려져 있다. 영국에서 시작되었다는 이론과 프랑스나 미국에서 시작되었다고 주장하는 이론도 있다. 유럽의 방카슈랑스, 특히 프랑스의 그것은 독특한 조세제도에 의해 그 발전이 촉발되었으나 이제는 범유럽의 금융권을 휩쓰는 중요한 제도로서, 서유럽은 물론 아시아 태평양 지역에서도 그 비중이 점차 커지고 있다.

또한 방카슈랑스는 2000년대 한국 금융서비스 산업에 있어서 가장 중요한 변화의 계기가 될 것으로 예측된다. 은행이라고 하는 하나의 조직을 통해 은행 서비스와 함께 보험 서비스를 제공하는 전략으로서, 이는 Banking · 신용카드 업무 · 증권 · 유통 · 부동산 등의 상품과 논리적으로 결합된 보험상품에 '추가 서비스', 'One Stop Service' 를 제공한다는 점에서 접근되어야 함을 잊지 말아야 한다(Brandassurance). 그러나 이를 성공적으로 수행하기 위한 전략과 전술을 수립하고, 이를 차질 없이 추진해 가는 것은 무척 어려운 일이다.

유럽에서조차 상당히 많은 분야별 인력이 방카슈랑스 전략의 수립과 운영에 투입돼왔지만 유명무실하게 결실을 맺지 못한 사례도 많다. 반면에 잘 계획되고 빈틈없이 집행된 방카슈랑스 프로젝트는 확실히 효과적이고 기대 이상의 성과를 가져올 수 있을 뿐만 아니라, 한국 금융산업의 패러다임을 바꿀 수 있는 계기가 될 것임을 확신한다.

이 책에서는 좀더 효과적인 방카슈랑스 전략을 추진해 가는 데 있어 충족되어야 하는 주요 성공요소에 대한 확실한 아웃라인(outline)을 설정하고자 노력했다. 방카슈랑스에 관련된 많은 자료 중 보험사의 입장에서 가장 바람직한 전략적인 선택과 실용적인 방안을 제시하고자 노력한바, 은행 등에서 근무하는 독자는 이 점을 양해하고 '역지사지(易地思之)'의 입장에서 이해·응용하면 착오가 없으리라 사료된다.

2003년 11월

최 종 욱

제7장　TM센터 판매인력

4 CHAPTER
유럽으로부터의 교훈

① 머리말

　2003년 한국의 금융산업은 그 어느 때보다 심각한 구조적 변화를 요구당하고 있다. IMF 사태로 기인되는 부실금융기관 퇴출, 은행의 소매금융에 대한 재인식, 주식시장 침체로 인한 자산 운용방법의 재고 등 과거 수십 년 사이의 변화보다 더 빠르고, 마케팅 전략을 포함한 근본적인 구조개혁의 요구 아래 있다.

　방카슈랑스 또한 2000년대 보험사 입장에서는 상당히 심각한 화두로 대두되었다. 보험사 규모, 시장점유율, 마케팅 전략의 차이에 따라 각각의 회사가 방카슈랑스를 바라보는 시각은 다르다. 그러나 보험사의 많은 스태프들이 '방카슈랑스'를, 보험사가 거대 은행에 M&A 되어가는 과정으로만 이해하고 있어 마케팅 입장에서 볼 때 우려되는 바 또한 크다.

　왜냐하면 세상의 모든 제도는 소비자(User)의 입장에서 선호되는 방향으로 변화되며, 동일한 제도도 그것을 주도적으로 활용하는 마케팅 전략가에 따라 그 형태가 천차만별로 다양해질 수 있기 때문이다.

　한 예로, 필자가 국내 최초로 도입했던 생명보험의 텔레마케팅 또한 생보사별 규모, 마케팅 전략에 따라 아주 다양한 형태로 추진되고 있는 것만 보아도 알 수 있다.

이번 장은 유럽 은행의 방카슈랑스 도입 배경, 형태, 사례 및 교훈을 이해하고 대비할 뿐 아니라 이를 활용하고자 하는 입장에서 기술했다.

② 은행의 방카슈랑스 도입 배경

1. 유럽에서 1970~80년대에 방카슈랑스가 대대적으로 등장한 이유

1) 정치적 · 사회적 환경

유럽의 많은 방카슈랑스 전문가들은 방카슈랑스의 직접적인 도입 배경에 대해 대개 프랑스의 특별했던 정치 · 사회 · 경제적 환경을 그 이유로 든다. 즉 1980년 초 프랑스의 미테랑 정부는 사회복지 정책이 실패함에 따라 공적 연금을 대체할 수 있는 상품을 생명보험사가 판매케 하는 대신 판매되는 사적 연금 상품에 대해 과감한 세제혜택을 부여했다.

생명보험사들은 기본연금상품을 수익률이 높도록 개정함은 물론, 세제혜택을 활용해 신규고객 가입 유치에 나섰고, 폭발적인 가입 호응이 있었다.

이러한 연금상품은 주로 은행을 통해 판매되었다. 즉 연금판매 상위 10개사 중 8개사가 은행이었던 것이 반증이 된다. 이는 은행과

보험의 제휴가 위력적이었다는 말이기도 하며, 전통적인 연금판매
채널이 보험회사에서 은행 창구로 이동한 것이기도 하다.

2) 은행 사업환경의 변화

은행과 보험회사는 그 동안 각각의 안정된 경영환경에서 운영해
왔고, 주로 '상품'에 주력한 사업의 정의를 가지고 있었다. 그러나
은행의 전통적인 사업환경은 급격히 변화했다.

❑ 시장의 자율화

많은 금융기관은 고객에게 더 다양한 선택의 폭을 제공함으로써
더 많은 구매시장을 창출하는 데 총력을 기울였다. 이러한 시장
의 자율화는 은행이 보험상품, 보험관련 상품을 고객에게 판매하
도록 만들었다.

❑ 편리 위주의 소비자 욕구

더 많은 정보를 가지고 더 많은 서비스를 요구하는 소비자의 욕
구는 '편의 위주'로 강화되었고, 이익과 시간의 절약이 보장되는
'원스톱' 금융 서비스 회사를 만족스럽게 생각하기 시작했다.

❑ Technology(Database Marketing의 등장)

고객 Database를 기초로 한 데이터베이스 마케팅, Lead Genera-
tion(관심유도, 가망고객의 선정) 기법의 등장으로 더욱 적극적으
로 판매를 촉진하게 되었다.

❏ 법률(규제의 완화)

은행이 특정 보험상품을 마케팅하는 데 장애가 되었던 법률적인 장벽을 허물었다.

❏ 변화된 은행 사업의 정의

업 종	주요 상품	사업 초점	사업 정의
은 행	통화관리	시장	소매금융 서비스
보험사	리스크 관리	시장	소매금융 서비스

즉 은행이든 보험사든 간에, '소매금융 서비스'에 초점을 맞추는 사업 정의가 강해지면서 **상품에** 초점을 두는 조직에서 **시장과 서비스**에 초점을 두는 조직으로 전환되었다.

2. 방카슈랑스의 발달과정

수십 년 동안 은행과 보험을 결합시켜 운영돼 온 방카슈랑스에 대해 최근에야 학술적인 정밀 연구가 이루어지고 있다.

벨기에에서는 CGER(Caisse Generale d' Epargne et de Retraite) 이, 스페인에서는 Caixa of Barcelona가, 그리고 프랑스에서는 CNP(Caisse Nationale de Prevoyance)가 은행과 보험 서비스를 제공해 왔다.

즉 1980년 이전의 은행들은 그들의 상품과 직접적인 관련이 있던 보험의 보증관련 상품들을 주로 판매했고, 1980년 이후에는 생명보험과 연계된 세금우대 저축상품(연금)을 활발하게 판매했으며, 1990

년 이후에는 생명보험뿐 아니라 손해보험의 상품까지 판매하는 등 훨씬 더 다양한 상품판매 정책을 수행해 왔다. 일반적으로 방카슈랑 스는 뱅킹 · 보험의 통합 방식으로 금융 서비스 시장을 운영하려는 목적을 가진 은행이나 보험회사들에 의해 적용된 전략으로 묘사될 수 있다.

실제로 '방카슈랑스' 라는 용어는 개인고객관리에 있어 금융기관 들이 선택한 하나의 전략적 접근으로 묘사되어 왔다.

즉 은행과 보험사는 방카슈랑스의 개념을 첫째, 서로 다른 재정적 서비스들과의 결합으로, 둘째, 그러한 상품들의 판매로 이해하고 있 다. Swiss Re(1992년)는 올파이낸스(Allfinanz), 파이낸지아 글로발 레(Finanzia Globale)나 아슈르방크(Assubanque)처럼 방카슈랑스 라는 용어를 둘러싼 혼돈을 강조했다. 방카슈랑스에 붙여진 서로 다 른 의미들은 이 전략이 다양한 형태를 취할 수 있음을 설명하고 있 다. 사실, 필자는 방카슈랑스에 대한 더 넓은 정의들이 보험사와 은 행 간의 경계가 희미해져 버리는 향후의 발전상에 더 잘 들어맞는다 고 생각한다.

모건(Morgan, 1994)은 금융기관들이 방카슈랑스 쪽으로 움직인 정도를 표시한 연속선을 따라 자리매김하는 것도 적절한 분석적 접 근방법 가운데 하나라고 주장한다.

❑ 방카슈랑스의 연속선

비보험 → 상품 · 서비스의 관련성이 없음 → 결합(보험사의 독립 성) → 지주회사(완전한 방카슈랑스)

앞의 정의들은 방카슈랑스의 개념이 서로 다를 수 있음을 보여준
다. 이것은 보험과 은행의 통합이 단순히 판매에 따른 동의에서부터
두 기관의 자본 연결형태에 이르기까지 그 범위가 다양할 수 있기
때문이다(Vacquin in "Banque et Strategie", p10).

3. 생명보험 산업의 경쟁

생명보험 시장에서의 경쟁은 기존 보험사들 간의 가열되는 경쟁
과 새로운 경쟁사들의 등장으로 더욱더 치열해지고 있다. 영국의
〈이코노미스트〉지는 금융의 자율화가 보험사들 사이의 경쟁이 치
열해지도록 부추기는 한편, 보험사만이 아닌 은행과 외국의 새로운
경쟁자들에 의해(EU 국가들의 단일 시장의 개방압력) 더욱 가열되
었으며, 방카슈랑스는 생명보험에서 변화하는 경쟁의 중요한 요소
가 되어왔다.

특히, 은행들은 거대한 지점 네크워크들과 그들이 갖고 있는 고객
데이터베이스에 의해 생명보험 분야의 중요한 경쟁자로 부각되었
다. 또한, 소매유통업자들이 금융 서비스 산업에 참여한 적은 있었
지만, 보험의 영역으로 확대해 들어온 것은 오래 전 일이 아니다.

영국의 Marks & Spencer사는 이 분야에 참여한 가장 최근의 소
매유통업자다. 이 회사는 자사의 신용카드를 사용하고 있는 300만
명의 고객 데이터베이스를 활용해 영업하고 있고, Virgin사 또한
Norwich Union이라는 회사와 조인트 벤처를 형성해서 Virgin이라
는 이름을 내건 채 주로 텔레마케팅 기법을 사용하여 다양한 생명보

험관련 상품을 판매하고 있다.

프랑스의 가장 큰 백화점 그룹 중 하나인 Cofiga사는 직접 마케팅 기법으로 일정 범위의 보험을 선보이고 있다. 초대형 슈퍼마켓 체인인 Carrefour사도 다른 금융 서비스 산업에 성공적으로 진입한 이후 Axa사의 고유 브랜드 하에서 생명보험 상품들을 판매하기 시작했다. 또한 더욱 많은 소매 유통업체들이 자신들의 핵심사업과 관련된 일반 보험상품을 개발해 판매하기 시작했다〔예를 들면, Mercedes Benz사의 자동화 보험 전화 중개법인인 Youngman(1995)은 고객과 데이터베이스를 위주로 한 판매방법이야말로 오늘날 시장에서 기존 보험상품들의 판매방식을 잠식하면서 성공할 수 있는 가장 중요한 방법이라고 강조한다〕.

보험시장에서 경쟁의 증가는 최근 몇 년 동안 보험시장에 성공적으로 진입한 은행들이나 기타 금융회사, 소매 유통업체뿐 아니라, 국내외 회사들과의 경쟁에서 살아남기 위해서는 기존의 보험사들이 좀더 마케팅 위주로 전환해야 할 것이라는 기본 방향을 제시해 주고 있다.

은행, 기타 금융회사, 소매 유통업체 들의 보험시장 진입은 앞으로의 보험판매구조를 완전히 바꾸어놓을 것이다.

4. 생명보험 판매의 새로운 양상

보험판매의 주요 전환점은 다이렉트 마케팅과 은행의 보험시장 진입의 두 가지 주요 부문에서 비롯되었다. 종종 새로운 기업들은 이러한 변화를 주도하곤 하지만, 기존의 보험회사들 역시 새로운 시장에 접근하면서 판매 채널 다양화에 촉각을 곤두세우고 있었다. 그러나 이러한 기존 보험회사의 전략에 대한 몇 가지 단점이 분석가들에 의해 지적되었다.

대표적으로 Leach(1993년)는 다양한 채널의 마케팅 전략 수립과 관련된 엄청난 비용을 지적했다.

가. 보험사는 다양한 판매 채널을 운영하는 데 필요한 사무처리와 시스템의 투자비용에 대해 충분한 근거를 제시해야만 한다.

나. 중앙집중 경영방식의 보험사로서는 다양한 판매 채널 전략을 수행하기가 쉽지 않다. 채널별 할당 비용과 수당, 시스템, 상품개발, 그리고 각각의 광고 등 서로 다른 판매 경로 사이에서 이윤의 갈등이 생길 수 있다는 것이다.

다. 유럽 전역의 몇몇 보험회사도 이미 경험한 내용으로서, Nedelanden사가 1990년 NMB Post-Bank와의 합병계획을 선언한 이후에 Nationale-Nedelanden사와 그 브로커 사이에서 생긴 핵심 갈등이었다. 거대하고 견고한 은행 네트워크의 경쟁력과 브로커라는 두 채널 간의 이중 요율체계 도입에 대한 두려움 때문에 브로커들은 NatNed의 상품에 대한 불매운동을 전개했다. 그 때까지 브로커들은 NatNed 보험상품에서 80% 정도의 업적을 기록하고 있었다(Lafferty, 1991). 이와 비슷한 갈등이 UAP와 프랑스의 AXA, INA, 그리고 이탈리아의 RAS에서 불거져 나왔다(Leach, 1993). Etherington(1993)은 은행을 통한 보험사들의 상품판매와 관련된 위험성에 대해 주장한 바 있는데, 보험사가 고객들과의 직접적인 관계(거래, 서비스 등)를 형성할 수 없다면 향후 고객들을 빼앗길 우려가 있다는 것이다.

이런 현상은, 특히 은행과 부동산 금융회사(Building Society)가 단순한 제3의 공급자에서 마침내 스스로 생명보험회사를 설립하게 된 영국 방카슈랑스 현상의 발달로써 잘 증명된다. 생명보험회사와의 제휴관계에서 얻는 경험을 이용해 그들은 그 사업에서 발생되는 모든 이익을 챙기려고 하게끔 되었던 것이다. 이렇게 판매 채널의 지속성에 대해 보장할 수 없기 때문에 은행과의 제휴 마케팅이야말로 보험사들에게 위협이 아닐 수 없다.

이에 대한 가장 악명 높은 예는 영국의 Abbey National 은행이, 1988년 그 때까지 그들이 이룩한 신계약의 30%를 제공하던 Friends Porovident사와의 전속계약을 저버린 것이다.

최근의 또 다른 예로는 가장 큰 Building Society 중 하나인 Halifax사가 자신의 생명보험회사를 세우기 위해 Standard Life사와의 유대관계를 깨뜨린 것이다.

이에 따라 Legal & General사나 Sun Alliance사 같은 몇몇 보험회사들은 위험을 줄이기 위해 중소기업 규모의 은행이나 Building Society들과 다중계약을 맺게 되었다. 이러한 사례는 생명보험회사들이 방카슈랑스에 대해 의혹과 경계의 시선을 갖게 한 빌미가 되었으나, 앞에서 언급한 바와 같이 방카슈랑스의 형태·전략에 따라 생명보험사가 주도적일 수 있는 Assurbanque의 방법론에는 여러 가지가 있다. 어쨌든 Etherington(1993)은, 보험사들이 나중에 서로

먹고 먹히게 되는 위험을 줄이기 위해서라도 은행 파트너와의 이해
관계를 확실히 해야 한다고 주장한다.

아울러 다이렉트 마케팅(DM, DRA, 텔레마케팅)의 등장으로 인
해 최근 두 가지 중요한 발전이 이루어지게 되었다. 한 독립적인 보
고서는 이 다이렉트 마케팅 채널이 2000년까지 생명보험 시장의
8% 정도를 지배할 것이라고 보고했다(Lindisfarne, 1995).

최근 몇 년 동안 프랑스 · 영국 · 네덜란드 · 벨기에 · 스페인 · 덴
마크 등의 나라들은 평균 이상의 성장률을 보인 가운데, 유럽에서의
다이렉트 마케팅 채널의 점유율이 평균 7% 정도에 이른다
(Hoschka, 1994). 생명보험 마케터로서 소매유통업체의 등장은 또
다른 판매 채널 형태를 만들어냈다. Norwich Union사는 Virgin
Direct사가 텔레마케팅을 운영하도록 도왔다. 그 결과는 성공적이
었으나 Virgin Direct사의 운영책임자인 Jayne-Anne Gadhia는
Norwich Union사의 상품 대신 자사의 상품으로 생명보험사업의
운영을 고려하겠다는 발표를 한 바 있다(Downing, 1995). 이는 은
행, 소매유통업체들과의 전략적 제휴 관계에 있는 보험회사들에 다
시 한번 경종을 울리는 계기가 되었다.

이러한 사례에서 얻을 수 있는 점은 제휴회사의 데이터베이스에
대한 탄력적인 접근과 마케팅 전략의 수립 및 운영에서의 주도권 확
보에 대한 교훈을 남긴 사례들이라는 것이다.

③ 방카슈랑스 성공의 장애요인

방카슈랑스 분야에서의 경험이 증가하면서 이 전략의 성공을 방해하는 운영상의 어려운 점들이 속속 드러나게 되었다. 그럼에도 불구하고 진취적인 유럽의 은행들은 생명보험은 물론 손해보험시장에까지 뛰어들어 보험 분야에 대한 연관성을 확대해 나갔다.

특히 프랑스 은행들은 생명보험 판매에 상당히 성공해 왔다. 이것은 프랑스 은행들이 비교적 제한된 보험상품, 그 중에서도 특히 전통적인 은행예금과 매우 유사한 상품에 판매력을 집중해 왔기 때문이다.

Tillinghast(1991년)는 방카슈랑스를 통해 판매된 상품의 47%가 전통적인 생명보험계약이었던 반면에 53%가 저축성 상품이었다고 밝히고 있다.

1. 장해 요인

1) 고객들의 거부감

일부 평론가들은 고객들이 '원스톱 쇼핑'의 개념을 이해 못 할지도 모른다는 것에 근거해 방카슈랑스에 대해 비판해 왔다. 즉 어떤 고객들은 아마도 '모든 계란을 같은 바구니에 담은 것'에 거부감을 느낄 수도 있으며, 자신들의 금융적인 투자를 여러 곳의 금융기관에 분산시키는 것을 선호할 수 있다는 것이다. 은행원으로부터 보험을 구입하는 데 고객들이 느끼는 거부감의 또 다른 부분은 개인적인 거부감과 관련이 있는데, 보험가입을 권유하는 은행원이 자신의 은행 잔고를 알게 된다는 것과 보험계약에 대한 조언을 자신이 거래하는 은행의 예금 관리인에게 의존한다는 사실에 대한 거부감이다(Gumbel, 1991).

2) 방카슈랑스 진입형태 및 조직

- 전략적 제휴
- 합병과 인수
- 조인트 벤처
- 신설생보사 창설(New Start up)

이러한 방카슈랑스 진입형태에 대해 Hoschka(1994)는 조인트 벤처 및 전략적 제휴관계를 특히 비판했다. 왜냐하면 이러한 방법은

보험사와 은행 파트너들 사이에 이익의 분산을 가져올 수 있기 때문
이고, 상대적으로 불안정할 수 있기 때문이라는 것이다.

그는 합병과 인수에 대해서도 비판적인데, 이는 전에 독립적으로
존재했던 두 개의 개별회사들을 통합하는 경우 인력·비용·시스
템·관행 등의 관리 문제가 잔존하기 때문이다.

3) 방카슈랑스에서의 문화적 갈등

방카슈랑스의 문화적 갈등에는 두 가지 중요한 측면이 있다. 하나
는 상이한 조직문화와 관련이 있다. 양쪽은 서로 지배적인 위치를
공고히 하려고 시도하거나 상대방의 사업을 명확히 이해하는 데 어
려움이 있기 때문이다. 방카슈랑스에서의 보험판매는 전문화된 설
계사에게 판매의 주도권을 주거나 지점의 직원들에게 의존하게 된
다. Morgan(1993)은 영국에서 익명의 방카슈어러들을 분석했고 제
휴관계가 철회된 사례를 보도했다. 그 이유는 은행직원들이 고액 연
봉을 받는 보험 판매자의 출현을 달가워하지 않았기 때문이다. 즉
은행직원들은 월급을 받는 반면, 보험설계사는 커미션을 받기 때문
이고, 은행직원들에게도 판매에 대한 압력이 가해져 문제가 야기된
경우도 있다.

④ 영국의 방카슈랑스

Evolution of the Bancassurance Concept
Distribution of Life Assurance in Five European Countries 1989/90

구 분	영국	프랑스	네덜란드	독일	아일랜드
은행[1]	16	52	25	20	27
브로커	30	5	60	20	58
전속 대리점	9	13	2	1	–
설계사	43	21	5	57	15
다이렉트 마케팅	2	9	8	2	–

[1] Include building societies and savings banks.
Source : Lafferty Group Management Report, 'The Allfinanz Revolution-Winning Strategies for the 1990s', 1991.

영국에서 실시된 한 연구는 1988년 비슷한 유형의 영국 생명보험 회사들에 비해 방카슈어러의 형태가 비용 면에서 상당히 유리하다는 사실을 보여주고 있다. TSB Life사는 30.2%의 비용절감을, Black Horse Life사는 22.2%의 비용절감을 누리고 있다.

영국에서 생명보험산업은 지난 10년 간 매우 급격한 발달을 이루었다. 인구 통계학적인 변화로써 촉진된 급격한 성장과 저축상품에 대한 수요 증가, 금융산업에서의 합병 물결을 주도한 외국회사와 은행, 그리고 소매유통업체의 등장으로 인한 경쟁 증가, 그리고 마침내 전통적인 보험 에이전트로부터 직접 판매 채널과 은행, 그리고 소매 유통업자들로 판매 행위가 옮겨진 것이다. 이러한 발달과정은 계속될 전망이며, 금융산업 전반에 걸쳐 중대한 변동을 가져올 것으로 예상된다.

1. 선구자

영국의 첫번째 방카슈랑스 경험은 1967년 TSB Group이 적극적으로 방카슈랑스 전략을 채택해 보험 자회사를 설립함으로써 시작되었고, Barclays Bank는 1969년 생명보험 자회사를 설립해 거의 같은 시기에 출발하게 되었다. 그러나 양사는 현저하게 다른 전략의 선택으로 차별화된 발전양상을 보이게 된다.

1) TSB Group

TSB Trust는 1967년 TSB Associaion 회의를 기점으로 창립되었다. 처음에는 방카슈랑스라는 새로운 분야에 투자하는 것을 주저했으나, 보험 분야의 급속한 성공으로 이내 그 태도가 바뀌었다. TSB Trust는 꾸준히 전문지식을 늘려갔고, 특히 Unit Linked 계약으로 급속히 성장하면서 1984년 보험과 단일 신탁상품으로 그룹 운영이익의 15%를 벌어들였다. TSB에 의해 시작된 혁명적인 마케팅 개념 중 하나는 전문 세일즈맨을 은행지점에 배치시키는 것으로서, 1972

년 단 7명으로 출발한 전문 세일즈맨이 1984년에는 240명에 이르게
되었다.

TSB Trust는 이렇듯 밀착된 고객관리로 경쟁업체를 앞지르게 된
다. 장기보험에서의 성공과 병행해 TSB는 1979년 Home Insurance,
1985년 자동차 보험상품, 이어서 대출관련 상품(질병·실업·사
망), 그리고 신용보험을 선보였다.

1989년 TSB는 Prudential(시장점유율 10%)의 뒤를 이어 시장의
6%를 점하면서 연금과 생명보험 판매에서 영국 2위를 기록한다.

Source : TSB Group Reveiw(1991)

TSB 보험 분야에서의 이익은 1989~92년 사이의 그룹 총이익의
평균 30%에 달했다(Hoschka, 1994). 이로 인해 TSB는 방카슈랑스

성공으로 가장 잘 인용되는 예 중 하나가 되었다.

TSB는 1995년 Lloyd Bank에 인수되었다.

2) Barclays Bank

Barclays Bank는 Unicorn(투자신탁회사)을 인수, 생명보험 자회사인 Barclays Life를 설립한 1969년 이후 방카슈랑스 부문에서 활발하게 활동해 왔다. 이러한 결합을 통해 은행은 뒤늦게 1986년 보험상품의 판매를 통한 이점을 인식하게 되었고, 이는 현저한 판매 증진 효과를 가져왔다.

Barclays의 기구조직은 TSB와는 달리 생명보험 자회사가 Barclays Financial Services의 지휘를 받는다. 여기에는 보험 브로커와 Barclays Insurance Services의 2개 자회사가 있으며, 1988년부터 시작해 은행지점에서 80%의 판매고를 기록한 바 있다.

Barclays의 보험 서비스 유통은 3개의 채널에 의존했다.

- 보험 브로커, Barclays 보험설계사를 포함한 지역 설계사
- 지점
- 본사의 다이렉트 마케팅

초기, 주로 은행고객들에 의한 소개에 의존했고, 가끔 지점 직원들에 의해 판매가 이루어지기도 했다. Barclays Life 세일즈맨의 중요성은 1990년대 초 증가했는데, 1989년 900명이었던 것이 1993년에는 1,525명으로 증가했고 이 판매원들에 의한 판매는 총 계약건의 90%를 차지했다(Hoschka, 1994). TSB처럼 Barclays 지점은 보

험을 필요로 하는 고객들을 확인할 수 있는 광범위한 데이터베이스를 가지고 있다.

그런데 인센티브 시스템이 TSB와 달라 지점의 직원들은 가망고객 데이터를 세일즈맨에게 양도하는 데 커미션이 전혀 없지만, Barclays Life의 보험 세일즈맨들은 아주 작은 기본급에 더해 커미션에 따른 보수를 받았다.

이 시스템은 1994년 세일즈맨에 의한 강제판매를 해결하기 위해 기본 월급이 위주가 되는 시스템으로 변화했다. 방카슈랑스에 대한 강조는 TSB보다 늦었지만, Barclays는 상당한 성장률을 경험했고, 그룹 전체 이익에 대한 보험 기여도는 1988년 7%이던 것이 1991년에는 40%까지 증가했다.

그럼에도 Barclays 경영진은 100만 명의 보험계약자가 잠재고객의 7~8%에 불과하다고 추정한 바 있다.

TSB와 Barclays Bank는 영국에서 방카슈랑스의 선구자였으나, 이 두 회사는 아주 다른 형태로 발전했다.

TSB가 은행고객들에게 보험상품을 Cross-Selling하는 전략을 쓴 반면, Barclays Bank는 1980년에 와서야 보험 세일즈맨과 지점직원들 간의 관계를 활용하는 판매 시스템을 발달시켜 나갔다. 그렇더라도 1990년 초 이 두 회사는 보험 세일즈맨과 은행 직원들과의 협력을 증가시킬 목적으로 상호 유사한 판매 시스템 및 인센티브 제도를 사용하게 된다.

2. 2세대 방카슈어러

1) Lloyds Bank

Lloyds Bank를 2세대 방카슈어러의 범주에 넣고 분류하는 것은 약간 부적절하다. 왜냐하면 이 은행은 1960년에 이미 Black Horse Life라는 생명보험회사를 소유하고 있었기 때문이다. 그럼에도 불구하고 방카슈랑스라는 맥락에서 Lloyds Bank의 이름이 알려진 것은 1988년 Abbey Life의 지분을 57.6% 획득하고 Lloyds Abbey Life로 개명하면서부터다. 1988년 12월 Abbey Life는 다섯 개의 Lloyds 보험 자회사들과 합병을 하는데, 여기에는 Black Horse Life도 들어가 있었다. 당시 Lloyds Bank는 원스톱 쇼핑을 제공하기 위해 자신의 생명보험 사업을 확대할 방법을 찾는 중이었다. 더욱이 생명보험 사업은 꾸준한 수입이 보장된다는 사실을 알고 있었으며, 사업의 변화에 대해 은행보다 덜 민감하다는 점을 인식하고 있었다. 이 은행은 인수합병의 방법을 선택했고, 신규설립과는 다르게 재빨리 필요한 전문가를 영입해 생명보험 사업을 개시했다. Abbey Life 관점에서 본 마케팅의 합리화는 새 판매 채널을 통해 기본적인 고객을 늘리고 세일즈맨당 더 높은 수준의 판매를 통해 생산성을 개선하는 것이었다. 합병 직후, Abbey Life의 경영진은 Black Horse Financial Service의 경영진으로 이동했다. 상당한 교육훈련 프로그램이 Lloyds 지점의 직원들을 위해 개설되었고, 첫해에만 약 3,000명이 이 훈련에 참가했다.

1992년에는 약 1,000명의 전문 세일즈맨과 약 900명의 은행직원

들이 보험전문 교육훈련을 받았다. 은행직원들은 더 광범위한 금융
상품 분석의 필요성을 느끼게 되었고, 은행에서는 지점 개설시간 이
외에도 서비스를 제공해야 하는 전문 세일즈맨들에게 Sales Lead가
주어졌다. 은행직원들은 급여를 기준으로 보상받았으나, 보험판매
원들이 급여를 받기 위해서는 적절한 수준의 판매실적이 있어야 했
다. 다만 지점관리자는 실적에 따라 부분적으로 보상을 받았고, 생
명보험 판매에 대해 목표를 할당받았다. 이는 지점관리자에게 지점
직원들을 장려하는 동기가 되었고, 이후 전문세일즈맨들에게 Sales
Lead를 넘기지 않게 되었다.

　　Black Horse Financial Services는 상당한 성장률을 기록했고,
1992년까지는 Abbey Life보다 신계약이 더 많았다. 같은 기간에
Abbey Life의 성과는 정체되었는데, 이것은 은행의 지점 네크워크
를 사용한 판매방법을 사용하지 않았기 때문이다.

2) Midland Bank

　　Midland Bank가 방카슈어러가 되는 방법으로 이 은행은 기존 보
험회사와의 조인트 벤처 설립을 결정했는데, 이를 통해 각 조직별
전문가를 확보할 수 있었기 때문이다. 특히 그 파트너로서 Com-
mercial Union을 선택했다. 커머셜 유니언이 상대적 자율성을 기꺼
이 은행에 부여했기 때문이다. 즉 Midland Life는 Midland Bank가
새로 형성되는 회사의 지분 65%를 보유하며 1988년 설립되었고,
1994년 Commercial Union의 Midland Life에 대한 지분은 12%에
불과했다.

이 회사의 문제점은 1988년 8,000명의 은행직원들을 훈련시켰으나 이들이 단순하고 융자와 관련 있는 보험상품을 판매하려고 하는 반면, 다른 종류의 생명보험상품을 파는 행위는 달가워하지 않았다는 것이다. 경영진은 직원들이 상대적으로 복잡한 이러한 상품들의 판매와 관련한 인센티브가 부족하기 때문이라는 것을 알게 되었다. 이러한 결과 1994년의 통계로 Midland Life는 겨우 2~3%의 은행고객들과 계약을 맺는 데 만족해야 했다.

3) Royal Bank of Scotland

Royal Bank of Scotland는 1985년 자동차보험과 손해보험 자회사인 Direct Line에 개입하면서 방카슈어러가 되었다. 이는 손해보험 분야에서 영국 유일한 방카슈랑스의 예 중 하나다.

Direct Line은 창업 이래 눈부신 성장을 거듭해 영국 1위의 손해보험사로 발돋움했으나, 은행은 Royal Scottish Assurance의 49%를 점하고 있는 Scottish Eqitable과의 합작투자에 착수한 1990년이 되어서야 생명보험 사업에 착수하게 되었다. 이 사례에서 우리는 방카슈랑스에서 가장 중요한 마케팅 기법은 다이렉트 마케팅, 데이터베이스 마케팅 기법이라는 것을 알 수 있다.

3. 영국에서의 아슈르방크

'아슈르방크' 란 보험사에 의한 은행상품의 판매나 자본개입을 통해 보험업자에 의한 은행사업 참여를 명시하는 용어다.

특히 주목할 만한 것은 Standard Life에 의한 Bank of Scotland의 주식을 보유한 사례로서, 최근 몇몇 보험회사가 은행시장에 대한 관심을 보여왔다. 1989년 11월 Standard Life는 The Bank of Scotland와 합병하면서 은행 주식의 33%를 획득했고 4,000명의 지점직원들이 Standard Life로부터 교육훈련을 받은 후에 시험을 치러야 했다. 1993년에는 Standard Life에 의해 훈련을 받은 대략 110명의 은행직원들이 재정 컨설턴트로 발령을 받았다. 그러나 '아슈르방크' 의 성공 여부는 아직 미지수다.

이와 같은 사례는 Pearl Assurance의 텔레폰 은행 서비스인 'Reward', Wesleyan Assurance Society의 Wesleyan Society Bank 등이며 Prudential은 1996년 은행면허를 획득했다.

이러한 움직임은 방카슈랑스의 경향에 직면하고 있는 생명보험회사들의 수동적 태도를 비난해 온 Etherington(1993)에 의해 환영받고 있다.

 프랑스의 방카슈랑스

프랑스의 방카슈랑스는 세계에서 가장 잘 통합·정리된 형태 중 하나다. 생명보험시장에서 은행이 차지하는 비율은 1980년대 이후 가파르게 성장해 왔으며, 프랑스 은행들은 최근 손해보험 분야에도 적극적인 진입을 시작했다. 많은 프랑스 방카슈어러들은 다른 나라에서 그 모델이 되고 있으나, 프랑스의 방카슈랑스는 성공을 모방하기 어렵게 만드는 그들만의 독특함으로 오랫동안 자리매김해 왔다.

Comfagnie Bancaire는 1973년 Cardif를 시작할 때 이상적인 접근방식을 사용했다. 이 은행은 특화된 수많은 지점망의 상업적 잠재력을 최대화하고 싶어했고, 그것을 보험상품의 Cross-Selling 기회로 활용했다.

Cardif는 곧 프랑스에서 가장 혁신적인 생명보험회사 중 하나가 되었다. 1976년경 우편판매 시스템을 개발했고, 1980년 기업을 대상으로 한 연금계획 패키지를 만들었다. 1985년 이 회사의 총매출은 118% 성장했다(La Tribune de l' Assurance, 1993).

1980년 초반은 다른 대규모 은행들의 방카슈랑스 시장 진입으로 특징 지을 수 있는데, 은행지점을 통한 보험상품은 Cross Selling하

은행	보험회사	연계형태	연도
Credit Mutuel	ACM Vie	Start-up	1970
Credit Lyonnais	Medicale de France	Acquisition 100%	1971
Societe Generale	UMAC	Acquisition	1973
Compagnie Bancaire	Cardif	Start-up	1973
BNP	Natio Vie	Start-up	1980
Banques Populaires	Fructivie	Joint Venture w. Cardif	1982
Societe Generale	Sogecap	Start-up	1984
CIC	GAN	GAN owns 82% of CIC	1985
BNP	Assu-Vie	Joint Venture w. GAN	1985
Credit Lyonnais	Union des Assurances Federales Vie	Start-up	1985
Credit Agricole	Predica	Start-up	1986
Caisses d'Epargne	Ecureuil Vie	Joint Venture 51% w. CNP	1988

겠다는 보다 분명한 전략으로 볼 수 있다.

BNP(Bargne Nationale de Paris)는 1980년 Natio Vie를 출범시켰다. BNP는 지점에 보험전문가들을 두고 지점 은행원들과 협력해 생명보험 상품을 판매토록 했다.

Natio Vie는 처음에 중간 정도의 실적을 보였으나 1990년대 초 크게 성공했다. 특히 BNP가 GAN(프랑스에서 세번째 규모의 보험 회사)와 합작해 파트너로부터 전문적 지식과 기술을 얻으려는 희망에서 조인트 벤처인 Assu-Vie를 설립하기로 한 1980년대부터 판매고가 상당히 올라갔다.

1992년 Natio Vie의 보험료는 약 86%가량 올라갔고(Leach, 1993), 이 회사의 업적은 그 이듬해에도 무려 23%의 증가율을 기록

했다(Lemoine, 1994).

프랑스 방카슈랑스의 각광받는 존재인 Predica는 프랑스에서 가장 큰 규모의 은행인 Credit Agricole가 1986년 설립했다. Credit Agricole는 프랑스 전역에 광범위한 지점망을 가지고 있으며, 1,000만 가구의 고객 데이터베이스를 가지고 있다(La Tribune de l'Assurance, 1993).

Predica는 모은행 1만 개의 지점망을 효과적으로 활용해 4년 만에 프랑스에서 두번째로 큰 생명보험회사로 성장했다. Predica는 프랑스 방카슈랑스를 추진시켰던 주요 요소 중 하나인 'bons de Capitalisation', 즉 일시납 보험계약 형태의 장기계약을 잘 활용했다. 1988년까지 그것은 프랑스 저축가들에게 자본을 저축할 수 있게 하고 저축기간 말에 세금경감 혜택을 받을 수 있는 유일한 상품이었다. Predica의 주력상품인 Predicis는 1988년 총거래액의 80%를 차지했고, 1989년에는 60%를 차지했다.

4,300개의 지점들을 거느린 또 다른 프랑스의 저축은행 연합인 Caisses d'Epargne는 CNP의 생명보험상품 판매에 오랫동안 관여해 왔는데, 1988년에 와서야 다른 은행들과 차별화하려는 CNP의 제안을 수용, 별개의 회사를 만들었다. Ecureuil Vie는 Caissco d'Epargne와 CNP의 조인트 벤처로서 각 회사가 지분을 반씩 보유하고 있다.

보험상품의 개발과 계약관리는 CNP에서 하고 있으나, 생명보험상품 판매는 새로운 회사에서 책임지고 있다. 1994년 판매 총거래액은 22.5조 프랑(Daniel, 1995)으로 Ecureuil Vie는 늦은 출발이었으나 프랑스 방카슈랑스 시장에 성공적으로 진입했다.

　　프랑스 방카슈랑스의 다른 흥미로운 특징은 'Assurbanque' 라는 명칭이다. 이는 보험회사들에 의한 은행산업 참여와 관련된 말로 자산규모에서 프랑스 3대 보험회사인 GAN과 연관이 있다. GAN은 CIC를 인수하면서 갑자기 방카슈랑스 세계로 뛰어들었다. 이 인수는 세 단계에 걸쳐 일어났는데 GAN은 1985년 처음으로 34%의 CIC 지분을 얻고, 그 후 참여 비율을 1989년에 51%까지 높이고, 1991년에는 82%까지 증가시켰다. 1986년 두 회사는 생명보험 합작투자회사인 SOCAPI를 창설했고, 1989년 GAN은 방카슈랑스 운영을 가속화하기로 했다. 즉 CIC 지점망을 통해 SOCAPI의 보험상품을 적극적으로 판매 촉진시키기로 한 것이다. SOCAPI의 계약고는 세 배로 증가해 1989년 말에는 3조 프랑, 1992년에는 6조 프랑에 달했다.

6 방카슈랑스 형태의 선택

우리는 이상과 같은 유럽 은행과 생명보험사의 방카슈랑스 추진 과정에 대한 역사적 사례에서 많은 교훈을 얻을 수 있었다.

이러한 교훈을 바탕으로 방카슈랑스를 추진하고자 하는 생명보험사 입장에서 몇 가지 살펴보고자 한다.

1. 방카슈랑스의 형태

표준화된 방카슈랑스 모델은 없으나 ① 은행과 보험사 간의 판매 제휴, ② 은행의 보험자회사를 통한 보험판매가 주로 채택되고 있는 것이 유럽의 주요 방식이다. 반면, 국내에서는 ① 은행과 보험사 간의 판매 제휴, ② 은행과 보험사 간 상호지분참여, ③ 보험사의 은행 지분참여 등 주로 외국계 생명보험사 위주의 본격적인 방카슈랑스 실시를 위한 제휴가 이루어지고 있다.

은행과 보험사 간의 방카슈랑스 형태
① 은행의 보험 자회사 설립
② 보험사의 은행 자회사 설립
③ 은행 · 보험사 간 상호지분참여
④ 조인트 벤처(Bancassurance)
⑤ 금융 서비스 그룹 설립
⑥ 판매 제휴

위의 6가지 형태 중 ③번 은행 · 보험 간 상호 지분참여 및 ④번 조인트 벤처가 초기 가장 현실적인 방카슈랑스 참여 형태가 될 것으로 보인다. 초기 방카슈랑스의 성공적 추진이 된 생명보험사의 경우에는 다수의 은행과 ⑥번 판매 제휴를 추진하는 것이 가능할 것으로 예상된다.

2. 방카슈랑스의 판매 채널

방카슈랑스의 판매 채널로는 ① 방카슈랑스 전담회사(합작회사 형태)와 관련 은행 간의 판매 제휴를 통한 판매, ② 보험회사와 은행의 판매 제휴(대리점)를 통한 판매로 나누어진다. 이 경우 은행에서의 판매는 ① 통신판매(DM 발송, 전화판매 등), ② 은행창구 직판(은행 일반직원 판매), ③ 전담직원 판매(은행의 전담직원 또는 설계사 고용 판매), ④ 협력 판매(고객상담을 통한 제휴 보험사 소개)를 통해 이루어진다.

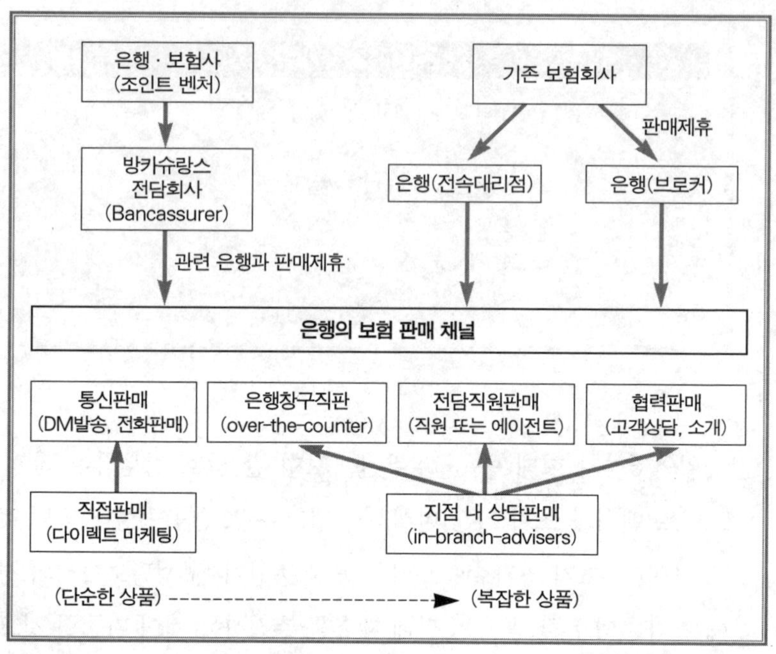

은행·보험사
(조인트 벤처)
기존 보험회사
판매제휴
방카슈랑스
전담회사
(Bancassurer)
은행(전속대리점)
은행(브로커)
관련 은행과 판매제휴
은행의 보험 판매 채널
통신판매
(DM발송, 전화판매)
은행창구직판
(over-the-counter)
전담직원판매
(직원 또는 에이전트)
협력판매
(고객상담, 소개)
직접판매
(다이렉트 마케팅)
지점 내 상담판매
(in-branch-advisers)
(단순한 상품)
(복잡한 상품)

7 방카슈랑스 성공의 열쇠

고객 데이터베이스를 활용한 효율적인 비용의 은행과 보험 상품의 판매라는 방카슈랑스의 Process에 있어서는 은행과 보험회사의 통합된 판매를 위주로 필요에 따라 제3자와의 제휴 판매 또는 공동 마케팅의 방법을 함께 활용해야 하며 은행의 예금·대출·송금 등 Banking 업무, Credit Card 업무, 부가서비스 업무와 생명보험의 고유 기능 mix를 통한 시너지 효과에 주력해야 한다. 또한 은행의 보험회사 소유, 보험회사의 은행 소유, 합작회사, 전략적 제휴의 방카슈랑스 형태에 관계없이 은행과 보험회사가 시너지 효과를 활용하기 위해 통합적으로 움직여야 할 것이다.

주요 성공의 요소는 보는 시각과 사람에 따라 상당히 다를 수 있으며, 성공을 위한 방법도 다양하다. 그러나 우리는 새 시대의 방카슈어러(Bancassurer)의 성공에 결정적인 역할을 하는 공통적인 몇 가지의 주요 성공요소에 대해 집중적인 고려를 해볼 필요가 있다.

1. 고객관계의 이해

　　은행은 예외없이 강한 브랜드 이미지와 상당한 고객 데이터베이스를 가지고 있다. 방카슈랑스의 첫번째 목표는 소비자에게 싼 값에 좋은 상품과 어드바이스를 제공하는 것이다. 방카슈랑스 상품은 기존 고객관리에 의거 고객들로부터 신뢰를 받고 있을 때 판매 가능한 것이며, 방카슈랑스는 상품의 판매라기보다는 서비스의 판매라는 면에서의 접근이 중요하다. 즉 다양한 접점에서의 한결 같은 서비스를 제공하는 것이 중요하다.

　　소비자의 Life Cycle에 따라 끊임없이 서비스를 제공하고 그들이 원하는 것이 무엇인지 이해하려면, 소비자에 대한 자세한 정보를 수집하고 자료를 업데이트하는 작업이 필수적으로 이루어져야 한다.

2. 판매효율의 증대

　　방카슈랑스의 성공에 가장 중요한 요소는 Lead Generation(주의 환기·관심 유도)과 Conversion Rate(계약 성공률)이다. 대부분의 방카슈어러는 충분한 고객 서비스의 제공 및 규모의 경제를 달성하기 위해 급속도로 빨리 FPC(Financial Planning Consultant)를 구축했다. 물론 올바른 채용과 보수기준이 FPC의 성공여부를 결정하는 관건이다.

　　방카슈어러의 FPC는 종래 보험회사의 직접 판매인력(Direct Sales Force)보다 4배의 생산성을 보일 수 있는 것으로 간주된다.

Bancassurer는 또한 기타 제3의 제휴 마케팅(The Third Party), 공동 마케팅, 다이렉트 마케팅을 잘 조합해 효율적인 마케팅이 되도록 노력해야 한다.

3. 상품의 mix

방카슈랑스가 생명보험회사에게 본질적으로 다른 상품을 요구하지는 않는다. 그러나 방카슈어러에 있어서는 종전 상품의 범위나 틀에서 벗어나 Banking, 신용카드, 부가서비스 등 은행 고유업무와의 결합이 가능하거나 기존 고객에 대한 서비스가 강화될 수 있는 상품개발에 주력해야 한다.

즉 고객과 은행이 가치가 있다고 판단되면서도 까다로운 조건이 없는 간단하고 이해하기 쉬운 상품을 의미한다. 이해하기 쉬운 상품은 FPC뿐 아니라 고객에게도 큰 도움이 된다. 이에 대한 사례로는 영국 생명보험사의 조사결과, 30개 이상의 상이한 상품 중 10개의 상품이 고객 95%의 요구를 만족시키는 것으로 나타난 것을 들 수 있다. 따라서 많은 상품을 개발하려고 하기보다는 부문별 핵심 상품전략을 구사하는 것이 FPC는 물론, 소비자에게도 이해가 쉬울 뿐 아니라 비용 절감에도 상당한 효과를 발휘한다.

4. 조화로운 문화의 개발

전통적인 생명보험의 강매 이미지(Hard Sell Image, Push Marketing)는 고객의 반응위주로 움직이는 은행 문화(Reactive Order Taking Culture)와는 잘 조화가 되지 않으며, 지금껏 많은 Bancassurer에게 이에 대한 문제점을 불러일으켰다.

Bancassurer로 진입하면서는 이러한 두 가지 상이한 문화의 특성 중 각각 가장 유익한 요소와 항목만을 선택하겠다는 목표를 갖고, 하나의 조화로운 문화로 동화시켜야 한다.

이에는 은행과 보험회사의 최고경영자의 책임감이 요구되는데, 조직전체의 일상적인 업무에 적용될 Mission(사명), Vision(비전), Value(가치)에 관한 폭넓은 협의가 있어야 한다. 가장 민감한 분야는 은행 내에서 일하게 될 판매인력에게 적절한 동기를 부여하면서도 내부의 은행직원과 좋은 팀워크를 이루어 일하도록 해야 하는 것이다.

5. Integration(통합)을 통한 최대의 시너지

성공적인 방카슈랑스는 은행과 보험회사 직원의 서비스 연속성, 상품개발, 판매에 걸친 완전한 통합을 요구한다. 은행과 보험회사의 통합적인 의사결정 지원기구가 없으면 내부적인 마찰과 판매와 처리과정에 있어서 불필요한 중복을 불러온다. 모든 분야의 운영 통합은 장기적인 안목에서 보았을 때 효과적이지만, 이를 달성하기란 쉽지 않다. 따라서 일부 은행과 보험회사는 경영간부의 정기적인 인사를 통해 상호이해 및 관리기술을 증진시킬 뿐 아니라 방카슈랑스 사업에 관한 공통적인 관심을 증진시킨다. 또는 통합적인 기구의 설치를 통해 상품의 개발, FPC의 선발, 교육훈련, 판매 서비스, 시스템 지원을 뒷받침하는 통합된 Marketing Program으로 운영해 갈 수 있다.

6. Technology Business Process Engineering 투자

하루에도 수백만 건의 거래를 한 치의 오차도 없이 처리하는 컴퓨터 시스템으로 은행은 운영된다. 따라서 방카슈랑스에 대해서도 동일한 수준의 서비스와 업무의 편리성, 정확성이 요구된다. 물론 방카슈랑스 업무의 초기에서부터 최첨단의 시설 투자를 요구한 것은 아니다. Bancassurer는 기존 생명보험사를 능가하는 최고의 기술과 프로세스의 도입을 통해 최첨단의 시스템을 갖춰가게 되는 것이 일반적이다.

또한 유럽의 은행들은 텔레마케팅과 함께 지점 내의 비디오 키오스크(Video Kiosk) 등을 통해 보험 서비스를 제공하고 있다. 나중에 자세히 설명하겠으나 은행의 Database 확보와 텔레마케팅의 수행을 생명보험 회사가 확보하는 일은 매우 중요하다. 특히 POS(Point Of Sale) Systems Technology는 전문적인 가입설계 프로그램, 전문적인 Underwriting System, Image Processing을 말하며 방카슈랑스 상품에 따라서는 보험계약의 보전관리 시스템의 개발이 요구된다.

7. 고객 데이터베이스의 활용

대부분의 은행은 생명보험회사보다 정보 시스템에 대해 막대한 투자를 하고 있다. 그 동안 생명보험사의 정보 시스템이 신계약, 보전 등 업무처리를 위한 계정계 프로그램 위주로 개발되어 왔다면, 적어도 은행은 계약 위주의 프로그램이 아닌 고객 위주의 정보계 시스템의 중요성을 좀더 빠르게 인식하고 있다는 것이다. 고객정보는 지속적으로 보완·통합되어야 하는 것이 매우 중요하다. 고객 데이터베이스의 잠재력을 최대화하는 데 적합한 소프트웨어는 소비자의 특정 상품에 대한 소비성향을 추정하는 방법에 응용될 고객 분류 목적의 데이터를 조사 분석할 수 있는 능력을 지니고 있어야 한다. 아울러 비용 효과적인 Lead Generation을 만들 수 있어야 한다.

모든 은행은 자신의 고객 데이터베이스를 최대한 보호하려는 자세를 보인다. 그러나 방카슈랑스의 성공에 있어서 중요한 수단 중 하나는 텔레마케팅을 포함하는 다이렉트 마케팅이며, Reactive Order Taking Culture에 익숙해 있는 은행에서 이를 독자적으로 수행하는 일은 불가능하다. 또한 제3의 장소에서 은행의 데이터베이스를 활용한 다이렉트 마케팅을 수행할 수 있을 것이다. 이 때 해당은행에 대해서는 데이터베이스의 활용 대가로서 ① 수수료 지급 ② 제휴 상품으로 부가 서비스의 제공 등을 고려할 수 있다. 방카슈랑스는 은행에서 보험상품을 판매하는 것으로, 이는 다음과 같은 특징을 갖고 있다.

첫째, 은행의 신뢰도를 활용한 Endorsed Marketing이며,

둘째, 은행의 데이터베이스를 활용한 Marketing으로 은행과의 제휴 된 상품을 다른 데이터베이스를 활용해 판매하는 것 또한 중요하다는 것이다.

따라서 유럽의 Bancassurer들은 제휴선이 은행만이 아닌 증권사, 투자신탁회사, 신용카드사, 통신사 등 다양하다. 이는 은행과의 제휴상품을 데이터베이스가 있는 곳이면 어디든 판매가 가능하며, 은행만이 아닌 증권회사와의 제휴상품 등의 Brandassurance(브랜다슈런스)로 확산되어가고 있음에 유의해야 한다.

5 CHAPTER
시스템과 업무 프로세스

시스템 Configuration | 신계약 업무처리 | 보전 업무처리

1 시스템 Configuration

1. Application의 통합(A안)

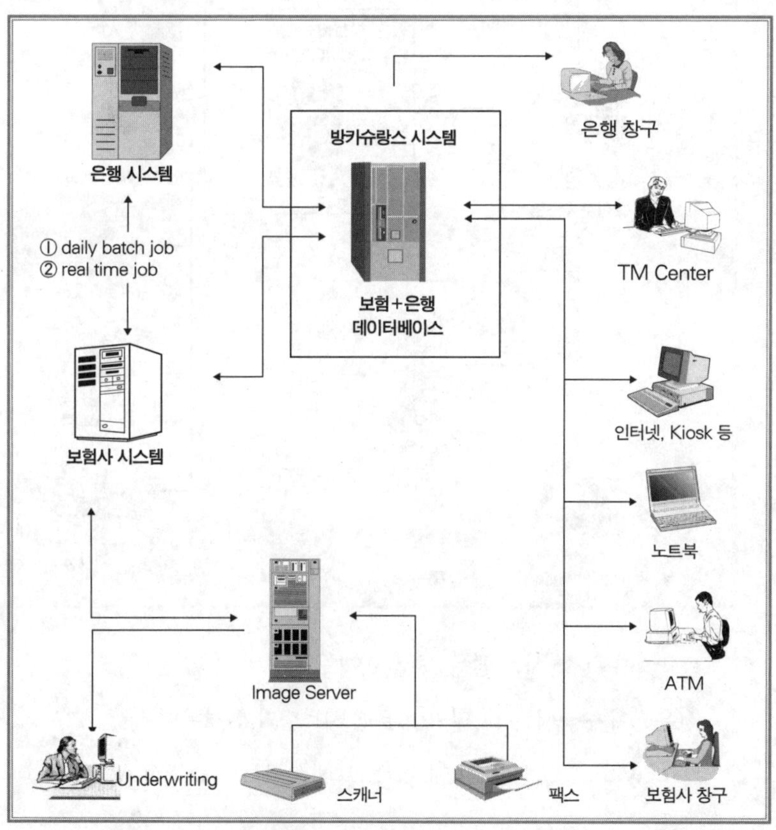

- 방카슈랑스 시스템 별도 구축
- 은행 및 보험사 연계 업무는 ①, ② 안에 따라 선택

2. 네크워크의 통합(B안)

— Application 환경이 동일할 경우

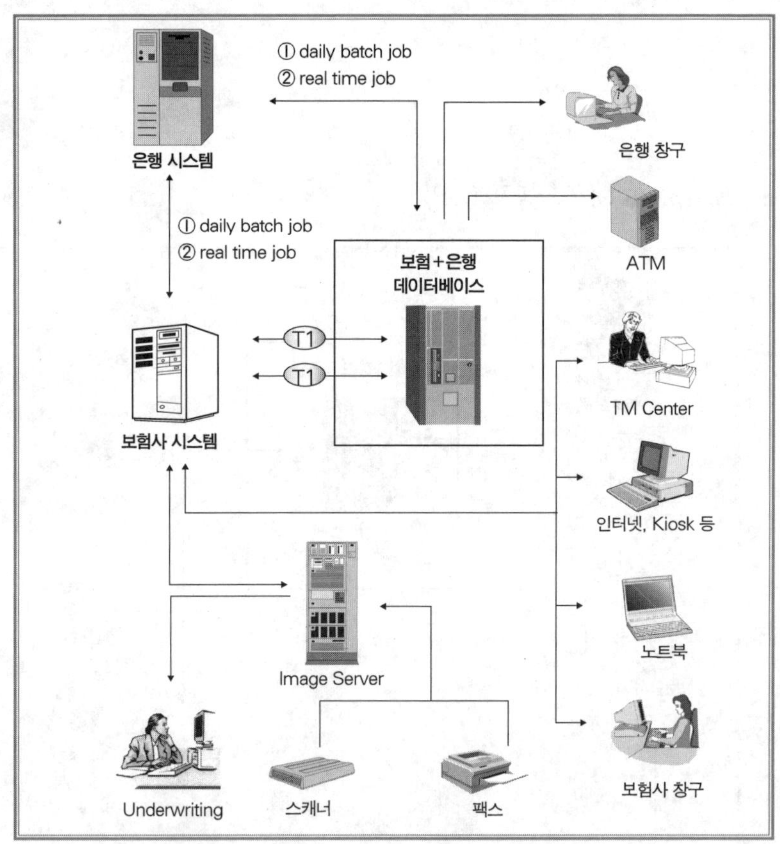

- 방카슈랑스 시스템은 보험사에 구축

  (은행에 구축시는 T1 라인이 은행 시스템과 연결됨)

- Relay 프로그램을 통해 거래 발생시에만 해당 건 Access

• 은행 및 보험사 연계 업무는 ①, ②안에 따라 선택

3. 네트워크의 통합(C안)

—Application 환경이 다를 경우(Gateway 사용)

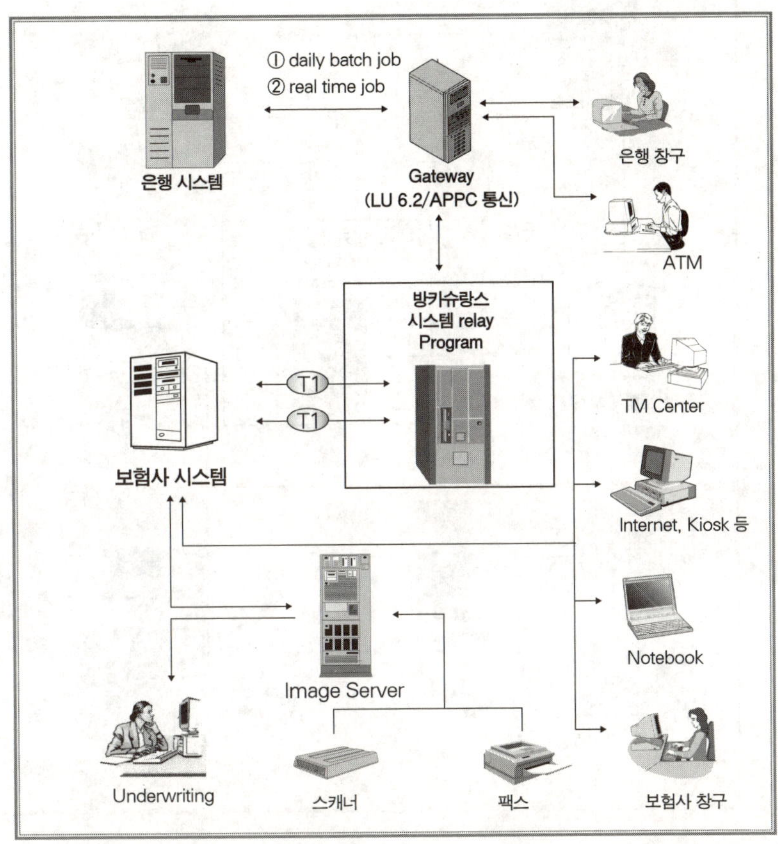

• 방카슈랑스 시스템은 보험사에 구축

(은행에 구축시는 T1 라인이 은행 시스템과 연결됨)

• Relay 프로그램을 통해 거래 발생시에만 해당 건 Access

• 은행 및 보험사 연계 업무는 ①, ②안에 따라 선택

4. 네트워크의 통합(D안)

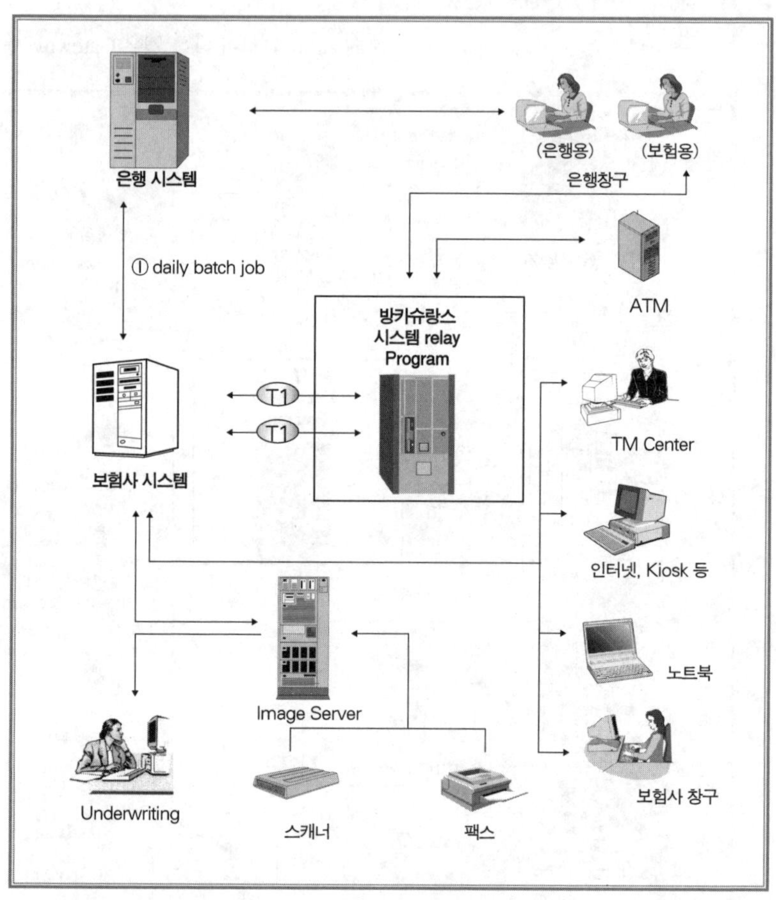

- 방카슈랑스 시스템은 보험사에 구축

  (은행에 구축시는 T1 라인이 은행 시스템과 연결됨)

- Relay 프로그램을 통해 거래 발생시에만 해당 건 Access

- 은행 및 보험사 연계 업무는 daily batch job

5. 시스템 Configuration 장·단점

구 분	장 점	단 점
A안	• Application 통합에 따른 업무 Process 일괄 처리 • 보험 및 은행 업무 실시간 처리 가능 • 은행·보험 고객 데이터베이스 공유 가능	• 시스템 구축 비용 과다 • 시스템 구축 장시간 소요 • Maintenance의 어려움, 2중 관리 및 개발 • 시스템 분리로 연계성 결여 • 시스템 별도 구축으로 운영의 주도권 문제 발생 • 고객 데이터베이스 소유자인 은행이 Leading Company 가능
B안	• 보험 및 은행 업무 실시간 처리 가능 • 시스템 구축 비용 저렴 • 시스템 단시간 구축 가능 • 업무적인 시스템 구축으로 보험사 주도의 운영 • 시스템 관리 명확화로 운영 및 개발 안정적 • Maintenance의 간편 • 방카슈랑스 외 다양한 업무 제휴 시 유연하게 업무 대응 가능	• 은행의 고객 데이터베이스 공유 난망 • Relay 프로그램 개발 필요
C안	• B안과 동일	• B안과 동일 • Terminal Gateway 비용 추가 발생
D안	• B안과 동일 • Terminal Gateway 비용 불필요	• B안과 동일 • 창구 2원화 운영 • 은행업무 실시간 불가

6. 연계 업무 실시간과 일괄처리의 장·단점

구 분	장점	단점
실시간	• 필요시 데이터베이스 down load • 은행 이체 후 즉시 반영 가능	• 고속 전산망 필요에 따라 네트워크 구축 비용 발생 • 양 시스템 간의 보안문제
일괄처리	• 양 시스템 간의 보안 문제 해결 가능 • 네트워크 구축 비용 감소 → 일반 전산망 가능	• 은행 이체후 즉시 반영 불가능

위의 4가지 안을 검토한 결과 은행의 고객 데이터베이스 공유 및 활용을 손쉽게 하기 위해서는 A안이 가장 타당하나 별도 시스템 구축에 따른 비용 및 시간이 과다하게 소요되고, 2중 관리 및 개발 등에 따른 시스템 maintenance의 어려움이 있다.

또한 자칫 잘못하면 방카슈랑스 시스템 관리의 주도권 경쟁으로 인해 어려움에 봉착할 수 있다. 또한 방카슈랑스의 Leading Company가 고객 데이터베이스의 소유자인 은행이 될 가능성이 높다. 반면 보험사 입장에서는 업무적으로 시스템 구축 및 관리의 주도를 보험사에서 함으로써 구축 비용 및 시간이 덜 소요되는 B안이 최선의 선택이 될 것이다.

이 때 은행 고객 데이터베이스는 방카슈랑스의 활성화를 위해 불가피하게 은행에서 제공하게 되어, 보험사에서는 자연스럽게 은행의 고객 데이터베이스를 사용하면서 방카슈랑스 Leading Company의 위치를 점유할 수 있다.

만약 Application 환경이 다를 경우에는 부득이하게 terminal gateway를 사용하는 C(안)을 선택하면 될 것이다. 또한 보험업무 특성상 실시간 업무는 실익이 크지 않으므로, 1차적으로 연계 업무는 daily batch job으로 처리해도 무방할 것이다.

② 신계약 업무처리

1. 보험 청약

제2장에서 살펴보았듯이 방카슈랑스의 마케팅 전략은 '지점 내 마케팅 전략'과 다이렉트 메일, 텔레마케팅, DSF(Direct Sale Force) 등의 '직접 마케팅 전략'으로 구분할 수 있다. 이들 전략은 가망고 객을 가까운 은행 창구나 보험사 창구로 방문하게 하거나 텔레마케 터 또는 보험설계사, 창구 판매자와의 상담을 통해 보험에 대한 니즈를 현실화함으로써 보험 청약을 하게 하는 것이다. 이처럼 여러 단계를 거쳐 보험 청약을 하게 되면, 고객은 은행에서 정기적금에 가입하듯 간단하고 단시간에 원스톱으로 보험계약이 승인되고 보장 받기를 원한다.

그러나 보험은 상품 구성의 특성상 위험률에 따라 보험요율이 결정되므로, 다른 금융 상품과는 달리 고객의 위험(risk)을 평가해 선택하는 계약선택(underwriting)을 거쳐 보험계약을 인수해야 한다.

따라서 Back-office 시간을 최소화하거나 계약선택의 과정을 최대한 전산화(Automatic Underwriting System)하고, 전문가 시스템

(Expert System) 인수여부의 결정 시간을 단축해야 한다. 또한 청약서의 양식을 간소화하고 반드시 필요한 부분을 제외한 다른 부분은 전산화함으로써 고객이 작성하는 부분을 최소화해야 고객의 욕구를 충족시킬 수 있다. 결과적으로 고객의 욕구가 충족되어야만 단순고객(customer)에서 단골고객(client)으로 발전될 수 있는 것이다.

❏ 보험사 대응
 • Back-office의 전산화 및 간소화로 시간을 단축한다.
 • 전산 발행 및 양식 간소화로 수기 작성을 최소화한다.

1) 지점 내 마케팅 보험 청약

보험 청약 및 인수는 POS 시스템(제4장 2절 참조)에 의해 가망고객이 보험 가입의사를 결정한 뒤 처음 행하는 Process로서, 어떠한 방식으로 보험을 판매했느냐에 따라 업무의 Process가 다소 달라질 수 있다.

우선 지점 내 마케팅의 경우에는 일반적인 보험사의 지점에서 보험 판매를 한 것과 거의 다를 바가 없다. 다만 은행창구라는 특성에 의해 제1회 보험료를 창구에서 수납하지 않고 은행계좌에서 이체하는 것만 조금 다르다고 생각하면 될 것이다.

(1) 은행 창구 내방 일반 청약
 □ 고객이 방문해 은행 창구에서 청약서 발행 및 작성
 □ 제1회 보험료 은행계좌 자동이체

• 보험료 이체일이 책임 개시일

그러나 최근 사이버와 e-비즈니스의 발달 등 정보통신 기술분야의 발전이 거래 문화에 미치는 영향을 볼 때 이미 보험 청약 부분에서도 새로운 변화가 나타나고 있다. 즉 인터넷 전자상거래를 위한 전자서명이 도입되어 Paperless의 보험 청약을 위해 적용되고 있으며(〈설명 5-1〉과 〈그림 5-1〉 참조), 머지 않아 이러한 보험 청약은 보편화 추세로 나타나게 될 것이다.

이것은 주로 사이버의 온라인 상태에서만 시행되는 전자상거래로 생각할 수 있으나 전자상거래는 오프라인 상태에서 현금카드·신용카드·교통카드 등으로 이미 우리 주변에서 사용되고 있다.

그러므로 방카슈랑스 도입시 차별화되고 특화된 고객 서비스를 위해 현재 이용하고 있는 은행의 현금카드, 신용카드를 폭넓게 활용해 오프라인상의 전자서명에 의한 보험 청약을 생각해 볼 필요가 있다.

고객은 보험 청약의 간편함을 통해 만족을 느낄 수 있으며, 보험사는 정확한 고지와 서명으로 보험금 지급에 신속을 기할 수 있다.

전자문서를 작성한 자의 신원과 전자문서의 변경 여부를 확인할 수 있도록 비대칭 암호화 방식을 이용해 전자서명 생성키로 생성한 정보로서, 당해 전자문서에 고유한 것을 말한다.

공개키 암호기술에 기반을 둔 전자서명기술은 개인키(Private Key)와 공개키(Public Key)라는 두 개의 키를 이용해 문서를 전자서명하고 이를 검증하는 기술로, 공개키 암호기술에서 개인키는 사용자 자신만이 알고 있는 키를 말하며, 사용자는 이 키를 이용해 문서에 전자서명을 할 수 있다.

공개키는 개인키에 대응하는 키다. 문서를 수신할 상대방은 공개키를 이용해 전자서명된 문서를 검증하며, 개인키로 전자서명된 문서는 이에 대응하는 공개키를 가진 사람만이 그 서명을 검증할 수 있다. 전자서명된 문서가 A의 공개키로 검증된다면, 이 문서는 A의 개인키로 전자서명된 것임을 알 수 있다. 이렇게 하여 문서의 위·변조를 방지할 수 있으며, 현재 사용되고 있는 도장이나 사인을 디지털 정보로 구현해 대체할 수 있는 것이다. 인증기관에 인증된 전자서명은 가입자 인증서 관리 프로그램에서 제공하는 절차에 따라 저장매체 하드디스크, 디스켓, 스마트 카드 등에 인증서를 저장해 자유롭게 사용할 수 있다.

인증사	한국정보인증			한국증권전산 SignKorea			
등급	1등급	2등급	3등급	Special	Platinum	Gold	Silver
확인	대면	비대면		비대면			
기간	1년		1년 이하	1년			
수수료(원)	1만	5천	별도	30만	2.5~10만	2만	1.5만
사용	금융	우편	주총	금융		비금융	법인

삼성·교보생명 정보인증서비스 제동

금감원, 보험사업자 업무범위 벗어나고 수수료 자체 부담 안돼

위 기사에서 보듯이, 인증서비스 수수료를 보험사에서 부담하는 경우에는 보험업법상 특별 이익제공의 문제가 발생한다. 하지만 방카슈랑스를 실시해 은행 창구 등에서 인증등록 대행업무를 하면서 은행 고객이 수수료를 부담하는 경우에는 보험업법과는 무관하다. 즉 은행 자체의 Membership 형태의 고객 카드(현금·신용카드 공용)를 사용할 경우에는 아무런 제재를 받지 않고 바로 시행할 수 있다.

※ 한국정보인증(주)의 홈페이지 주소 : http://www.signgate.com/
※ 한국증권전산 SignKorea사의 홈페이지 주소 : http://www.signkorea.com/

(2) 은행 창구 내방 전자서명 청약

- □ 전자서명은 가입시 인증등록 대행기관을 통해 인증서 공인
  - 스마트 카드에 저장 사용
  - 은행 현금카드 및 카드식 간이 보험증권으로 병행 사용
  - 은행업무의 비밀번호 보완 등 신규 서비스에 병행 사용
- □ 고객이 은행 창구를 방문해 청약서 입력 후 화면 조회 확인
  - 절차를 거쳐 전자서명
- □ 청약서 입력시 건강 및 직업, 운전고지도 전산 입력
  - Automatic Underwriting 시스템 구축 가능
  - 신속하고 정확한 보험 청약에 대한 인수 여부 결정
  - 문서형 청약서 불필요
- □ 청약서 사본 1부 발행 후(Blank Paper) 계약자에게 전달 보관
- □ 청약서 입력 내용은 전자서명 개인키(Private Key) 내용 저장
  - 추후 인증기관에 확인해 본인 여부를 인증
- □ 제1회 보험료 은행계좌 자동이체
  - 보험료 이체일(청약일)이 책임 개시일
- □ '(6) 일반 청약과의 장 · 단점 비교' 참조

(3) 제1회 보험료를 은행계좌 이체하는 사유

- □ 은행 창구의 보험사 영수증(가수증) 관리의 문제 해결
- □ 방카슈랑스의 효과를 최대한 극대화
  - 당일 보험료 이체로 청약일이 책임 개시일

방카슈랑스 도입시 판매 상품과 방법도 중요하지만 고객만을 위

한 개선된 업무 서비스는 대외적으로 고객에게 보여지는 이미지로서 매우 중요하다.

그러므로 전자서명에 의한 청약은 단순히 비용만을 생각할 것이 아니라, 추후 새로운 서비스 개선 등을 위해 시간을 갖고 반드시 검토해 보아야 할 사안으로 제시해 보고자 한다.

(4) 일반 청약 시스템 Process

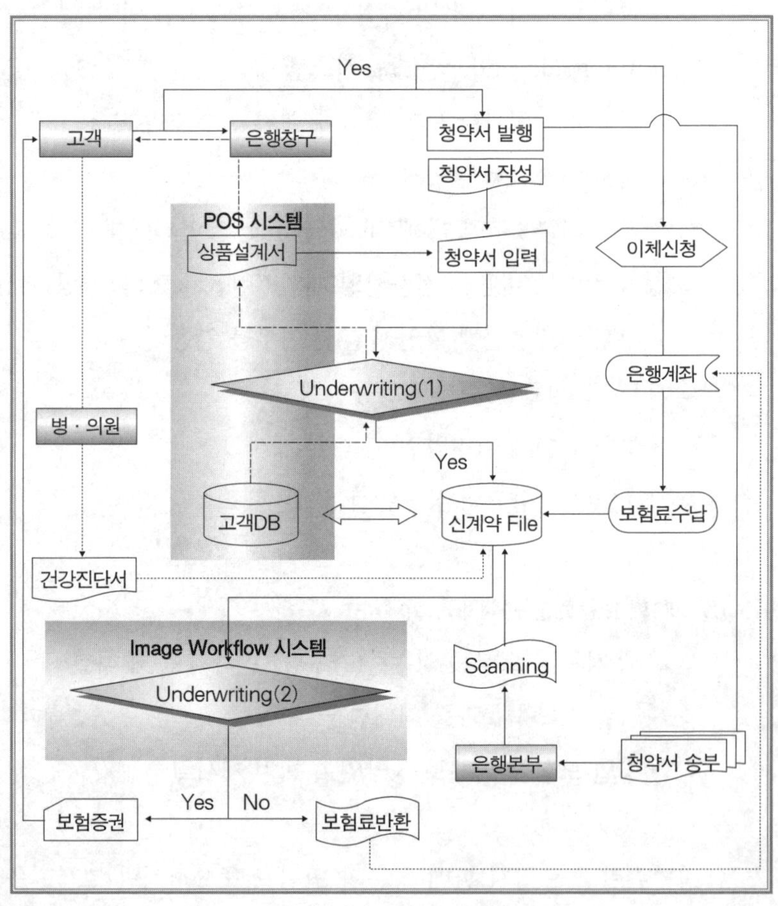

순 서	Process	내 용	관련문서
1-1	상품설계서	• POS 시스템에 의거 설계	상품설계서
1-2	청약서 발행	• 인적사항, 주소 등 고객정보 활용 발행	청약서
1-3	청약서 작성	• 건강 및 직업, 운전고지 • 자필 서명 날인	청약서
1-4	청약서 입력	• 상품 설계시 입력사항 조회 후 수정입력	청약서
1-5	청약서 송부	• 은행 사업본부 행랑편 이용 매일 송부	청약서, 첨부서류
1-6	Scanning	• 은행 사업본부 내 Scan Station 구축 • 서류 원본은 보험사로 매월 정기적 송부	청약서, 첨부서류
2-1	Underwriting(1)	• 직업 · 운전 · 취미 등에 따른 환경적 위험 선택 • 보험금 지급이력, 병력 등 신체적 위험 선택 • 기계약에 따른 도덕적 위험 선택 • 직업 · 소득 등에 따른 재정적 Underwriting 을 통한 도덕적 위험 선택 • Automatic Underwriting 시스템	신계약 file
2-2	Underwriting(2)	• Image Workflow 시스템에 의거한 Automatic Underwriting 시스템 • 건강고지에 따른 신체적 위험 선택 • 건강진단에 따른 신체적 위험 선택 • 직업 · 운전 등 사전 정보와 상이한 정보 심사	청약서, 진단서, 첨부서류 Image
2-3	건강진단서	• 진단계약 또는 건강고지, 정보에 의해 실시	진단서
3-1	이체신청	• 1회 보험료부터 자동이체를 원칙	이체신청서
3-2	은행계좌	• 업무제휴 은행계좌를 원칙	이체대상 계좌 list
3-3	보험료 수납	• 보험사 이체 후 daily batch job 전산처리	이체불능 list
4-1	보험증권	• 보험사에서 일괄 우편발송을 원칙	보험증권
4-2	보험료 반환	• 보험료 이체계좌에 역(逆) 이체 및 유선통보	반환보험료 명세서

(5) 전자서명 청약 시스템 Process

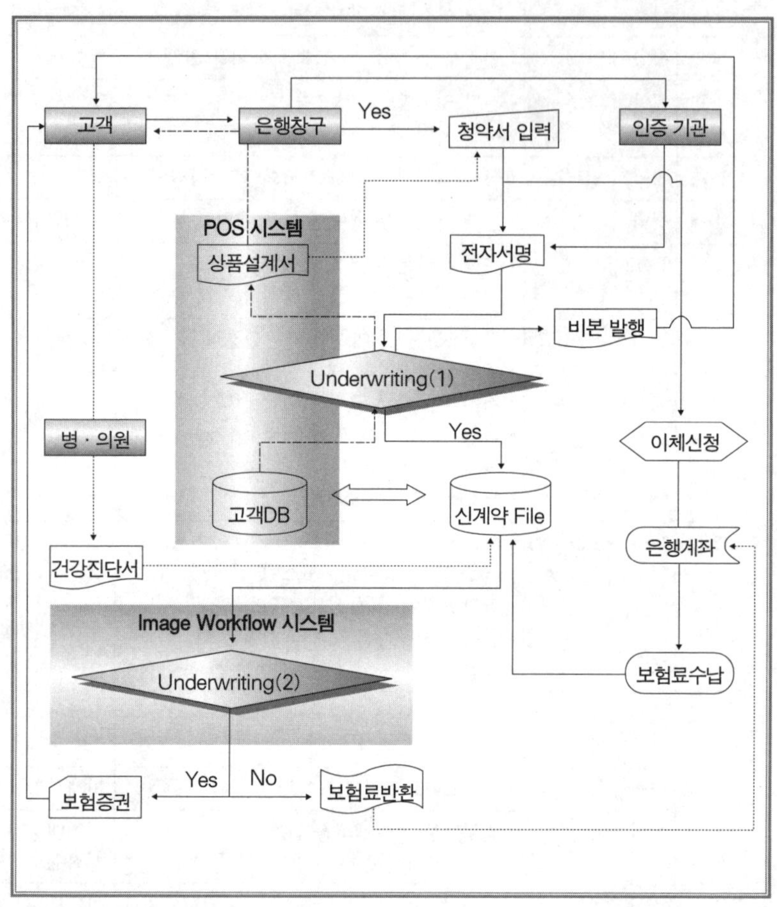

순 서	Process	내 용	관련문서
1-1	상품설계서	• POS 시스템에 의거 설계	상품설계서
1-2	청약서 입력	• 상품 설계시 입력사항 조회 후 수정 입력 • 건강 및 직업, 운전고지 전산 입력 • 자필 서명 날인 대신 전자서명 • 청약서 발행 및 작성 불필요	청약서 입력 화면 청약서 비본
1-3	전자서명	• 전자서명 인증기관에 인증 신청 및 인증 • 스마트 카드에 전자서명 저장 보관 • 계약자, 피보험자 전자서명	인증신청서 전자서명 카드
1-4	비본 발행	• 청약사항 출력 고객 전달	청약서 비본
2-1	Underwriting(1)	• 직업 · 운전 · 취미 등에 따른 환경적 위험 선택 • 보험금 지급이력 · 병력 등 신체적 위험 선택 • 기계약에 따른 도덕적 위험 선택 • 직업, 소득 등에 따른 재정적 Underwriting을 통한 도덕적 위험 선택 • Automatic Underwriting 시스템	신계약File
2-2	Underwriting(2)	• Image Workflow 시스템에 의거한 Automatic Underwriting 시스템 • 건강고지에 따른 신체적 위험 선택 • 건강진단에 따른 신체적 위험 선택 • 건강고지 Underwriting 전산화 • 직업 · 운전 등 사전 정보와 상이한 정보 심사	청약서, 진단서, 첨부서류 Image
2-3	건강진단서	• 진단계약 또는 건강고지, 정보에 의해 실시	진단서
3-1	이체신청	• 1회 보험료부터 자동이체를 원칙	이체신청서
3-2	은행계좌	• 업무제휴 은행계좌를 원칙	이체대상계좌 list
3-3	보험료 수납	• 보험사 이체 후 daily batch job 전산처리	이체불능 list
4-1	보험증권	• 보험사에서 일괄 우편발송을 원칙	보험증권
4-2	보험료 반환	• 보험료 이체계좌에 역(逆) 이체 및 유선통보	반환보험료 명세서

(6) 일반 청약과의 장 · 단점 비교

구분	일반 청약	전자서명 청약
장 점	• 현행 시스템 활용 가능	• 고객의 청약서 작성 편리성 • 대화형 청약서 작성에 따른 고지 내용의 정확성 • 자필서명의 정확성/대필 불가 • Automatic Underwriting 시스템으로 신속한 인수여부 결정 가능 • 청약 및 보전 관련업무 문서 미 발생으로 공간비용 · 물류 비용 등 보관 비용 절약 • 보전 업무 창구 즉시 처리 • 은행카드와 연계한 카드식 간이 보험증권 활용 가능 • 사이버뱅킹 등 활용 • 사이버상 보험 판매 가능 • 사이버상의 계약 · 보전업무 • 은행의 비밀번호 보완 등 은행 업무 다양한 개발 가능
단 점	• 은행본부의 Scan Station 설치 비용 발생 • scanning 업무 담당자의 인건비 발생 • 청약서 등 서류 행랑 송부업무 발생 • 청약서 등 서류 분실 문제 • 청약서 보관에 따른 공간 및 인건비 · 물류비 등 비용 • 은행 창구의 영수증 관리 문제 발생	• 전자서명 인증 비용 발생 • 계약자, 피보험자 모두 발행 • 년 단위 인증 갱신 불편함

2) 다이렉트 마케팅 보험 청약

다이렉트 마케팅에는 다이렉트 메일, 텔레마케팅, DSF(Direct Sales Force) 등의 여러 가지 방법이 있으며 DSF는 현 보험설계사 조직 판매와 유사하다. 따라서 업무 Process 또한 동일하게 처리해도 아무런 문제가 없으며 다만 은행, 보험사 등 업무처리 장소에 따라 절차를 밟으면 될 것이다.

그러나 다이렉트 메일, 텔레마케팅에 의한 마케팅은 대면(對面)이 아닌 통신 수단에 의존해 이루어지는 마케팅이다. 그러므로 일반 청약과 다소 다르며 다이렉트 메일에 의한 마케팅은 텔레마케팅의 일부분으로 행해지고 있다. 따라서 텔레마케팅을 중심으로 업무 Process를 구성해도 무방할 것이다. 여기에서도 텔레마케팅을 중심으로 Process를 검토하고자 한다.

(1) DSF(Direct Sales Force) 마케팅

□ 은행 조직의 경우도 현행 보험사 청약과 동일한 Process

(2) 다이렉트 메일 마케팅

□ 텔레마케팅 Process의 일부분
□ 전화로 고객을 Approach하고 Closing하는 것도 동일

텔레마케팅의 경우에는 TM Center에서 통신 수단(전화·DM·e-메일·팩스 등)을 이용해 POS 시스템에 의거한 가장 적합한 설계를 고객에게 제시함으로써 고객의 Needs에 의해 보험 청약을 하게 되

는 마케팅으로 최종 의사가 확정되기 전 청약서를 발행(기초 청약서), 고객에게 송부해야 하는 것이 일반 청약과는 다른 점이다. 이것은 고객의 욕구를 즉시 결정케 하는 방법이다. 청약 의사 표현 후 과다한 시간소요 및 내방 등의 번거로운 절차를 요구할 경우 구매의욕, 즉 가입의사가 감소해 보험 계약이 결렬되는 경우가 발생하기도 한다. 따라서 텔레마케팅의 Closing 단계에서는 매우 중요한 요인으로 작용하고 있다.

(3) 텔레마케팅의 일반 청약

□ TM Center에서 일반 통신을 이용한 Approach

□ 기초 청약서 및 각종 설계서 발행 우편 발송

- 보험종류, 가입금액, 인적사항, 주소 등 발행
- 기초청약서 고객 수령에 최소한 3~4일 시간 소요
- 각종 설계서 필요시에도 발행 후 우편 또는 팩스 발송
- 실질적으로 각종 설계서 활용 Approach는 어려움

□ 고객이 기초 청약서 작성 후 우편 송부

- 건강, 직업, 운전고지 및 자필서명 날인
- 보험사 청약서 접수에 최소한 3~4일 소요

□ 청약서 접수 후 제1회 보험료 이체 신청

- 고객 이체 요구일 또는 이체 예정일
- 우편 접수 지연으로 이체일 경과 후 이체 문제 발생

Telemarketing의 경우에는 고객을 직접 대면하는 시간을 절약, 단시간에 많은 고객을 Approach해 Needs를 환기시키는 것으로 생

산성 제고 및 사업비를 절감하는 마케팅 효과가 있다. 하지만 전적으로 대면이 아닌 통신 수단에만 의존하므로 Needs를 환기시킨 후 즉시 보험 청약이 이루어져야 의사(意思) 변화가 감소한다는 문제점을 지니고 있다.

그러나 우편을 이용해 청약서를 주고받을 경우 최소한 6~8일이 소요되며, 그 기간 동안 고객의 의사는 몇 번이고 변할 수 있다. 그러므로 보다 신속하게 보험 청약을 할 수 있는 방법을 선택해야 하며, 이를 위해 팩스를 이용한 보험 청약을 과감하게 도입할 필요가 있다(〈설명 5-2〉 참조).

(4) 텔레마케팅의 팩스 청약

□ TM Center의 Approach 방법은 일반 청약과 동일
□ 각종 설계서 및 청약서는 팩스 서버를 이용 발송
　　• Image 조회 후 Format에 따라 팩스 송신
□ 기초 청약서 및 각종 설계서 팩스 송부
　　• 보험 종류 · 가입금액 · 인적사항 · 주소 등 Image 출력
　　• 팩스 청약서 발행시 발행번호 등 Index Key 출력
　　• 기초청약서 송신 후 고객 즉시 수령
　　• 각종 설계서 필요시 즉시 조회 송부
　　• 실질적으로 각종 설계서 활용 Approach
　　• POS 시스템의 적극 활용
　　• 적극적인 Interactive Communication
□ 고객이 기초 청약서 작성 후 팩스 송신
　　• 팩스 서버에서 Image File로 수신

• 팩스 수신시 발행번호 등 Index Key OCR 인식 Indexing

• 담당 TSR에게 즉시 전송 및 담당 TSR 청약서 입력

• 고객 작성 청약서 원본은 고객이 보관

□ 청약서는 Image Workflow 시스템으로 Underwriting

• Document 청약서가 아닌 Image File로 보관

□ 청약서 접수 후 제1회 보험료 이체 신청

• 고객이체 요구일 또는 이체 예정일

(5) 텔레마케팅의 팩스 청약에 따른 장 · 단점

장 점	단 점
• 신속, 간편한 업무에 따른 고객 만족으로 청약률 및 체결률 증가 • 체계적인 설계로 완전 판매 가능 • 업무 간소화로 인건비 절감 • 신속한 업무로 민원 발생 억제 • 법적 증거능력 인정 방법 모색 가능〈설명 5-2〉 후면 참조	• 팩스 서버 비용 발생 • 금융감독기관의 허가(설득) 문제 • 법원 판례 불명확으로 추후 분쟁시 부당 보험금 지급 우려 내재

팩스 청약이란 보험사에서 청약서 원본을 팩스를 이용해 고객에게 보내고, 고객이 팩스로 복사된 청약서를 작성해 원본은 고객이 보관하고 다시 팩스를 이용해 보험사에 계약을 청약하는 제도를 말한다.

이는 현 청약서의 원본은 고객이 보관하고 보험사가 비본 청약서를 보관하는 것과 유사하다.

팩스 청약은 아직 보험사에 상용화되지 않고 있다. 고객이 작성한 청약서를 팩스로 보험사에 청약할 경우 팩스 기기에 의해 복사된 청약서가 보험사에 청약시 작성한 것과 동일한 것인지에 대한 진위 여부가 분명치 않기 때문이다(현 생명보험 표준 사업방서상 청약서는 자동 복사되는 2매를 작성해 원본은 보험사, 비본은 계약자가 보관). 아울러 고객이 직접 작성 서명·날인한 청약서처럼 추후 사고보험금 지급 사유 발생시 건강고지 및 직업, 운전 등의 고지와 그에 대한 자필서명 날인의 법적인 증거능력 인정 여부 또한 불명확하기 때문이다.

□ 팩스 청약의 상용화 문제점
  • 표준 사업방법서에 따른 청약서 동일 여부 확인의 어려움
  • 팩스로 복사된 청약서의 법적인 증거능력 인정 여부의 불확실성

그러나 프린터의 문제로 원·비본을 별도 발행 작성하고 있는 것이 보편화되고 있는 추세로 볼 때, 첫번째 문제점인 동일 여부는 해결될 수 있는 사안이며, 두번째 문제점인 법적인 증거능력은 아직 법원의 판례가 없으므로 확신할 수는 없지만 복사본에 대해 정황적 증거로는 인정이 되고 있다.

또한 일부 팩스로 계약 해지 등의 업무를 하도록 시정조치를 취하는 등 정부의 입장으로 볼 때 팩스 복사본에 대한 증거능력을 인정하는 추세다(〈그림 5-2〉 참조).

Image Workflow 시스템을 도입, 팩스 서비스를 통해 문서로 출력하지 않고 이미지 파일로 심사 후 보관할 경우 팩스본에 대한 Electronic History와 Optical disk number, 즉 이미지 저장 위치, 저장 이미지 수정불가 프로그램 소스 등의 제시로 청약 당시 팩스 청약 원본임을 충분히 입증할 수 있다. 따라서 법적으로도 충분한 증거 능력을 인정받을 수 있을 것이다. 현 시점에서 팩스본의 법적 증거 능력을 확인하고 싶어도 책임 있는 정부기관이나 법원에서 정확한 답변을 회피하고 있는 실정이다.

□ 팩스 청약의 법적인 증거능력 인정을 위한 방법
 • Image Workflow 시스템을 도입
 • 팩스 서버를 통해 이미지 파일로 심사 후 보관
 • 팩스본에 대한 Electronic History를 관리
 • Optical disk number, 즉 이미지 저장위치 조정 불가를 Image Workflow Program에 반영
 • 저장 이미지 수정불가를 프로그램에 반영

〈그림 5-2〉 팩스로 계약해지 업무토록 지시한 예

이동전화 5개 사업자는 전기통신사업법을 위반한 사실이 있음

이동전화 5개사는 2000. 3. 2 ~ 3. 8일까지 통신위원회의 이동전화 해지거부에 대한 조사 결과 일부 대리점에서 해지거부를 한 사실이 있으며, 대리점 또는 지점에서의 전화 · 팩스 · 우편에 의한 해지업무를 취급하지 않는 행위로 통신위원회의 조사 및 심의를 거쳐 정보통신부장관으로부터 시정명령을 받았습니다.

앞으로는 해지업무와 관련하여 고객 여러분께 불편을 끼치지 않도록 적극 노력하겠습니다.

2000년 4월 28일

○○텔레콤(주) 대표이사 ○○○, (주)△△△통신 대표이사 △△△,
□□□닷컴(주) 대표이사 □□□, (주)☆☆텔레콤 대표이사 ☆☆,
▽▽▽통신 ○○○(주) 대표이사 ○○○

2000년 4월 28일 주요 일간지 하단 광고

(6) 일반 청약 시스템 Process

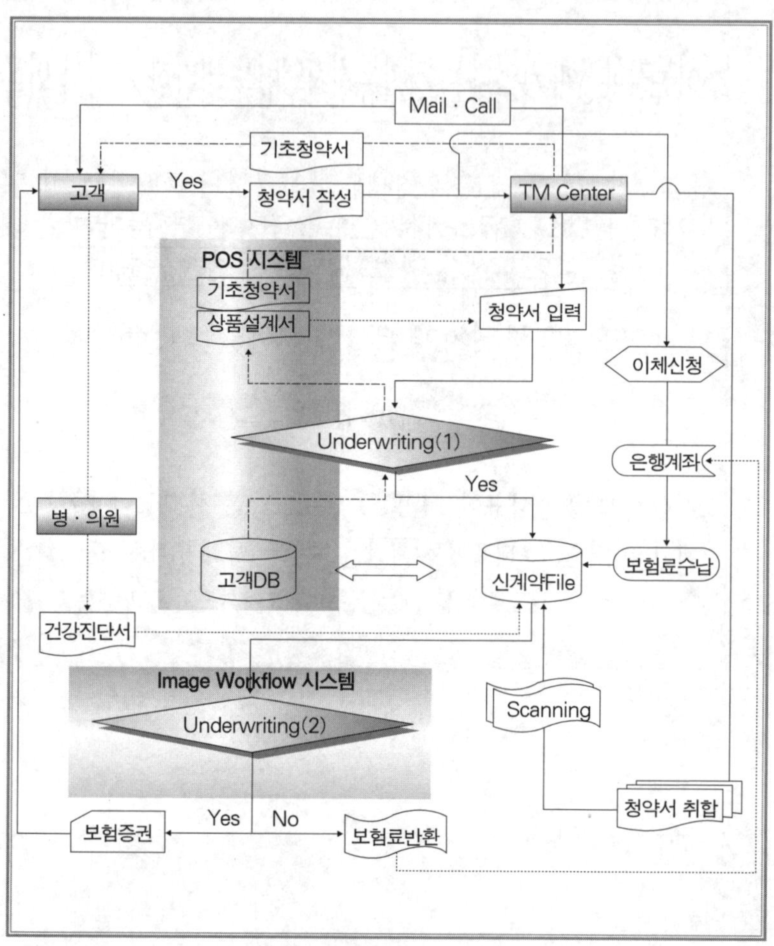

순 서	Process	내 용	관련문서
1-1	Mail, Call	• DM 발송, 전화 협의 등	DM, e-메일
1-2	상품설계서	• POS 시스템에 의거 설계	상품설계서
1-3	기초청약서	• 인적사항, 주소 등 고객정보 활용 발행	청약서
1-4	청약서 발송	• 우편 발송	청약서
1-5	청약서 작성	• 건강 · 직업 · 운전 등 고지 후 자필서명 • TM (텔레마케팅) Center 송부	청약서
1-6	청약서 입력	• 청약서 발행시 입력사항 조회 후 수정 입력	청약서
1-7	Scanning	• DM Center 내 담당자 지정 운영 • 서류 원본은 심사부서로 매월 정기적 송부	청약서, 첨부서류
2-1	Underwriting(1)	• 직업 · 운전 · 취미 등에 따른 환경적 위험 선택 • 보험금 지급이력, 병력 등 신체적 위험 선택 • 기계약에 따른 도덕적 위험 선택 • 직업, 소득 등에 따른 재정적 Underwriting 을 통한 도덕적 위험 선택 • Automatic Underwriting 시스템	신계약 file
2-2	Underwriting(2)	• Image Workflow 시스템에 의거한 Automatic Underwriting 시스템 • 건강고지에 따른 신체적 위험 선택 • 건강진단에 따른 신체적 위험 선택 • 직업, 운전 등 사전 정보와 상이한 정보 심사	청약서, 진단서, 첨부서류 Image
2-3	건강진단서	• 진단계약 또는 건강고지, 정보에 의해 실시	진단서
3-1	이체신청	• 제1회 보험료부터 자동이체를 원칙	이체신청서
3-2	은행계좌	• 업무제휴 은행계좌를 원칙	이체대상 계좌 list
3-3	보험료 수납	• 보험사 이체 후 daily batch job 전산처리	이체불능 list
4-1	보험증권	• 보험사에서 일괄 우편발송을 원칙	보험증권
4-2	보험료 반환	• 보험료 이체계좌에 역(逆) 이체 및 유선통보	반환보험료 명세서

(7) 팩스 청약 시스템 Process

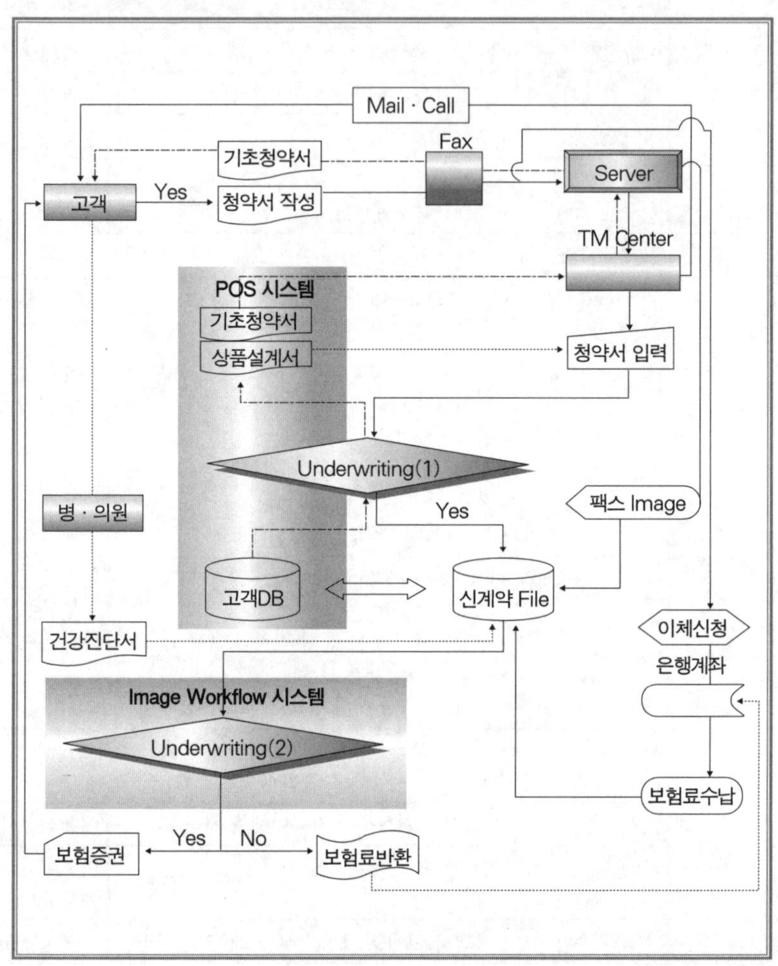

순 서	Process	내 용	관련문서
1-1	Mail, Call	• DM 발송, 전화 협의 등	DM, e-메일
1-2	상품설계서	• POS 시스템에 의거 설계	상품설계서
1-3	기초청약서	• 인적사항, 주소 등 고객정보 이미지 청약서 • 팩스 서버를 통해 고객에게 발송	청약서 화면
1-4	청약서 작성	• 건강, 직업, 운전고지 및 서명날인 • 팩스로 청약서 보험사 송신	청약서 복사본
1-5	청약서 입력	• 팩스 이미지 문자인식 및 추가사항 입력	청약서 Image
1-6	팩스 Image	• 접수 청약서 팩스 서버 내 이미지 파일 • Image Workflow 시스템으로 전송	청약서 Image
2-1	Underwriting(1)	• 직업 · 운전 · 취미 등에 따른 환경적 위험 선택 • 보험금 지급이력, 병력 등 신체적 위험 선택 • 기계약에 따른 도덕적 위험 선택 • 직업, 소득 등에 따른 재정적 Underwriting 을 통한 도덕적 위험 선택 • Automatic Underwriting 시스템	신계약 file
2-2	Underwriting(2)	• Image Workflow 시스템에 의거한 Automatic Underwriting 시스템 • 건강고지에 따른 신체적 위험 선택 • 건강진단에 따른 신체적 위험 선택 • 직업, 운전 등 사전 정보와 상이한 정보 심사	청약서, 진단서, 첨부서류 Image
2-3	건강진단서	• 진단계약 또는 건강고지, 정보에 의해 실시	진단서
3-1	이체신청	• 제1회 보험료부터 자동이체를 원칙	이체신청서
3-2	은행계좌	• 업무제휴 은행계좌를 원칙	이체대상 계좌 list
3-3	보험료 수납	• 보험사 이체 후 daily batch job 전산처리	이체불능 list
4-1	보험증권	• 보험사에서 일괄 우편발송을 원칙	보험증권
4-2	보험료 반환	• 보험료 이체계좌에 역(逆) 이체 및 유선통보	반환보험료 명세서

3) 청약서 입력 및 발행 시스템

❏ 일반 청약서 입력 및 발행 화면 예

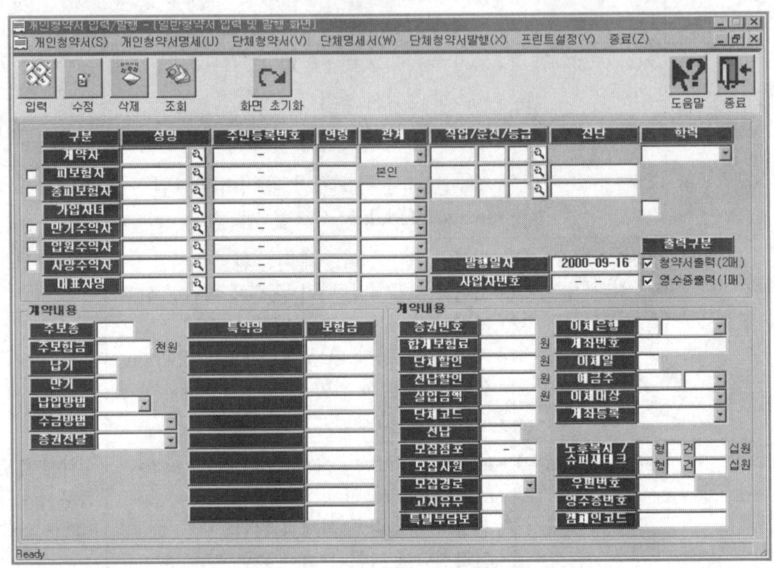

❏ 일반 청약 직접 마케팅의 경우

• POS 시스템에 기초 청약서 발행화면 메뉴 별도 구성 필요

• 계약자 · 피보험자 인적사항 및 주소만 발행

❏ 전자서명 청약의 경우

• 직업 · 운전코드 입력 후 취급업무 및 차종 한글 출력되도록 전환

• Y/N 및 서술형 건강고지 입력란 신설

• 전자서명 내용 및 history 출력란 신설

❏ 팩스 청약의 경우

• Index를 위한 발행번호등 Key number란 신설

84

- 팩스 서버 수신 이미지를 보고 청약서 입력
  - 사전 OCR로 최대한 텍스트 변환
- 팩스 수신 history 입력화면에 저장

2. POS 시스템

보험가입에 대한 패러다임이 변하고 있다. 그 동안 친인척 등을 통한 연고계약이 대부분을 차지하고 있었으나 설계사의 개척방문이나 신문광고 등을 보고 스스로 보험가입을 하는 방식으로 변화가 시작되었다. 즉 보험 가입유형이 권유형에서 선택형으로 바뀌고 있는 것이다. 또한 Push 마케팅에서 Pull 마케팅으로 옮겨가고 있다. 보험상품은 사망률 등 위험률에 기초해 구성되는 상품이기 때문에 다소 보장내용상의 차이는 있으나 근간(根幹)을 같이하므로, 상품의 차이는 없다. 물론 정부의 규제가 완화되어 회사별 경험률을 사용할 수 있으며, 또한 배당률의 자유화 및 2000년 4월부터 예정이율과 사업비율이 자유화되어 있다. 하지만 아직까지는 보험상품 판매에 대한 영향이 미미한 편이다. 상품 선택에 대해서는 Approach부터 Closing까지는 물론, 이후 고객에 대해 어떻게 서비스하느냐에 따라 더 큰 영향을 받을 것이다. 보험사의 입장에서는 신규고객을 확보하는 데 많은 초기 사업비가 투자되므로, 확보된 고객은 지속적으로 유지되어야 사업비 손실을 방지할 수 있다. 또한 수입보험료의 지속적인 증대로 배당 자유화에 대응할 수 있는 것이다. 특히 세대별 보험 가입률이 80%에 달하는 시점에서 신규고객 창출의 어려움은 더

욱 심화될 것이다. 따라서 기존의 방식으로는 신규고객 확보 및 고
객 유지 관리가 불가능할 것이므로 세심한 전술과 활동이 요구된다.

이러한 요구는 새롭게 도입되는 방카슈랑스에서는 더욱 절실한
것이며, 어떻게 시스템을 구축 관리하느냐에 따라 방카슈랑스의 성
공 여부가 결정될 것이다.

□ 보험 가입에 대한 패러다임의 변화
　• 권유형 가입에서 선택형 가입으로 변화
　• 판매하는 것에서 구매되는 것으로 변화

POS, 즉 Point Of Sale 시스템은 판매시점의 정보 활용 및 활동관
리를 목적으로 한다. 정보통신의 발달에 따른 판매 전 또는 판매 시
점에 고객의 축적된 정보를 활용해 구매 의욕을 불러일으키게 하고,
판매 및 유지 관리 시점에 발생되는 상품정보 · 고객정보 등을 시스
템에 집적해 경영 각 부분에 효과적으로 사용할 수 있는 정보로 가
공, 전달하는 정보 시스템을 통칭하는 표현이기도 하다. 우리나라에
서는 일반적으로 유통업계에서 상품관리, 재고관리, 주문 · 발주관
리, 매장관리, 회계관리와 마케팅 전략수립 및 경영 전략수립 등에
보편화되어 있는 시스템이다(《그림 5-3》 참조).

그러나 아직까지 보험사에서 전반적인 시스템을 구축 · 운영하
는 회사는 없으나, 단편적으로 개발 · 운영하는 사례는 흔히 볼 수
있다.

❑ 보험사에서 사용하는 POS 시스템의 단편적 사례

- 고객정보 입력 및 조회 시스템

- 보험 상품 가입설계서 발행 시스템

- 재정 또는 재무설계서 발행 시스템

- 증권번호별 보장내역 조회 시스템

- 인터넷 웹사이트 영업지원 시스템

- 설계사 수첩 등의 계약선택 기준표

- 설계사, 국(지점)별 실적현황 조회 시스템 등

이러한 단편적인 POS 시스템은 판매자들이 사용 후 효용가치를 느끼지 못할 뿐만 아니라, 활용의 번거로움과 어려움으로 결국 사장되거나 일부분만 사용하는 형태로 전락하고 말았다. 그러므로 진정한 POS 시스템은 고객과 판매자, 판매자와 관리자가 Interactive Communication(쌍방향 대화)이 될 수 있도록 구성해 판매와 관리에 효용가치를 지니도록 해야 한다.

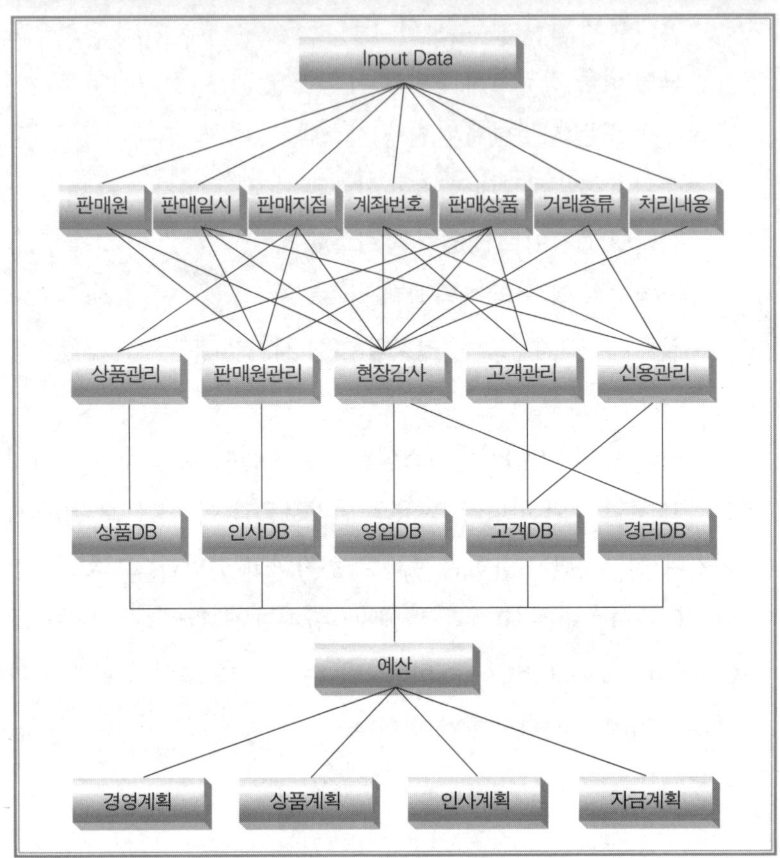

1) 고객과 판매자의 Interactive Communication

- □ 은행 데이터베이스 또는 Promotion을 통한 고객정보 집적 및
  대면(對面), Call, 이벤트, 캠페인, 제휴 등
- □ 지속적인 고객정보 업데이트 및 Data Cleaning
- □ 고객 속성별 제안서 및 상품 선택 제안

• 소득 · 직업 · 관심사 · 건강상태별로 설계 제안

  -고소득자에게는 종신보험 제안

  -자영업자에게는 연금보험 제안

  -자녀교육 관심자에게는 교육관련 보험 제안

  -신체장해자에게는 장해자 계약 또는 암보험 제안 등

• 보험 가입여부 및 미보장 부분별 설계 제안

  -타사 가입 보험 포함 보장 설계 필요

• 재정설계 · 연금설계 · 보장설계 제안

  -Life Cycle에 따른 재정설계 제안

  -재정설계를 통한 연금 및 보장설계 제안

• 연금보험의 경우 국민연금과 연계된 설계 제안

  -전국민 국민연금 시대에 부합한 설계

  -국민연금에 대한 연금보장 인식 제고 활용

  -국민연금 보장 미약으로 개인연금의 필요성 인식 제고

  -국민연금 및 타사 가입 연금보험 통합 연금보장 설계

  -〈그림 5-4〉 Sterling Wentworth의 연금설계 참조

Sterling Wentworth의 '퇴직연금 제안 Module 1'

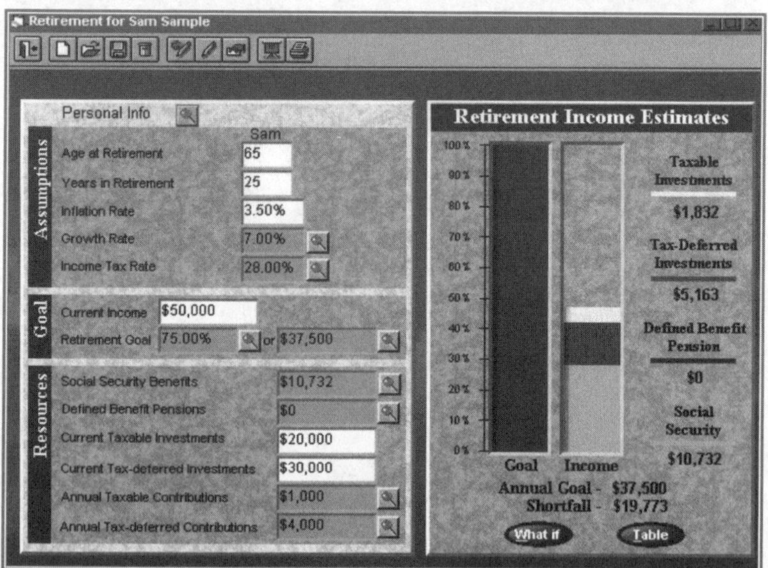

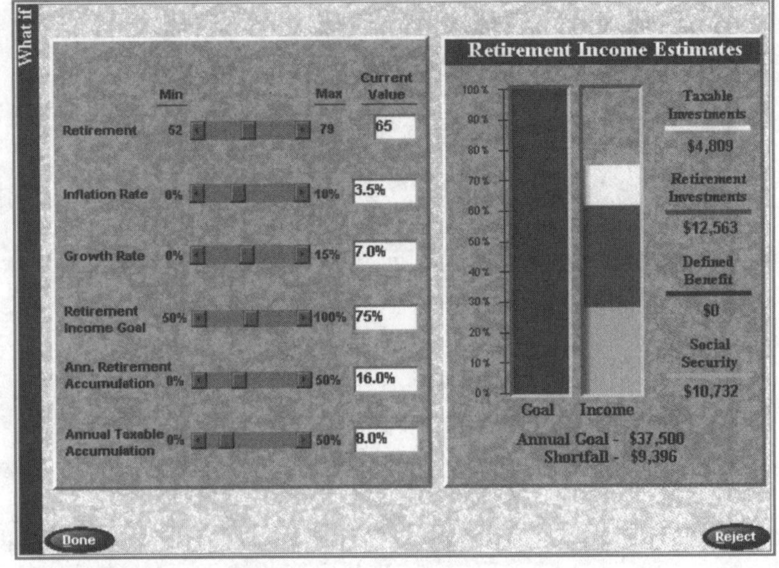

Sterling Wentworth사의 POS 시스템 '퇴직연금 제안'에 대한 Module로서 예상 퇴직금, 현재의 수입 등을 Inflation rate(인플레비율), 성장률 등을 감안해 우선 퇴직금 목표를 정한 뒤 가용할 수 있는 정부연금, 즉 우리나라의 국민연금과 같은 사회보장 금액과 기타 개인이 준비한 연금 등을 기준으로 현 시점의 부족액을 산출한다. 또한 퇴직시점의 예상 부족액 등을 산출해 연금보험에 대한 고객의 Needs를 느끼게 하도록 제안하는 시스템이다.

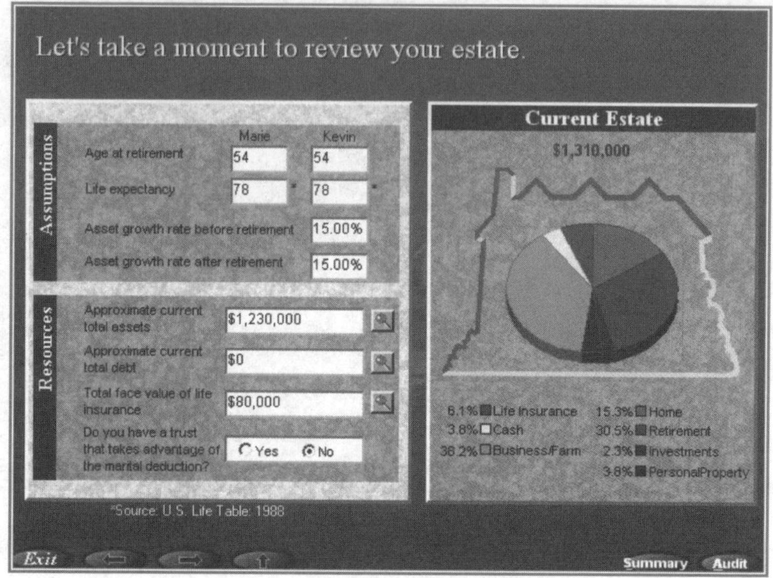

Sterling Wentworth의 POS 시스템 퇴직연금 제안을 위한 '퇴직자 자산 검토' Module은 부부의 현재 연령, 예상 수명, 자산 증가율, 현재 부채 등의 변수를 통해 현재의 총자산 대비 고객이 보유하고 있는 자산의 점유율을 도표로 알기 쉽게 보여준다. 이로써 고객으로 하여금 안정적인 자산 관리 및 고객의 Needs를 분석하고 제시하는 데 도움을 주는 Module이다.

❑ 연금 및 보장 설계시 1차 Underwriting을 실시

 • 제안서 Accept 후 가입불가 발생 최대한 억제

 • 제안시 1차적 Underwriting 기능을 부여

 • 의적(醫的) 심사기준표의 개괄적 전산화로 신체적 위험 선택

-신체적 위험 현장 의적(醫的) Underwriting 체제

-건강 문진 전산 Underwriting 시스템 구축

-문진 후 질병에 대한 전산 Underwriting 시스템 구축

-인수 가능한 범위로 전산 Underwriting 시스템 구축, 즉 Posi-
 tive형으로 rough하게 시스템 구축 필요. 시스템이 무거울 경
 우 end-user 사용의 어려움 발생

-〈그림 5-5〉 Swiss Re의 MAGNUM 참조

- 본사의 2차 Underwriting 시스템은 철저하고 상세한 시스템으
 로 구축, Image Workflow 시스템에 반영

 -의적(醫的) 계약심사기준표의 전산화

- 직업 · 운전 등에 의한 환경적 위험 선택 전산화

 -위험직업에 한해 코드화 후 위험 담보액 한도 설정

- 소득 · 기계약에 의한 도덕적 위험 선택 전산화

 -연령 및 직업에 따른 소득예측 Program 반영

 -소득예측 대비 위험 담보액 일정 배수로 제한

- Underwriting 기준에 적합한 제안

 -POS 시스템상 가입불가일 경우 사전심사제 도입 활용

☐ 설계 제안에 따른 고객과의 협상 및 조정

- Script에 의거한 단계별 제안 및 협상

 -표준 화법 · 설계 · 제안 · 보험금 지급사례 Script

- 고객에 대한 상세한 이력 관리

 -상담 · 보전 · 지급 · 민원 · 청약철회 · 가입거절 등

-각종 설계 제안 이력

-고객의 정확한 Needs 파악 후 협상

-민원 및 가입 거절 등 동일사안 미연 방지

-중복제안 방지 및 제안 조정

• 고객기준 통합조회 시스템

-보장내용 · 보험료 · 예상 지급액 등

-보장내용은 피보험자 기준 합산 조회

-보험료, 예상 지급액 등은 계약자 기준 합산 조회

• 고객 문의시 신속하고 정확한 응대 체제 구축

-약관 · 상품내용 · 상품비교 · 선택기준의 Helpdesk

-유사단어 검색형 Helpdesk

❑ **제안서 확정에 따른 보험 청약 후 서비스**

• Scheduler에 의거한 사전 안내

-사전 약속 · 일정표 · Approach 주기 등

-상령일(上齡日) · 이자 납입일 · 보험금 지급일 등

-기념일 · 자동차 검사일 · 자동차보험 만기일 등

• 고객 안내의 통합화

-세대별 · 피보험자별 · 계약자별 통합 안내

-은행 안내 · 보험사 안내 통합 — One paper

• 청구 · 민원 진행사항 안내

-고객 문의 전 진행사항 안내

❏ 고객 현실에 부합한 다양한 방식의 제안

- 일반적인 고객은 Document 제안

- 원거리 또는 초면(初面)의 경우에는 Direct Mail 제안

- 사무직의 경우 팩스 또는 e-메일 제안

- 정보통신분야 종사자는 인터넷, PDA 제안

- (〈그림 5-6〉 PDA 보험사 업무 관련 기사 참조)

- 창구 내방고객 대기 시에는 터치 스크린 제안

- 무인 은행 사용자에게는 ATM기기, Kiosk 제안

- (〈그림 5-7〉 Video Kiosk 설치 예 참조)

- 대중적인 대상은 Interactive TV 제안

- 판매자 방문시는 노트북, 휴대전화 제안

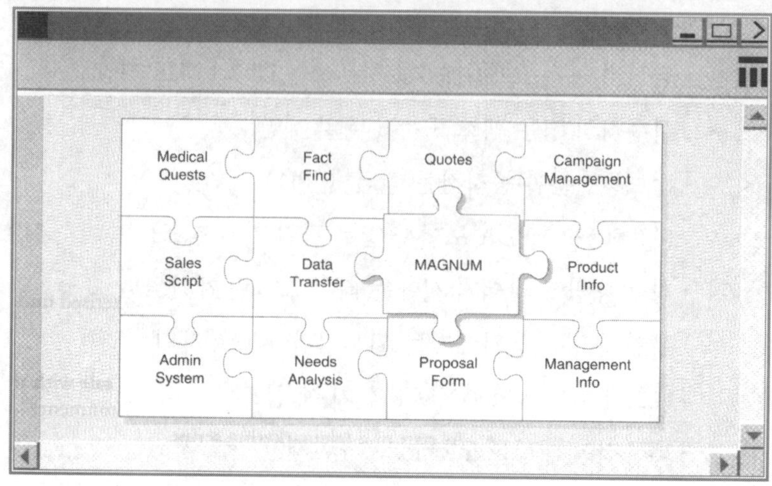

Swiss RE POS 시스템의 메인 메뉴로서 일반적인 고객정보뿐만 아니라 건강정보와 판매시 필요한 Script, 설계 제안, 고객 Needs 분석 및 관리자용 분석 시스템, Promotion 관리, Underwriting을 위한 MAGNUM 등으로 구성되어 있으며, 특히 MAGNUM의 경우에는 방카슈어러에게 주는 이익은 아래와 같이 다양하게 나타나고 있다.

- 완벽한 제안을 위한 기본이다.
- 계약인수 여부의 의사결정 단계를 단축시킨다.
- 신속하고 원활한 Underwriting으로 고객의 의사결정을 lead
- 정확한 계약 선택 및 인수를 한다.
- 좀더 복잡한 경우을 위해 Underwriting 경험과 자원을 축적한다.
- 거절 계약의 사전 건강진단 비용을 절감한다.

Swiss RE POS 시스템의 Underwriting을 위한 MAGNUM 프로그

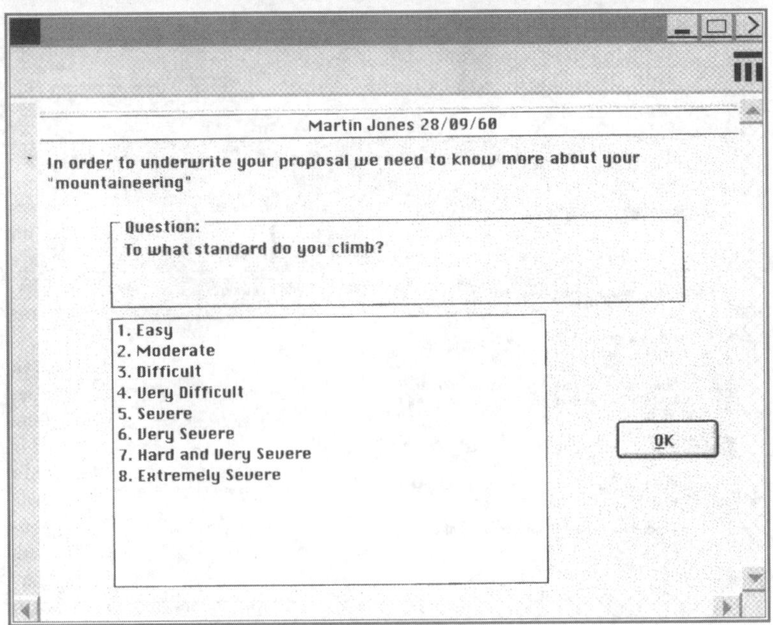

램은 직업, 부업, 거주지, 의적(醫的) 요소, 재정적 요소를 Under-writing의 기본 요소로 구성하고 있다. 직업, 부업, 거주지 등의 환경적 요소와 재정적인 요소는 우리의 현실에 적합하게 구성, 현행과 동일하게 운영하면 될 것이다. 하지만 의적(醫的)인 것은 아직 국내 사례가 없으므로 방카슈랑스를 떠나 우리나라 보험사에서 의적 Underwriting 노하우를 위해 반드시 검토해 보아야 할 사안이다.

위 그림은 일반적인 의적 문진표(問診表)로서 현재의 질병을 예측할 수 있는 질문들을 제시함으로써 의사의 시진(視診)을 대신한다. 또한 그 답변에 따라 구체적으로 의적(醫的) 상태를 추정하고 1차적

Martin Jones 28/09/60
STOMACH COMPLAINTS
What were your symptoms?
Passing blood
Please give date of symptoms.
August 1994
What is your precise diagnosis?
Mild Peptic Ulcer
What tablets have you taken? (e.g. Aludrox, Gaviscon, Tagamet, Zantac.)
Zantac
If you have had a barium meal or any other investigation, please give details including the date and result.
Barium Meal was abnormal
If you have had an operation, please say when.
None
If you have had problems since, please give details.
Fully recovered after 4 weeks
Are you being followed up or receiving any treatment now?
No
If Yes, please give details.
N/A
OK

으로 보험 가입 가능성을 개진하는 시스템으로 구성되어 있다.

위 그림은 현재 또는 과거에 고객이 질병을 앓은 적이 있는 경우, 고객이 구체적으로 질문에 답변을 함으로써 보험가입 가능성을 개진하는 화면이다. 전(前) 단계에 특별한 징후나 현재 또는 과거에 치료받은 질병이 없는 고객에게는 불필요하다. 이는 우선적으로 보험 가입 가능성을 개진하는 Positive형 Underwriting 시스템이며 고객의 질문에 대한 답변이 사실이라는 전제 하에 rough하게 의적(醫的) Underwriting이 이루어지는 것이다. 따라서 보험 판매자와 고객이

현대해상, 초소형단말기(PDA)도입

계약조회 및 가입설계 서비스 제공

현대해상이 지난달 도입한 초소형 단말기는 영업조직이 영업소나 사무실의 장소적 공간에 얽매이지 않고 자유롭게 영업활동을 영위 할수 있는 장비이다.

회사 관계자에 따르면 PDA란 Personal Digital Assistant의 약어로서 보험업계 최초의 무선데이터 통신을 기반으로 시스템으로. 현재의 실시간 시스템을 근간으로 설계되어 시스템으로 안정성과 정확성이 높다는 평가다.

현대의 초소형단말기 도입은 치열한 영업환경속에 영업조직의 영업력을 극대화하고 움직이는 사무실 구현의 필요성에 따른 것으로, 대외적으로는 인터넷과 모빌컴퓨팅을 중심으로 편제되는 새로운 마케팅 환경에 앞서 나가기 위한 생존전략이다.

초소형단말기는 다양한 서비스를 제공하고 있는데 첫째, 자동차보험은 개인용과 업무용에 플러스 상품을 서비스하고 있으며 계약조회는 물론 가입설계와 예약 카드 마감후 온라인 무선통신이 가능하다.

둘째, 장기보험상품의 경우 5가지 상품을 제공하며 계약조회와 가입설계등이 가능하다.

그 밖에도 대출정보와 신용카드 승인의 정보서비스, 고객의 등록 및 일정관리등의 서비스를 제공하고 있다.

2000년 5월 19일 금융산업일보

고의적 · 악의적으로 이용할 경우 제2차적인 본사의 Underwriting 시스템에서 그 사실을 밝혀내어 계약 선택을 해야 할 것이다.

제이텔 '셸빅'

삼성전자 '이지팜'

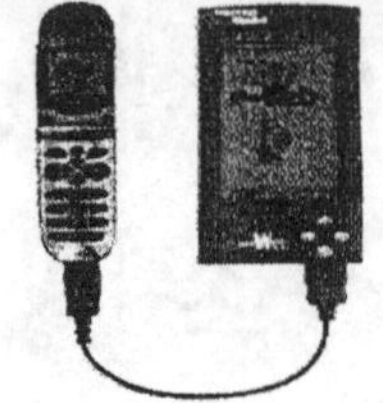

세스컴 '미니웹'

기능 다양화…영업·재고관리도

하드웨어 비교 / 개인용 정보단말기

노종빈 기자

요즘 PDA(Personal Digital Assistant 개인용 정보단말기)가 널리 보급되면서 이에 대한 관심이 높아지고 있다.

PDA는 개인정보관리나 일정관리에 주로 사용된다.

그러나 갈수록 기업을 대상으로 한 전용 소프트웨어를 갖춰 영업·재고관리 등의 업무용으로도 각광받고 있다.

삼성전자(대표 윤종용) 이지팜, 제이텔(대표 신동훈) 셸빅, 세스컴(대표 전병엽) 미니웹 등은 부상하는 시장을 선점하기 위해 경쟁을 벌이는 대표적인 상품이다.

● PC와 연결 데이터 주고받아

PDA의 핵심 기능은 온라인 동기화다.

PDA를 휴대하면 유·무선으로 개인용 PC에 연결해 각종 데이터나 프로그램을 주고받을 수 있다. PC에 입력돼 있는 내용을 바로 PDA로 저장해 볼 수 있고 PDA를 통해 입력한 내용이 상대방의 PC로도 전해질 수 있기 때문에 편리하다.

따라서 단순히 업무적인 연락만을 위해서 노트북을 들고 다니는 불편을 줄일 수 있다.

또 PDA 전용 소프트웨어를 설치해 다양한 기능을 추가할 수 있어 인기를 모으고 있다.

최근에는 각종 기업 업무용 솔루션으로도 개발돼 보험영업 가스검침 유통분야에도 공급되고 있다.

● 다양한 부가 장치 활용

PDA는 비교적 소형이며 휴대하기 편리하게 개발돼 있어, 따라서 다양한 부가장치를 활용해 기능성을 높일 수 있다.

외장형 모뎀은 가장 인기있는 부가장치로 외부에서 전자우편이나 팩스 송수신, 인터넷서핑 등 다양하게 활용할 수 있다. 사용 키보드는 기존 PDA 사용에서 가장 불편한 요소인 한글입력을 쉽게 해주는 편리한 부가장치로 호평받고 있다. 또 바코드스캐너는 유통 업체에서 재고·자재관리 등에 유용하다.

● 제품별로 기능 확인하고 구입

PDA를 구입할 때는 자기 업무나 활동 방식에 맞는 제품인지 확인하고 구입하는 것이 좋다. PDA는 다양한 부가기능을 갖추고 있지만 그다지 잘 사용하지 않는 기능 때문에 메모리 공간만 차지할 수도 있다.

따라서 반드시 꼭 필요한 기능을 갖추고 있는지를 먼저 따져볼 필요가 있다. 예를 들어 업무적으로 신제품을 전송하려 하는 사람은 이동전화에 연결해 무선데이터통신이 가능한지 확인하고 구입하는 것이 좋다는 얘기다.

PDA제품 비교

구 분	이지팜(삼성전자)	셸빅(제이텔)	미니웹(세스컴)
운영체제	윈도CE	셸빅OS	윈도CE
CPU	RISC 32bit	모토로라 드래건볼ez	MIPS 32bit
메모리	16MB(ROM)/8MB(RAM)	1MB(플래시메모리)/8MB(DRAM)	16MB(ROM)/8MB(RAM)
배터리	니켈수소충전지	AAA일반 건전지	AAA일반건전지
크기(무게)	128×18.9×84㎜ (200g)	117×16.5×77㎜ (150g)	122×16.2×80㎜ (155g)

2000년 5월 23일 매일경제신문

Kiosk의 사전적 정의는 매점, 신문 · 잡지 가판대, 공중전화 박스 등의 뜻을 지니고 있다. Video Kiosk는 정보통신의 기술 발달로 원거리에서 판매점을 내방할 수 없는 고객이 판매자와 비디오 카메라의 화상을 통한 접촉으로 물건을 구매하거나 고객 서비스를 제공받는 기기다. 은행의 ATM 기기처럼 무인 셀프시스템이나, 필요시 판매자와 화상으로 대화할 수 있는 Interactive Communication 시스템을 말한다.

2) 판매자와 관리자의 Interactive Communication

❏ 판매자의 동기부여
- 급여 및 등급관리 시뮬레이션 시스템 구축
  - 현 시점의 실적 및 예상실적으로 시뮬레이션
  - 성과급에 대한 예측 시스템
- 상담 및 상품 판매실적 분석 시스템 구축
  - 설계 제안 종류 및 상품 판매 분석
  - 설계 단계 및 상품 판매 분석
  - 정보 등급별 상품 판매 분석
  - 정보 Update 분석
- 지급 및 민원 실적 분석 시스템 구축
  - 보험금 지급 유형별 분석
  - 민원 신청 사유별 분석

❏ 판매자의 활동 관리 및 교육
- 판매자 이력 관리로 능력별 교육
  - 근무기간 · 경력 · 등급 · 교육 등의 이력 관리
  - 근무기간 · 경력 · 교육 · 상담능력 등에 따라 교육
- 실적 분석에 따른 coaching 및 교육
  - 근무기간이 아닌 능력별 교육 실시
  - 정기적인 보수 교육 실시
  - 계약선택 및 보전 관련 교육 실시

판매자와 관리자의 Interactive Communication은 POS 시스템을 기반으로 영업 시스템의 주축이 되어야 진정한 판매자에 대한 동기부여가 될 것이며, 결국 이는 방카슈랑스의 성공 열쇠가 되는 것이다.

3) POS 시스템을 통한 마케팅 전략 수립

❑ 정보분석을 통한 대응 전략 수립
- 정보 등급 및 채널별 상품 판매 분석
  - 정보 수집에 대한 Promotion 결정
- 민원 및 지급사유별 분석
  - 청약 후 서비스 방법 및 개선점 결정

❑ 속성분석을 통한 대응 전략 수립
- 상품별 판매 분석
  - 주요 상품 및 상품 개발 방향 설정
- 상담 매체별 판매 분석
  - 판매 채널 다양화 및 개선 여부 결정
- 상담 유형 등 특정 조건별 판매 분석
  - 상담 업무 Process 개선 및 결정
  - 고객 가치 분석에 따른 고객 서비스 전략 수립
  - 이탈 고객 분석을 통한 고객 유지 관리 전략 수립
- 각종 설계별 상품 판매 분석
  - 설계서 내용 개선 및 설계방법 개선

　이와 같이 POS 시스템은 고객 · 판매자 · 현장 관리자 · 본사 관리자, 즉 영업 기획자 또는 마케팅 전략 수립자 모두에게 필요한 시스템이다. 이는 단순히 상품 판매시에만 필요한 정보를 축적 활용하는 시스템이 아니다. 따라서 현재 보험사에서 활용하고 있는 시스템처럼 단편적인 시스템 구성으로는 활용의 한계가 있다. 상품 판매 결

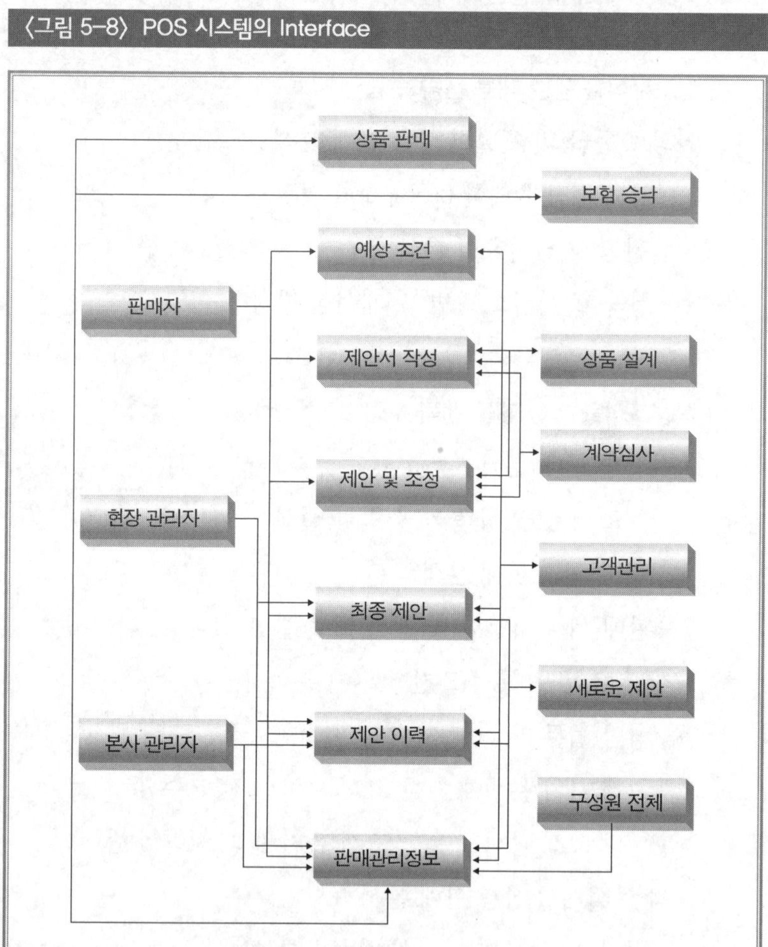

과에 대한 철저한 분석을 통해 상품 전략 및 판매 전략에 대한 기획 등 마케팅 기획부터 상품 판매 및 고객 서비스까지 총체적인 시스템으로 구성해야 그 목적을 달성할 수 있다(〈그림 5-8〉 POS 시스템의 Interface 참조).

결국 모든 시스템은 사용자를 기준으로 만들어져야 하며, 그것이 도움이 되도록 구성되어야 활용가치를 느끼고 사용하게 되는 것이다. 판매자에게 도움이 되는 것은 판매자가 보유하고 있는 고객 정보를 체계적·단계적인 Script를 이용해 고객의 Lifetime Value(생애가치·평생구매 금액)를 최대한 판매자의 것으로 만들어 단순고객이 아닌 단골고객으로 관계가 유지되도록 Customer Relationship 마케팅, 즉 Individual 마케팅이 실행되어 판매자의 실질적인 판매 실적의 증가와 소득에 기여해야 한다. 또한 관리자에게는 손쉽고 빠른 시간 내에 판매자의 실적과 현황을 조회·분석해 가장 적합한 마케팅 전략과 전술을 수립, 신속하게 현실에 대처할 수 있도록 하는 것이다.

이것이 진정한 POS 시스템의 목적이며 기술이다.

4) POS 시스템 Process

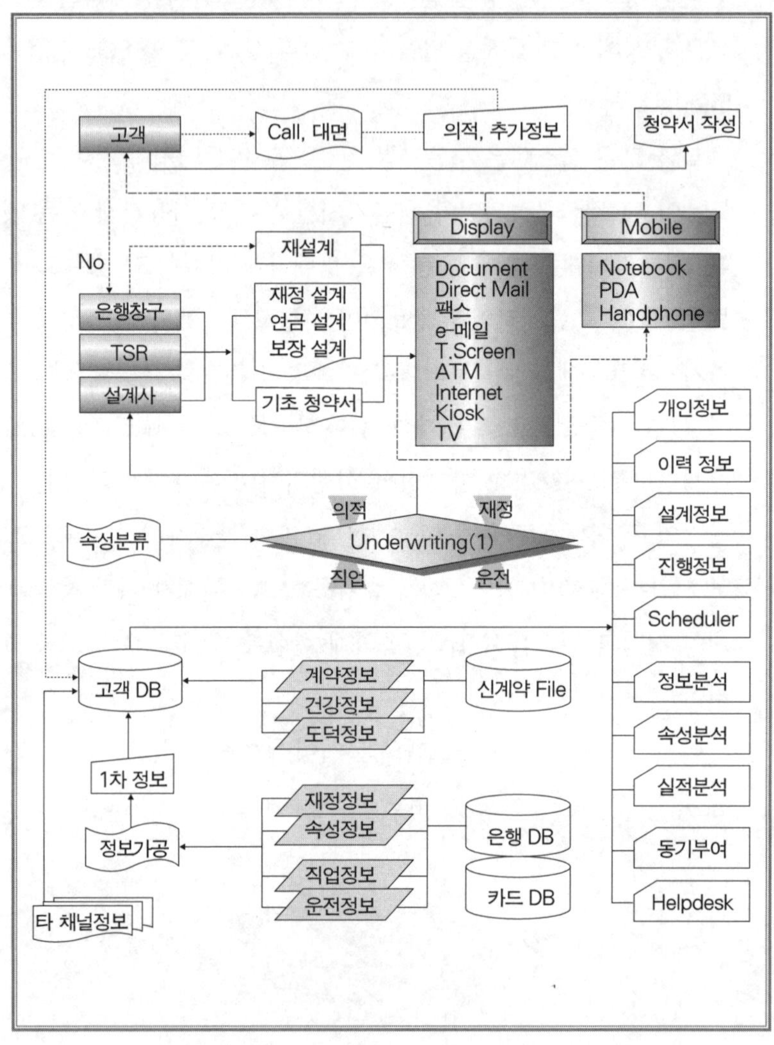

106

순 서	Process	내 용	관련문서
1-1	재정정보	• 은행의 예·적금 및 월 수입, 납입액 규모 • 월 카드 사용금액 규모	
1-2	속성정보	• 인적사항 및 전화번호, 팩스, 주소, e-메일 • 결혼기념일, 생일 등의 각종 기념일 • 가족사항 등 기타 정보 • 가입 후 유지 기간 속성 • 은행거래 목적 및 은행계좌 수 • 적금'및 카드사용료 납입시 연체 여부 • 금융 불량거래 여부	
1-3	직업정보	• 예금주 및 카드 소지자의 직업	
1-4	운전정보	• 예금주 및 카드 소지자의 운전 차종	
1-5	정보가공	• 보험 판매 가능 대상자 선정 • 수집 정보의 진위 및 사용 가능 여부 파악 • 휴면계좌 여부 분리 • 즉시 가능자와 추가정보 요구자로 분리	
1-6	1차 정보	• 고객DB에 적합하게 정보 가공 후 선별	
1-7	계약정보	• 보험사의 기(旣)가입 보험 정보 • 위험 보장금액 및 납입 보험료	
1-8	건강정보	• 보험 가입시 또는 보험금 지급시의 건강정보 • 타사 정보 등 기타 수집된 건강정보	
1-9	도덕정보	• 보험금 지급시 또는 적부확인시의 도덕정보 • 타사 정보, 언론 등 기타 수집된 건강정보	
1-10	타 채널 정보	• 이벤트 등 Promotion에 의해 수집된 정보	
1-11	속성분류	• 보험 가입자와 미가입자 분리 대응 • 보험 가입자 미가입 보험 상품 분류 • 가입자 분석 모델화 • 미가입자 정보에 따른 보험 상품 선정 • DB 마케팅을 위한 기초 분류	
2-1	Underwriting(1)	• 직업·운전·취미 등에 따른 환경적 위험 선택 • 보험금 지급이력, 병력 등 신체적 위험 선택 • 기계약, 도덕정보에 따른 도덕적 위험 선택 • 직업, 소득 등에 따른 재정적 Underwriting을 통한 도덕적 위험 선택 • Automatic Underwriting 시스템	

순 서	Process	내 용	관련문서
2-2	의적	• 의적 심사기준표의 전산화 • 의적 Underwriting의 즉시화	의적 심사기준표
2-3	재정	• Financial Underwriting의 전산화	재정심사기준표
2-4	직업	• 취급업무 Underwriting의 전산화	직업코드
2-5	운전	• 운전 차종 Underwriting의 전산화	운전코드
3-1	재정설계	• Life Cycle에 따른 시기별 필요 자금 설계 • 준비된 자금의 효율적 활용 설계 • 미 준비된 자금 확보 방법 설계	재정 설계서
3-2	연금설계	• 재정설계에 의한 필요 연금 설계 • 국민연금과 연계하여 연금 설계 • 타 목적으로 준비된 자금의 연금전환 설계 • 보험 외 은행을 통한 연금 설계 포함	연금 설계서
3-3	보장설계	• 재정설계에 의한 필요 보장 설계 • 기 가입한 보험과 연계 보장 설계 • 준비 안 된 보장부분에 대한 적극적 보장 설계 • 피보험자 기준 통합 보장 설계 • 타사 상품과 연계 보장 설계 필요	보장 설계서
3-4	재설계	• 추가정보 수집 등으로 정보 정정 후 재설계 • 고객 상담 후 고객 Needs 변화에 따라 재설계 • Underwriting에 따른 가입금액 재설계 • Closing을 위한 재설계	해당 설계서
3-5	기초 청약서	• 설계 완료 후 고객 Needs에 따라 발행	기초 청약서
4-1	Document	• 해당 설계서 프린트 후 발송 또는 제시	설계서
4-2	Direct Mail	• 해당 설계서별 DM 작성 발송	DM
4-3	팩스	• 해당 설계서 팩스 서버 이용 발송 • 팩스의 특성에 맞게 별도 Map 구성	
4-4	e-메일	• 해당 설계서 e-메일 이용 발송 • e-메일의 특성에 맞게 별도 Map 구성	
4-5	T.Screen	• 터치 스크린 디스플레이 • 객장에 비치 정보 입력 후 해당 설계서 조회 • 해당 설계서 Blank Paper에 Print	설계서
4-6	ATM	• Automated Teller Machine • 정보 입력 후 해당 설계서 조회 시스템	

순 서	Process	내 용	관련문서
4-7	인터넷	• 은행 · 보험사 홈페이지 활용 • Financial Consulting 웹사이트 운영 • Cyber 보험 판매시 적극 활용	
4-8	노트북	• 고객정보 사전 다운로드 활용 • 추후 무선 모뎀 이용 현장 설계체제 구축	
4-9	PDA	• Personal Digital Assistant • 고객정보 사전 다운로드 활용	
4-10	휴대전화	• Wireless Application Protocol(WAP) 이용 한 필요자금, 보장금액 등의 산출	
4-11	Kiosk	• 가판대 · 편의점 등의 점두(店頭) 판매 형태 • 대화형 무인 판매 시스템	
4-12	TV	• Interactive TV • Home shopping corner 활용	
5-1	Call · 대면	• 고객 내방 또는 TM, Call Center 전화	
5-2	의적 · 추가정보	• 과거 병력, 현재 병증 등 미확보된 추가정보	
5-3	청약서 작성	• 청약서상 건강 · 직업 · 운전 등의 고지 및 서명날인	
6-1	개인정보	• 고객의 인적사항 · 주소 · 전화번호 · e-메일 등 • 결혼기념일 · 생일 등 각종 기념일 • 직업 · 운전 차종 · 카드 정보 · 취미 · 특기 • 가족사항 등 가족관련 정보 • 고객 홈페이지 관련 정보 • 은행 거래 정보	
6-2	이력 정보	• 고객상담 이력 및 민원 이력 • 계약 보전 및 보험금 지급 이력, 설계 이력 • 판매자 이력	
6-3	설계정보	• 고객 상담시 설계한 각종 설계 내역 • 가입한 보험 기준 보장 설계 내역 • 미 준비한 보장 설계 내역 • 고객별 보장내역 및 예상 지급액 • 증권번호별 보장 및 상품별 보장 내역	
6-4	진행정보	• 보험금 청구 및 민원 진행정보	
6-5	Scheduler	• 기념일, 상령월 등의 고객 불인지 일정 • 고객과 약속에 의한 일정 등	

순 서	Process	내 용	관련문서
6-6	정보분석	• 정보 채널별 판매 분석 • 민원 및 지급사유별 분석	
6-7	속성분석	• 상품별 판매 분석 • 상담 매체별 판매 분석 • 상담 유형 등 특정 조건별 판매 분석 • 각종 설계별 상품 판매 분석	
6-8	실적분석	• 상담 및 상품 판매 실적 분석 • 지급 및 실적 민원 접수 처리 분석	
6-9	동기부여	• 상담 매체별 급여, 등급 등의 실적 관리	
6-10	Helpdesk	• 표준약관, 선택기준, 타사 상품비교, 상품 해설 • Script, 시스템 사용설명서	

3. Underwriting

앞에서 설명했듯이 계약선택, 즉 Underwriting은 다른 금융 업무에는 없고 보험 계약에만 있는 특징이다. 만약 Underwriting을 철저히 하지 않아 리스크 관리가 제대로 되지 않았을 경우, 우연한 사고에 대한 경제적 준비라는 보험의 본질을 왜곡시킬 수 있다. 만약 사차손(死差損)이 발생할 경우에는 보험사업에 대한 의의를 상실하게 되는 것이다.

❑ 선택의 3대 요소
- 신체적 위험 : 현재 병증 및 과거 병력, 신체장해 등의 건강
- 환경적 위험 : 직업 · 운전 · 취미 · 부업 · 주거지역 등의 환경
- 도덕적 위험 : 역선택 · 경제력 · 기계약 등의 Moral Hazard

그러나 철저함만을 강조해 Underwriting의 시간이 지나치게 소요
된다면 결국 고객의 불만으로 인해 한 건의 단편적인 계약으로 끝나
버리고 만다. 즉 그 고객의 나머지 Lifetime Value를 놓치고 마는 소
탐대실(小貪大失)의 결과를 불러올 수 있다. 그러므로 위험 선택의 3
대 요소에 관한 정보 및 기준을 최대 전산화한 Automatic Under-
writing 시스템과 보장내용에 따른 선택, 청약서 작성 간소화로 정확
한 정보 기재와 자필서명, 적극적인 건강진단 등을 활용할 경우 철
저하고 신속하게 합리적인 Underwriting을 실행할 수 있을 것이다.

최근 보험사에서 도입하고 있는 Image Workflow 시스템 또한 신
속하고 정확한 Underwriting을 위한 목적으로 많은 비용을 들여 구
축하고 있다. 하지만 이 또한 앞에서 기술한 내용이 뒤따르지 않으
면 단순히 업무시간만 단축하는 결과를 낳게 될 것이다.

1) Automatic Underwriting 시스템 필요 사항

□ 신체적 위험 요소
- 피보험자별 건강진단 정보 데이터베이스화
- 과거 보험금 지급내역 정보(타사 포함) 데이터베이스화
- 피보험자별 신체장해 정보 데이터베이스화
- 의적 Underwriting 기준의 전산화
  - 질병명, 치료기간, 수술여부, 완치 후 경과 기간 등 반영
  - 건강상태에 따른 평점 사정(査定) 전산화
  - 생보협회 발행 계약선택 기준표의 최대한 전산화
  - 전산화 불가능 부분에 한해 Underwriter에 의거 심사

□ 환경적 위험 요소

- 직업의 취급업무 코드화 및 위험등급 관리
- 운전 차종 코드화 및 위험등급 관리
- 취급업무에 따른 직업병 데이터베이스화
  - 직업병에 대한 건강진단 또는 대용진단 요구
  - 직업병에 대한 자각 증상 등 문진 강화
  - 계약 적부 확인시 별도 자각증상에 대한 문진표 작성
  - Positive Underwriting
- 특정 주거지역의 환경적 질병 데이터베이스화
  - 환경적 질병에 대한 건강진단 또는 대용진단 요구
  - 환경적 질병에 대한 자각 증상 등 문진 강화
  - 계약 적부 확인시 별도 자각증상에 대한 문진표 작성
  - Positive Underwriting

□ 도덕적 위험 요소

- 역선택 이력 정보 데이터베이스화
- 유사 상품(타사 포함) 중복 가입자 정보 데이터베이스화
- 고액 보장금액(타사 포함) 가입자 정보 데이터베이스화
- 특정 특약(입원 등) 과다 가입자 정보 데이터베이스화
- 보험금 지급 사고 반복 피보험자 및 지급 거부자 정보 데이터베이스화
- 계약 적부 확인 결과 부적격자 정보 데이터베이스화
- 역선택 다발 세부 지역, 직업 전산화
  - 계약 적부 확인시 필수 조사 대상

• 재정적 위험선택(Financial Underwriting)

• 유사 업종(손보 · 공제조합 · 의보)의 정보교환 및 자료 축적

2) 보험 종류에 따른 즉시 심사제 도입

□ 순수 재해 보장보험

• 보장금액 소액 가입의 경우 신체적 위험요소 배제

• 뇌출혈 등 특정 주요 질병 외 신체적 위험요소 배제

–특정 주요 질병 사전 공지

□ 순수 상해 보장보험

• 자필서명이 정확한 청약서상의 고지만으로 심사

• 뇌출혈 등 특정 주요 질병 외 신체적 위험요소 배제

□ 순수 질병 보장보험

• 자필서명이 정확한 청약서상의 고지만으로 심사

• 재해 관련 환경적 위험요소 배제

□ Host Program의 1차 Underwriting 후 승낙 여부 결정

□ 즉시 가입여부 확인 가능으로 방카슈랑스 상품으로 적합

3) 보험 가입 사전 심사제 도입

□ POS 시스템의 1차적 Underwriting으로 판정이 어려울 때

• 1차적 Underwriting으로 가입 불가 또는 가입 연기 등

• 가입 전 건강진단 또는 대용진단서 요구 후 결정

• Image Workflow 시스템과 연계

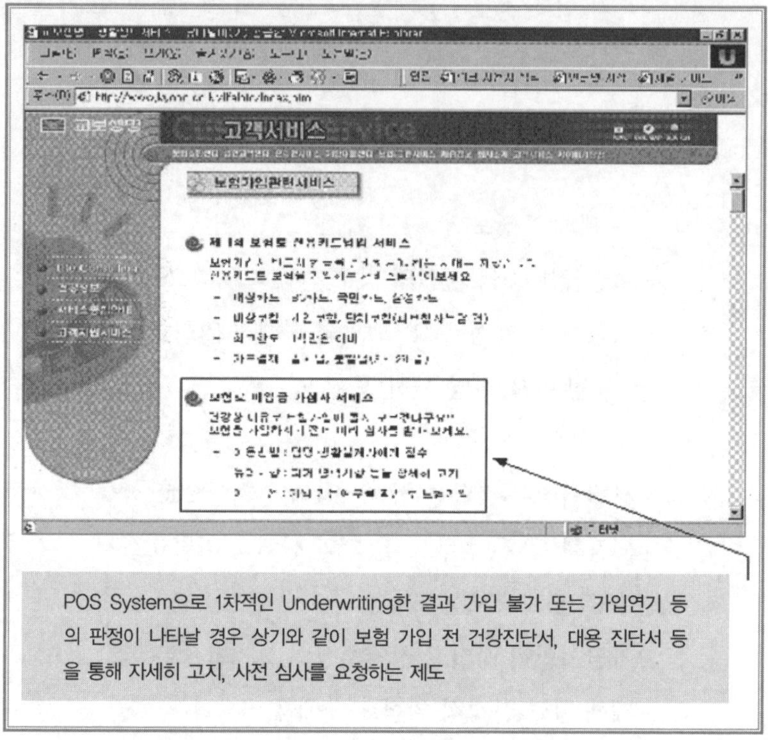

□ 〈그림 5-9〉 '교보생명 보험료 미입금 가심사 서비스' 참조

4) 청약서 작성 간소화 및 고객 기재형으로 정확한 고지

□ 작성 간소화시 기재 내용 및 고지 내용 정확성 제고

□ 자필 기재 및 서명 날인율 증대

• 읽어야 할 문구가 적은 탓에 자세히 읽고 기재하게 됨

□ 〈그림 5-10〉 '간략한 청약서 Sample' 참조

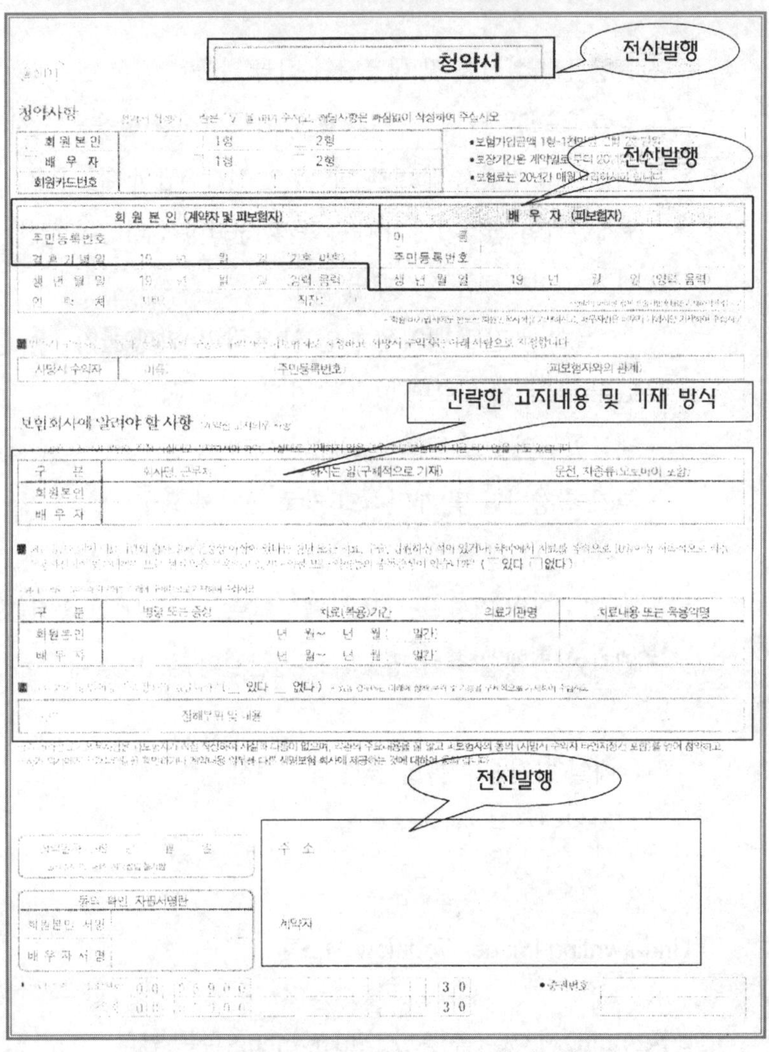
청약서
전산발행
전산발행
간략한 고지내용 및 기재 방식
전산발행

5) 건강진단 적극 활용

- □ 진단항목의 현실화 및 대용진단 적극 활용
  - 일반적으로 간기능 장애가 많으나 특별진단 항목으로 지정
  - 최근 치료 진단서 및 고객 개인적인 건강진단서 대용진단 인정
    - 개인적인 건강진단의 대중화 및 진단항목 다양화 추세
  - 필요시 의료보험 진료내역 요구
    - 의료보험 진료 내역은 본인 외 열람 및 발행 불가
- □ Underwriting시 필요에 따라 추가 정보 요구
  - 취급업무의 모호성 및 새로운 직업
  - 추가 건강진단 및 개인적인 치료 진단서 요구
    - 건강진단 결과 경계치 또는 일시적 현상 발생시
- □ 촉탁 병·의원 건강진단 정보 웹사이트 또는 e-메일 송신
  - 웹사이트 개설 촉탁 병·의원 진단결과 송신 및 데이터베이스화
  - e-메일로 진단 항목별 결과 송·수신
  - 건강진단서 수신 시간 단축

6) Underwriting Image Workflow 시스템

- □ Scanning시 OCR를 통한 Underwriting 항목 인식
  - 발행번호 등으로 Host 시스템과 Image 자동 Indexing
  - 건강고지 여부 자동 확인
    - 건강고지 기재 건 별도 심사 Folder로 자동 분류

- 자필서명, 직업, 운전 등 필수 기재사항 누락 여부 자동 확인
    - 거절 및 보완 자동 통보
  - 위험 담보금액 소액 건 자동 심사로 인수 여부 결정 가능

☐ Underwriting 필수항목 Setting화
  - Underwriting시 담당자 심사 누락 방지
  - 체계적이고 통일화된 Underwriting

☐ 건강진단 등 필수 첨부서류의 자동 분류 및 확인
  - 건강진단건의 진단서 첨부 및 심사 여부
  - 특별조건부 계약의 조건부 계약서 첨부 및 심사 여부
  - 계약 적부 대상 건의 적부 확인 보고서 및 심사 여부
  - 해당 문서별 분류 ID 부여——바코드

☐ 과거 보존 문서 등 비교 문서 Image 자동 Indexing
  - 피보험자의 과거 기록과 연계한 Underwriting 가능
    - 과거 기 가입한 청약서
    - 과거 건강진단서
    - 계약 적부 확인결과 보고서
    - 보험금 지급 관련서류

☐ Underwriting History 상세 기록 및 보관
  - Underwriting의 어원이 된 선택방법
  - Underwriter 간의 Interactive Communication 가능

• History 관리의 명확화로 책임 있는 Underwriting 실시

□ Underwriter의 순환 및 심사권한 기능 부여

• Underwriter의 주관적인 특이성 배제

– 객관적이고 보편화된 Underwriting 기준 수립

• Underwriter 능력별 심사권한 부여

– Underwriter 자격 심사제 운영

□ 거절 또는 서류 등의 보완시 구체적인 사유 통보

• 거절사유 구체적인 고객 안내로 오해 방지

• 보완업무 구체적인 안내로 신속한 보완 및 재발 방지

□ Host 시스템 Data의 Back ground 처리

• Host 착오 입력 내용 확인

• Host Data Update 이중처리 방지

□ 팩스 서버와 연계, 팩스 청약 시스템 구축

• 팩스 이미지 저장 및 Workflow

□ 사고보험금 지급 심사 Image Workflow 시스템 구축

• 사고보험금 지급시 가입청약서 확인

• 사고보험금 지급 건 신계약 심사시 연계 확인 심사

– 경미한 사유로 인한 보험금 지급 건 선별적 인수 가능

□ 〈그림 5-11〉 Underwriting Image Workflow 시스템 참조

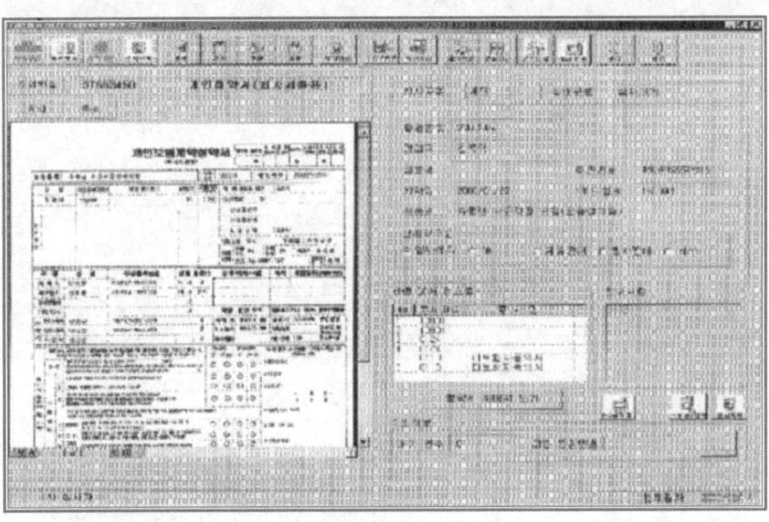

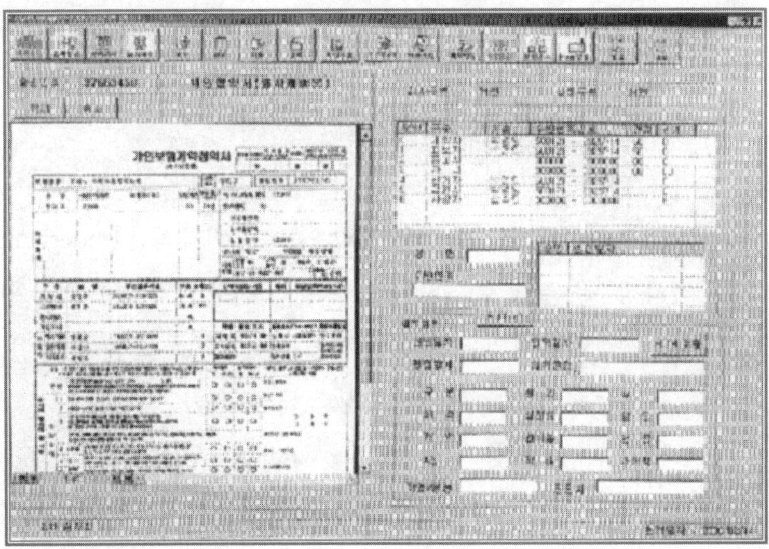

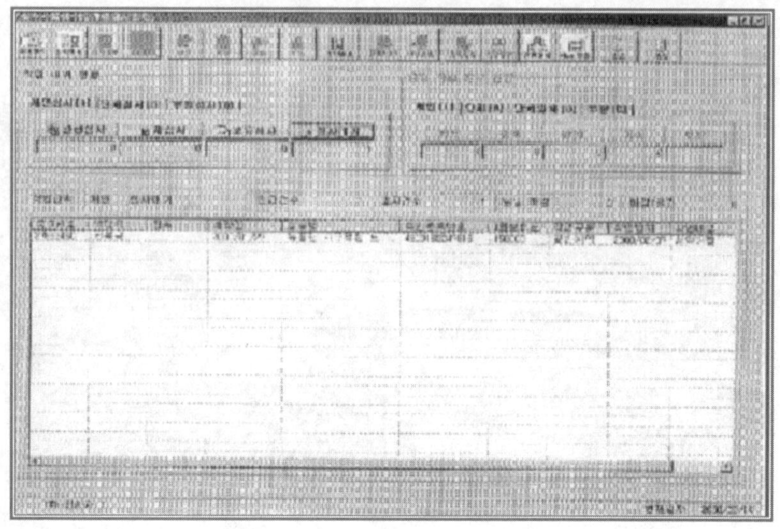

위 그림은 A생명의 Underwriting Image Workflow 시스템의 화면 일부분이며, 사고보험금 지급심사와 연계해 Image Workflow 시스템을 구축할 경우에는 그 효과를 배가시킬 수 있을 것이다.

7) Positive Underwriting 실시

□ 임의 재보험 출재를 통한 계약 인수 등 적극적인 Underwriting

□ 특정부위 질병 부(不)담보 등 특별 조건부 계약 인수 적극 활용

□ 신체장애인 계약 및 장애인 전용보험 등 적극 활용

　• Individual 마케팅(방카슈랑스 도입 가능)

□ 방카슈랑스 상품 기획시 Underwriting과 연계 필요

8) Underwriting(계약심사) Process

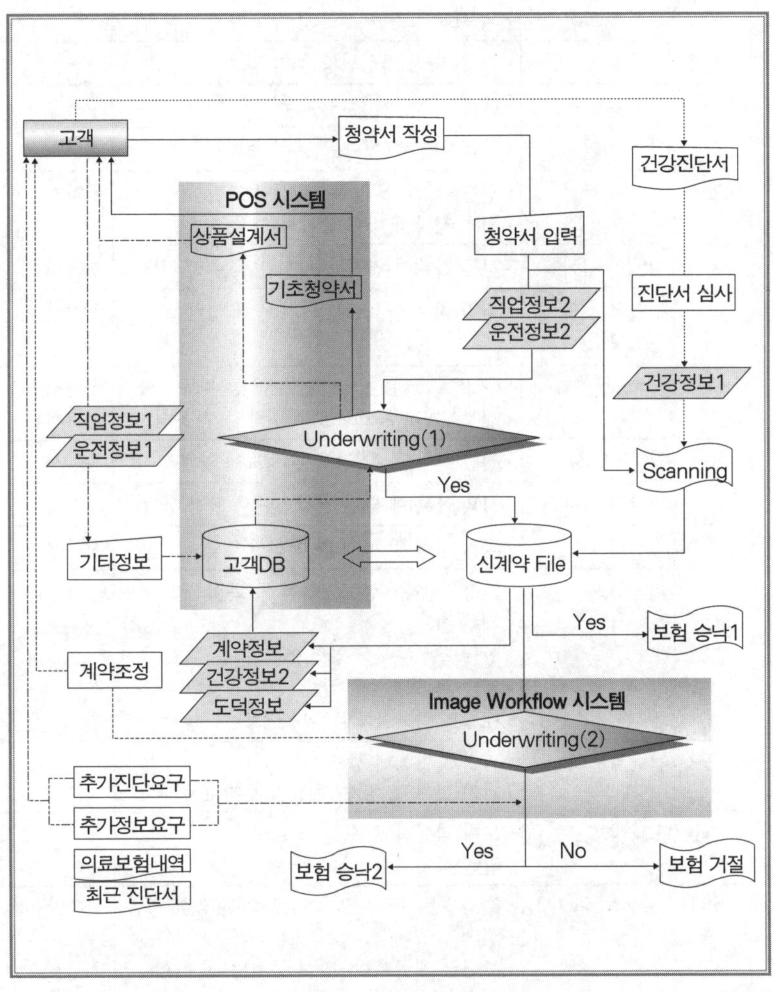

순 서	Process	내 용	관련문서
1-1	직업정보 1	• 외부DB 또는 미검증된 정보의 직업 분류	
1-2	운전정보 2	• 외부DB 또는 미검증된 정보의 운전 여부	
1-3	기타정보	• 소득, 타사 가입현황 등의 정보	
2-1	상품설계서	• POS 시스템에 의거 설계	상품설계서
2-2	기초 청약서	• 인적사항, 주소 등을 발행 송부	청약서
2-3	청약서 작성	• 건강, 직업, 운전 등 고지 및 자필 서명 • 기초 청약서 내용 상이시 정정	청약서
2-4	청약서 입력	• 상품 설계시 입력사항 조회 후 수정 입력	청약서
2-5	직업정보 및 운전정보	• 직업 및 운전코드에 의거 전산 입력	청약서
2-6	Scanning	• OCR로 고지, 서명날인 누락 등 자동심사 • 첨부서류 Indexing으로 누락 등 자동심사	청약서, 첨부서류
3-1	건강진단서	• 진단계약 또는 건강고지, 정보에 의해 실시	진단서
3-2	진단서 심사	• 사의(社醫)에 의한 건강진단서 평가	진단서
3-3	건강정보 1	• 과거 병력 및 현재 병증 전산 입력	진단서
4-1	계약정보	• 사망 · 장해 · 상해 · 입원 등 특정 보장내용 세부 정보 • 상해보험 타사 가입현황 • 최근 고보장 상품 집중 가입자 • 매월 납입보험료의 과다 여부	
4-2	건강정보 2	• 과거 보험혜택 정보 • 과거 병력 및 현재 병증 관련 정보	
4-3	도덕정보	• 보험 역선택 등 모럴 해저드 관련 정보	
5-1	Underwriting(1)	• 직업 · 운전 · 취미 등에 따른 환경적 위험 선택 • 보험금 지급이력, 병력 등 신체적 위험 선택 • 기계약 , 도덕정보에 따른 도덕적 위험 선택 • 직업, 소득 등에 따른 재정적 Underwriting 을 통한 도덕적 위험 선택 • Automatic Underwriting 시스템	신계약 file

순 서	Process	내 용	관련문서
5-2	보험 승낙(1)	• 건강고지상 이상이 없고 자필서명이 정확한 계약은 전산 Underwriting으로 결정 • 재해보장 · 암보장 등 단순 보장상품의 경우 • 계약정보DB에 이상이 없는 경우 • 건강정보DB에 이상이 없는 경우 • 도덕정보DB에 이상이 없는 경우 • 소득대비 및 1인 고보장 가입의 경우 제외	보험증권
5-3	추가진단 요구	• 건강진단 후 재검사 필요시 • 건강고지에 따른 진단 필요시	
5-4	추가정보 요구	• 청약서 기재내용 또는 기 확보된 정보에 의거 Underwriting에 필요한 정보 요구	
5-5	최근 진단서	• 건강고지, 건강진단, 기 확보된 정보 등에 따라 최근 치료내역 또는 진단서 요구 • 보험사 실시 건강진단상 알 수 없는 질병	병원 진단서
5-6	의료보험 내역	• 병원 진단서 미첨부시 의료보험 치료내역 요구	의료보험 내역
5-7	Underwriting(2)	• Image workflow 시스템에 의거한 Automatic Underwriting 시스템 • 건강고지에 따른 신체적 위험 선택 • 건강진단에 따른 신체적 위험 선택 • 직업, 운전 등 사전 정보와 상이한 정보 심사 • 고보장 상품 및 가입 피보험자 선별 심사 • 자필서명, 날인의 정확성 심사 • 기타 기재 누락 여부 전산 심사	청약서, 첨부서류 Image
5-8	계약조정	• 특별조건부 계약에 대한 사전 동의 • 보험금액 감액 후 가입 조정 • 보험료 할증 후 가입 조정	조건부계약서
5-7	보험 승낙(2)	• 보험증권 발행 전달	보험증권
5-8	보험 거절	• 보험 거절내역 상세 통보	반환보험료 명세

4. 증권 발행

보험증권은 보험계약의 승낙 표시로 보험사가 보험 계약자에게 발행하게 되는데, 보통 이 때 보험 청약에 대한 Process가 종결되는 것으로 생각하고 있다.

그러나 보험증권이 고객에게 전달되어야 청약에 대한 실질적인 Process가 끝나는 것이다.

표준 사업방법서상 청약일로부터 30일 이내에 승낙 여부를 통보해야 하나, 최근 보험사들은 보통 3~7일 이내에 승낙 여부를 결정해 보험증권을 발행하고 있다. 그러나 실질적으로 고객에게 보험증권이 전달되기까지는 그보다 훨씬 더 많은 시간이 소요되고 있기 때문에 고객의 불만 요소로 나타나며, 민원 등 이의제기의 요인이 되기도 한다.

❑ 보험증권 전달 방식
- 우편전달 : 대부분 빠른우편이 아닌 보통우편으로 전달
  - 3일 이상 소요 및 분실 사고 발생
- 방문전달 : 설계사를 통한 전달
  - 설계사 방문 필요시에 전달(예 : 다음달 수금일)

보험증권은 유가증권이 아니므로 표준 사업방법서상의 필수 기재 내용이 기재되어 보험 가입에 대한 증거능력을 지니고 있으면 그 가치와 효력이 발생한다. 이러한 보험증권은 현실적으로 계약내용에 대한 안내문 역할만 하고 있는 실정이다.

❏ 표준사업방법서상 보험증권 필수 기재 내용

• 계약자 · 피보험자 · 수익자의 성명 및 생년월일

• 증권번호 · 계약일 · 만기일 · 보험기간 · 보험료 납입방법 등

• 상품 보장내용

그러나 은행과 제휴하는 방카슈랑스에서는 보험증권에 단순 기능만 부여함으로써 원스톱 서비스를 요구하는 고객의 욕구를 충족시키기에는 역부족이다. 은행 업무와 보험 업무를 은행 또는 보험사에서 동시 처리가 가능할 수 있도록 역할을 할 때 비로소 고객의 욕구를 충족시킬 수 있다. 그뿐만 아니라 이는 방카슈랑스의 특성을 최대한 활용하는 것이 된다.

즉 은행 현금카드 또는 신용카드와 통합된 카드식 보험증권, 은행통장과 통합된 통장식 보험증권 등의 간이 보험증권이 필요한 것이다.

1) 간이 보험증권

□ '사업방법서' 상의 증권이 아닌 보험과 은행 업무를 하기 위한 증권

□ 은행 창구 증권 발급 및 보관 용이 등으로 고객 만족

□ 카드식 증권

• 현금카드 또는 신용카드와 통합

• 은행 제휴형 카드 발급

• Magnetic Tape, Smart Chip에 증권번호 기록

• ATM, 전자서명, 전자상거래 이용시 활용

• 〈그림 5-12〉 '카드식 간이 보험증권 Sample' 참조

□ 통장식 증권

- 고객 거래통장을 방카슈랑스 통장으로 재발급
- 은행통장 마지막 장에 보험계약사항 기재
- 증권번호 · 계약자 · 보험자 · 수익자 · 계약일 · 만기일 · 보험종류 등
- 표준약관의 주요 내용을 통장 양식에 인쇄
- 은행 창구 및 보험 창구 등 거래시 해당 내용 통장 기장
- 은행 거래내역 기장 방식과 동일하게 혼합 사용

〈그림 5-12〉 카드식 간이 보험증권 Sample

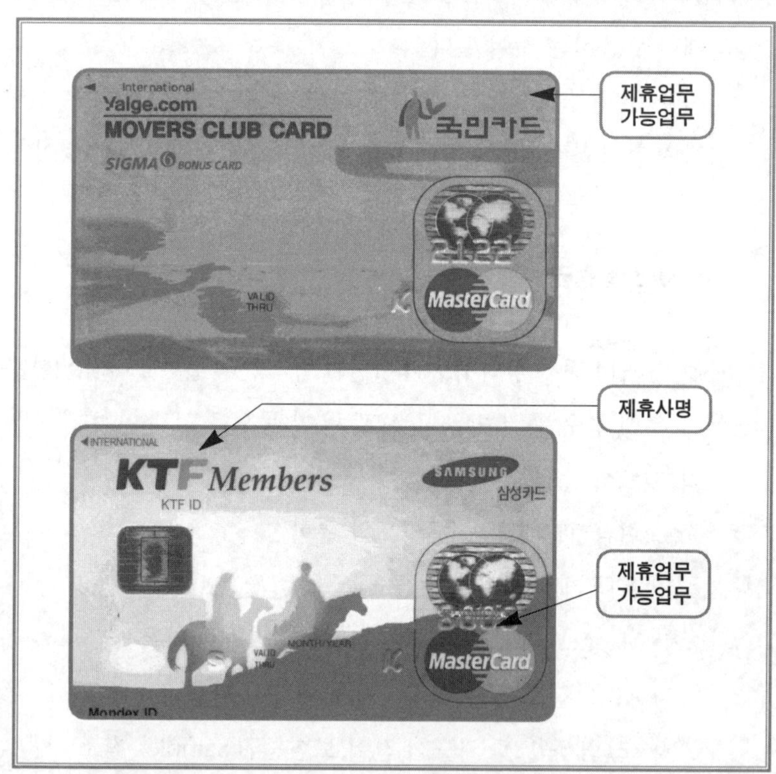

126

• 수시 미사용 고객은 통장 정리기 이용시 일괄 기장

• 〈그림 5–13〉 '은행통장 간이 증권 발행란 Sample' 참조

은행에서 사용하고 있는 현금카드 · 신용카드와 병행, 보험사와
의 제휴카드 형태로 간이 보험증권을 발행하며 증권번호 등 최소한
의 정보만 후면의 Magnetic tape에 저장해 사용한다.

즉 카드 전면에는 보험사 로고와 제휴업무(보험업무 · 전자서명
등)를 표시해 발급한다.

전자서명을 이용 상거래를 실시할 경우에는 Magnetic Tape 카드
대신에 Smart Chip이 내장된 카드를 사용해야 하며 증권번호 등 최

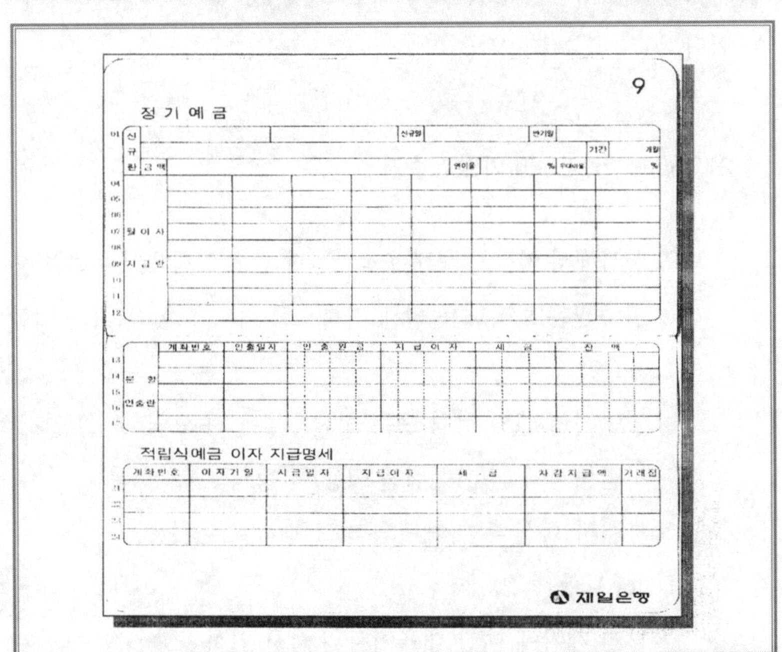

〈그림 5–13〉 은행통장 간이 증권 발행란 Sample

소한의 정보와 전자서명은 Smart Chip에 기록 발급하면 된다.

현재 은행에서 사용하고 있는 통장을 살펴보면, 일반적인 종합통장은 하나의 통장으로 정기적금·정기예금 등을 한꺼번에 기장 처리하고 있다. 이와 같이 은행의 통장 마지막 장을 이용해 간이 보험증권을 발행·사용하면 은행의 현행 방식에 크게 벗어나지 않고도 바로 사용이 가능할 것이다.

다만 일반적인 은행 통장거래시 거래내역이 기장되는 부분에 보험 거래내역을 기장할 경우, 통장의 사용 기간이 짧아지는 단점이 있다. 하지만 고객의 입장에서는 방카슈랑스가 은행과 제휴된 보험이라고 생각한다면 당연하게 여겨질 것이다. 또한 그렇게 하기 위해 보험통합 통장을 새롭게 발행해 은행 거래를 할 수 있도록 배려해야 한다.

2) Thank you Letter와 보험증권

- □ 보험사에서 일괄 발행해 보험약관과 함께 고객에게 우편 발송
- □ 보험증권은 보장내용 상세 기록으로 가입 보험 안내문 역할
- □ Letter 양식
    - 일반적인 편지 형식 또는 회신용(수신자 요금 부담) 엽서형
    - 보험증권에 첨부(절취선 이용)한 형식
    - 보험사 회신 후 마케팅의 피드백 자료로 사용
- □ Letter 내용
    - 보험 계약에 대한 대표이사의 감사 인사

- 보험 계약에 대한 만족도 · 불만족 내용 등
- 보험 계약 리콜 안내

ㅁ 〈그림 5-14〉 '고객 만족 앙케트 Sample' 참조

그렇다고 일반 보험증권을 발행하지 않아도 되는 것은 아니다. 일반 보험증권은 보험의 표준사업방법서상 상품 보장내용이 필수 기재사항이며, 고객 또한 궁금해하는 사항이다.

따라서 고객이 가입한 보험에 대한 상세한 안내문 역할을 할 수 있도록 배려해야 한다. 방카슈랑스 특성상 은행의 이미지를 최대한 활용해 고객의 신뢰도 제고 및 상품 판매의 활성화를 기하려면, 간이 보험증권을 적극 활용해야 한다.

그뿐만 아니라 고객 차별화의 일환으로 Thank you Letter를 통한 자발적인 리콜을 실시(보험 약관상 현행 실시 제도)해, 고객에게 더 깊은 신뢰를 심어준다면 고객만족을 극대화시킬 수 있을 것이다.

보험증권은 보험계약의 마지막 마무리가 아니라 새로운 보험계약을 판매하기 위한 또 다른 시작일 뿐이다. 단순고객을 단골고객으로 발전시켜 당사의 고객으로서 Lifetime Value를 극대화할 수 있는 새로운 계기, 즉 마케팅의 연속선상에 있는 것이다.

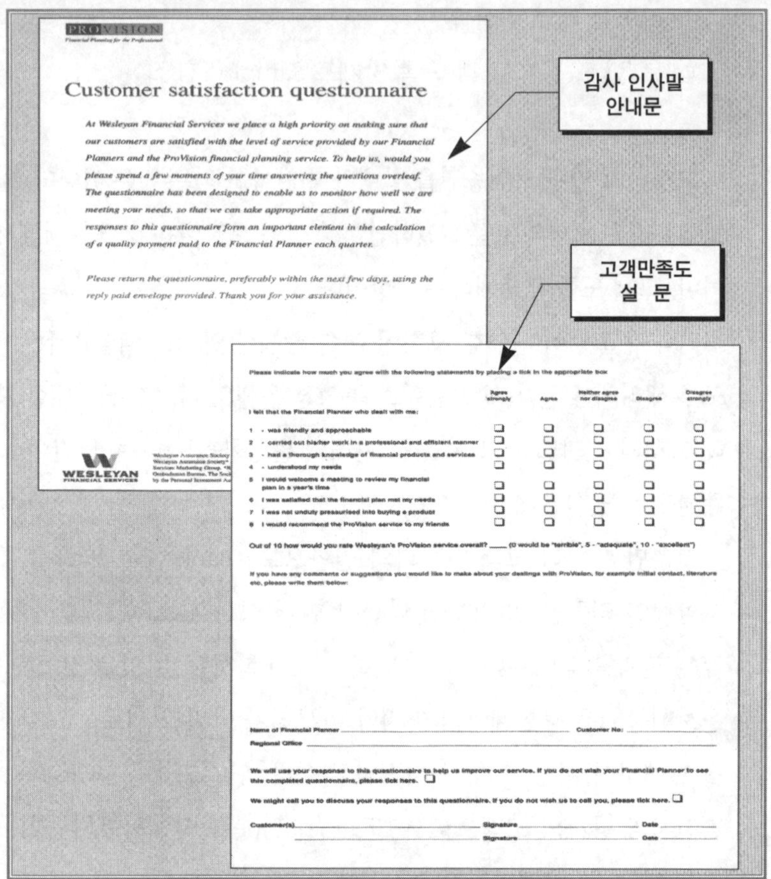

위 그림은 Wesleyan사의 Financial Service(재정적 설계)에 대한 만족도 설문 sample이다.

이 Sample에서는 판매자의 상담시 태도, 지적 수준, 서비스, 설계 만족도 등 상세한 설문을 하고 있다. 이를 참조해 보험증권 발행 발송시 보험 계약에 대한 구체적인 만족도 및 불만족시 리콜이 가능하다는 내용을 작성할 필요가 있다.

3) 증권 발행 Process

　　　　－ 전자서명 또는 팩스 청약시에는 보험 증권상 구분 기록

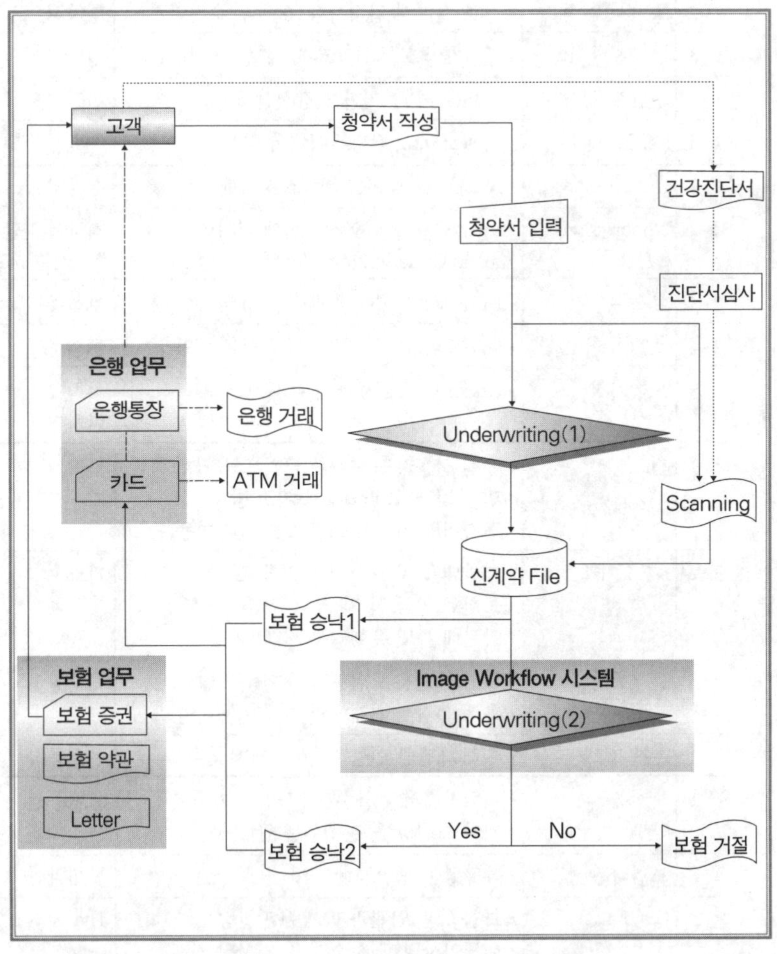

순 서	Process	내 용	관련문서
1–1	청약서 작성	• 건강 및 직업, 운전고지 • 자필서명 날인	청약서
1–2	청약서 입력	• 상품 설계시 입력사항 조회 후 수정입력	청약서
1–3	건강진단서	• 진단계약 또는 건강고지, 정보에 의해 실시	진단서
1–4	진단서 심사	• 사의(社醫)에 의한 건강진단서 평가	진단서
1–5	Scanning	• 각 scanning 담당부서에서 실시	청약서, 첨부서류
2–1	Underwriting(1)	• Automatic Underwriting 시스템	신계약 file
2–2	Underwriting(2)	• Image Workflow 시스템에 의거한 Automatic Underwriting 시스템	청약서, 진단서, 첨부서류 Image
2–3	보험 승낙(1)	• Underwriting(1) 결과 이상 없는 계약	보험증권
2–4	보험 승낙(2)	• Underwriting(2) 결과 이상 없는 계약	보험증권
2–5	보험거절	• Underwriting(2) 결과 문제 있는 계약	보험료 반환명세
3–1	카드	• 은행 신용카드 또는 현금카드와 연계 증권 번호 및 최소 필요정보 저장 발행 • 전자서명 이용시 스마트 카드와 병용	카드
3–2	ATM 거래	• 계약내용 및 보장내용 조회 • 보험료 입금 및 지급, 대출내역 조회 • 약관대출 및 은행업무 거래	카드
3–3	은행통장	• 간이 증권용 보험통합 은행통장 발행 • 은행 통장식 거래내역 기재(이체내역 포함)	은행통장
3–4	은행 거래	• 이체 대출금 인출 등 은행 거래 업무	은행통장
4–1	보험증권	• 사업방법서상 필수기재사항이 기재된 증권 • 기타 보험상품, 은행상품 안내 동봉	보험증권
4–2	보험약관	• 해당상품 보험약관	보험약관
4–3	Letter	• 보험증권, 약관과 함께 우편발송 • 대표이사명, 회사소개 및 인사말 기재	Thank you Letter

③ 보전 업무처리

1. 계속보험료 입금 및 수납

계속보험료는 보험계약의 효력을 유지시키는 것뿐만 아니라 보험회사 입장에서는 사업비 확보 및 수입보험료 규모와 관련해 중요한 사항임에도 불구하고, 계속보험료 입금 및 수납 업무와 서비스에 소홀한 경우가 발생할 수 있다.

은행과 제휴된 보험상품 개발 및 판매도 중요하겠지만, 은행과 제휴된 계속보험료 납입 서비스를 고객의 입장에서 더욱 제고할 수 있을 때 제휴된 시너지 효과를 한층 더 발휘할 수 있을 것이다.

1) 은행과 제휴된 계속보험료 서비스

□ 보험료 은행계좌 자동이체
  - 1회 보험료부터 자동이체 및 보험료 할인 서비스
    - 신계약 청약서의 보험료 자동이체 신청서 작성
  - 보험료 Daily 자동이체 서비스(제휴 은행에 한함)

－보험료 이체일의 다양화, 즉 계약일에 보험료 이체

－타 은행은 현행과 동일하게 별도 이체일 지정 운영

• 연체납입 보험료 이체시 잔고부족분 은행대출 서비스

－보험료 이체 불능의 대부분 사유가 잔고 부족

－만약 보험이 실효가 되면 보험의 특성상 보장이 불가능

－은행의 일정 거래금액 이상 고객으로 제한

－은행의 고객 서비스 방안으로 무이자 또는 최저 금리

• 계약자와 예금주가 일치하는 은행계좌 이체

－동일인 Check 문제로 타인 계좌이체 민원 발생

－현행은 신청 계좌번호 기준으로 예금주 미확인 이체

2) 기타 계속보험료 서비스

□ 계속보험료 영수증

• 은행계좌 자동이체가 원칙이므로 영수증 미발행

－통장에 회사, 납입월, 보험료, 납입횟수 등 기장으로 대체

－〈그림 5-15〉 '은행통장 보험료 이체 기장 Sample' 참조

• 보험사 창구 수납시에는 현행과 같이 수작업 영수증 발행

－은행통장에 기장할 수 있는 Printer 문제

－추후 은행통장 정리시 복합 기장

□ 납입내역 일원화로 자기관리 기능 부여 및 신뢰도 제고

• 은행통장식 간이 증권에 은행거래와 복합 기재

• 은행 및 보험사 창구 수납시에도 복합 기재

–납입월 혼선 방지 및 납입내역 조회 기능 부여

□ 계속보험료 납입 창구의 편의성 제고
  • 타 은행 보험료 자동이체 기능 부여
  –이사 등으로 인한 불가피한 사유에 한해 시행

3) 보험료 이체 불능 통보

□ 은행계좌 이체 불능시 즉시 통보 서비스 시스템
  • 은행통장에 이체 불능 사유 기장
  –이체 불능 사유 발생 즉시
  –〈그림 5-16〉'은행통장 일반 안내문 기장 Sample' 참조
  • TM Center · 은행 창구 등을 통해 유선 안내

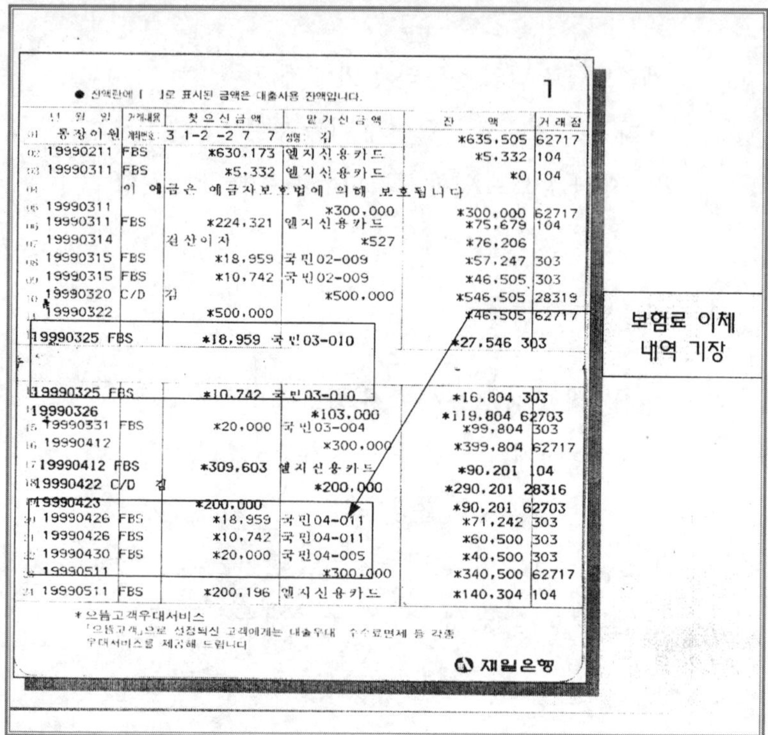

위 그림은 현재 은행에서 사용하고 있는 통장에 보험료 자동이체
를 기장한 Sample로서, 정상적인 자동이체 외에 보험 창구에 납입
한 경우에도 동일하게 은행통장에 기장한다. 다만 거래내용을 FBS
가 아닌 다른 방식으로 기장하면 된다.

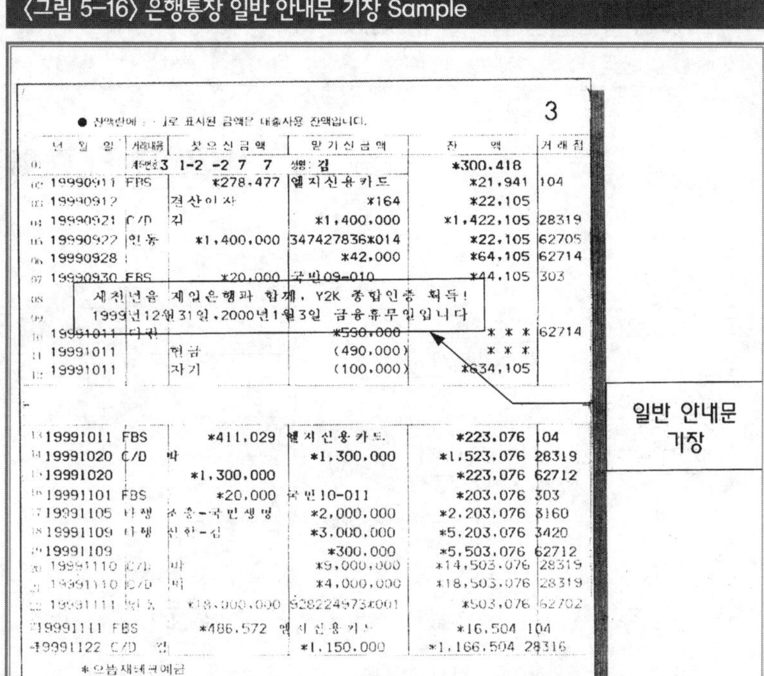

위 그림은 현재 은행에서 사용하고 있는 통장에 은행 거래 또는 보험료 자동이체 결과와는 무관하게 은행 업무 중 일반적인 안내문을 통장에 기장한 Sample이다. 이체 불능 사유도 구체적으로 통장에 기장할 수 있다.

다만 현재 은행에서는 기장하는 기본 문자 수 외 추가되는 문자당 수수료를 징수하고 있으므로 제휴 은행과 업무 협의가 필요하다.

4) 계속보험료 입금 및 수납 Process

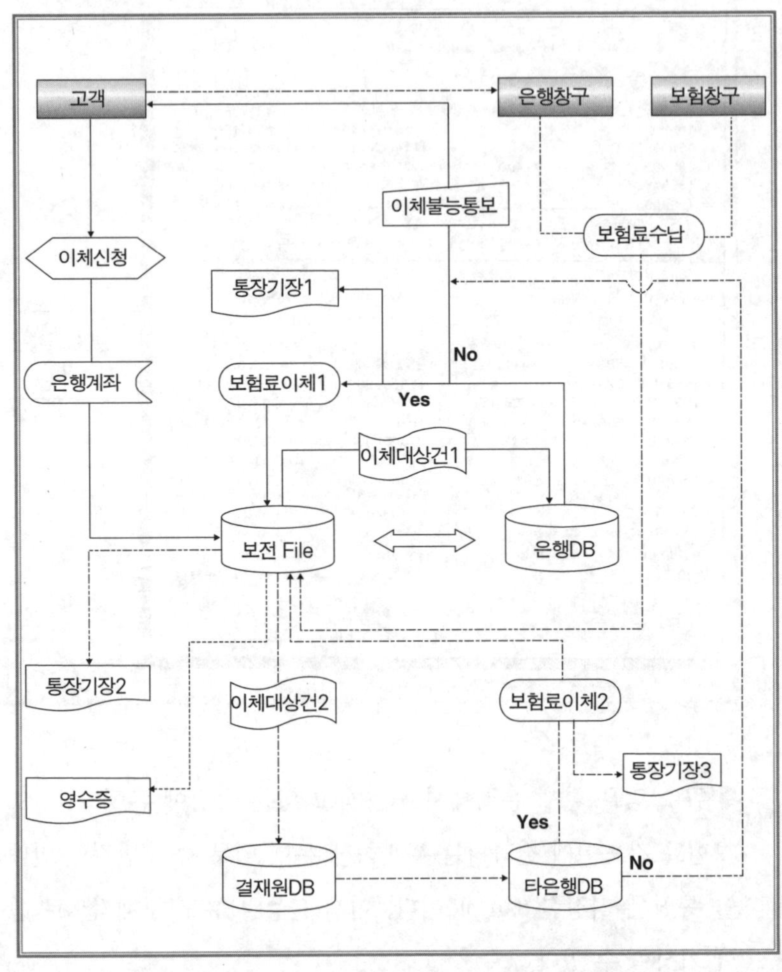

순 서	Process	내 용	관련문서
1-1	이체신청	• 청약서 작성시 신청서 기재	이체신청서
1-2	은행계좌	• 제휴 은행계좌 이체 원칙 • 은행계좌 없을 경우 신규 계좌 개설 • 계약자와 예금주가 일치할 것	은행통장
1-3	이체대상 건 1	• 보험청약 건 대상 제1회 보험료 이체 실시 • 제2회 이후 유지 계약 보험료 이체 실시	이체대상 건 명세
1-4	보험료이체 1	• 은행예금에서 보험료로 대체 입금처리 • 제휴 은행일 경우 계약일 이후 Daily 이체 실시	
1-5	통장기장 1	• 현행 보험료 은행 자동이체시 기장 방법과 동일	은행통장
1-6	이체불능통보	• 이체 불능시 불능 사유에 대해 고객에게 통보 • 은행통장에 기장해 안내 • TM Center · 은행 창구의 유선 안내	이체 불능 list
2-1	창구보험료 수납	• 고객의 최근접 은행 또는 보험창구 내방시 • 은행 이체일 및 이체 여부 확인 후 처리	
2-2	영수증	• 보험창구 내방시 현행과 동일	수작업 영수증
2-3	통장기장 2	• 은행창구 내방시 통장에 입금 사실 기재 • 은행 거래내역 기재면 활용 • 은행 자동이체와 구분 기재	은행통장
3-1	이체대상 건 2	• 예외적으로 제휴 외 은행 거래시 • 제1회 보험료는 반드시 제휴 은행 거래 • 제2회 이후 유지 계약 건 대상 • 일반 전송 방식 또는 M/T	이체대상 건 명세
3-2	보험료이체 2	• 은행예금에서 보험료로 대체 입금처리 • 이체 신청일 기준 이체 실시	
3-3	통장 기장 3	• 현행 보험료 은행 자동이체시 기장 방법과 동일	은행통장

5) 계속보험료 자동이체 신청내역 조회 화면 예


```
020314      10            * * *  자동이체  신청내역  * * *           DATE   11/11
                                                               TIME 12:40.25
일자  19951031 1 M (1 신청일자  2 반영일자  D 일계  M 월계  T 총누계  )
기관  12 - 11400 - 1020542   강남영업국   반포              장흥님
계약자    계좌번호  이체개시. 대상   신청일자    종납월／회   최종의뢰  수금기관
증권번호  은행명        신청결과     반영일자    신청기관      보험료  수금사원
박춘화   13808133575    9510 25 1    951010    9509 /   8  951110 1  12-11400
911225698  상업은행      신규       951010    12 12000    122,600  1020542
정병환   12810193303    9511 10 1    951013    9510 /   1  951110 3  12-11400
911455968  제일은행      신규       951025    00-00000    115,800  1020542
박정숙   06007393412001  9511 10 1    951016    9510 /   1  951110 3  12-11400
911456693  한일은행      신규       951024    00-00000     34,000  1020542
윤정선   35912121346    9511 10 1    951020    9510 /   1  951110 3  12-11400
911461949  신한은행      신규       951031    00-00000     27,300  1020542
                                            /
                                            /
                                            /
                                            /

PF7:  입금사항    PF8:  자동이체변경사항                            HELP
        원하시는  자료의  끝입니다.   감사합니다.
```

위 그림은 신계약 청약시 보험료에 대한 은행계좌 자동이체를 신청한 내용을 일괄해 조회할 수 있는 Host의 온라인 시스템 화면의 한 예다. 이 화면의 전 단계로 청약서 입력화면과 연계해 보험료 자동이체 신청내용 입력화면이 필요하며, 제휴 은행의 경우에는 위 내용을 daily batch job으로 은행 시스템과 연계해 보험료를 이체 신청하면 된다.

보험 청약 후 최초 이체시 계약자의 인적 사항과 예금주의 인적 사항 비교를 통해 동일인 여부를 반드시 확인해야 한다.

이체 후 결과는 은행 데이터베이스에 기록해 고객의 은행 거래시 통장에 그 내용을 기장하도록 한다.

6) 계속보험료 자동이체 불능내역 화면 예

- 그림의 항목 중 불필요한 부분은 삭제하고 필요 항목 추가

```
020315    19        * * *  이체대상  및  불능내역  * * *        DATE   /11/11
                                                               TIME 12:40:51
이체일자       1110 0  ( 1 : F B S   O : 금융결재원 )                  62 건
기관 12   11400 - 9999999 강남        반포                     7,894,650  원
증권번호   계약자   계좌번호         의뢰대상   희망일   종납년월/회   수금기관
보험료     예금주   거래은행         불능사유            계약자전화   수금사원
910721990  서성희  82028 19 001658    3       1 O일   199510/030   12 11400
   300,000  서성희     보람은행                 0       -0544-8036  1020542
910766063  조영우  02302184767        3       1 O일   199510/028   12 11400
    71,500  조영우     농 협                   0       -0588-2818  1020542
910786699  한범식  656502 92100775    3       1 O일   199510/027   12 11400
   500,000  한범식     주택은행                0       -0548-3232  1020542
911016045  서성희  82028 19-001658    3       1 O일   199510/017   12 11400
   153,800  서성희     보람은행                0       -0406-3565  1020542
911073311  김창수  00201726103017     1       말일    199509/014   12 11400
   102,400  김창수     기업은행                0        305 -8946  1020542
911138641  이순금  424025 94117832    2       1 O일   199509/011   12 11400
    76,100  이순금     주택은행                0        497 -0470  1020542
911406762  김용호  10316156500102     1       2 O일   199509/002   12 11400
    41,600  김용호     하나은행                0       3470-7716   1020542
910600064  김동훈  07901484903015     1       말일    199509/036   12 11400
    67,100  김동훈     기업은행                0        896 -7381  1020788
PF7  입금사항    PF8:  자동이체변경사항                              HIP1
            다음화면에  계속됩니다. ( ENTER  KEY를  누르시오 )
```

위 그림은 보험료 은행계좌 자동이체 후 이체 불능이 된 계약 건을 일괄해 조회할 수 있는 Host의 온라인 시스템 화면의 한 예다. 위 내용을 은행 창구나 TM Center에서 조회할 수 있게 해 고객에게 유선으로 안내할 수 있도록 하고, 이체 후 결과는 은행 데이터베이스에 기록해 고객의 은행 거래시 통장에 그 내용을 기장하도록 한다.

2. 약관대출 및 해지(해약)

약관대출은 보험 약관에 의거 해약 환급금을 담보로 한 계약자 대출을 말한다. 보험계약을 지속적으로 유지하기 위한 계약자 서비스의 일부분이며, 해지 · 해약은 보험계약의 종료를 뜻한다. 하지만 이 또한 다음 보험계약을 위한 또 다른 시작이라고 생각해야 한다.

그러므로 약관대출은 고객이 필요시 최소한의 노력으로 즉시 처리할 수 있는 서비스 시스템이 필요하며, 해지 · 해약은 반드시 상담을 통한 새로운 제안 등으로 고객의 만족을 유도해야 한다.

1) 약관대출 서비스 시스템

□ 은행 창구 이용 약관대출
- 약관대출 내역을 은행 통장식 간이 보험증권에 기장
  - 약관대출 영수증 불필요

□ ATM 기기 이용 약관대출
- 카드식 간이증권 소지자에 한해 실시
- 약관대출 가능 범위 내 수시 출금 시스템
- 카드 출금전표에 약관대출 내역 기재
- 약관대출 영수증 불필요
- 〈그림 5-17〉 참조

〈그림 5-17〉 ATM 이용 약관대출 서비스 기사

은행 - 보험사간 ATM송금 가능

흥국생명, 내달 조흥은행과 서비스 본격 개시

은행 보험상품 직판 대비 … 삼성화재 등 확대

이르면 6월 중순부터 보험계약자들이 현금자동입출금기(ATM)를 통해 보험료를 송금하거나 입금을 하는 것은 물론 약관대출에 대한 현금지급도 가능할 전망이다.

25일 생보업계에 따르면 조흥은행과의 업무제휴로 방카슈랑스를 진행하고 있는 흥국생명이 국내 보험사로는 처음으로 현금자동입출금기를 통해 보험료 납입 및 이체, 약관대출금 송금 등의 업무를 가능케 한다.

흥국생명의 이 서비스는 조흥은행이 최근 은행권 최초로 1만원 이하의 금액을 ATM을 이용해 현금으로 송금하거나 자기계좌로 입금할 수 있는 '차액송금업무'를 개발, 시행에 들어간 데 따른 것이다.

현재 조흥은행의 정보시스템부에서 이와 관련한 시스템을 개발중에 있으며 흥국생명에서는 화면구성 등 실제 고객이 사용하기 편리한 시스템을 구축하기 위해 작업중에 있다.

양사는 6월 중순 서비스 개시를 목표로 시스템개발에 박차를 가하고 있다.

이 서비스를 이용하면 영업시간 이후 및 휴일에도 현금자동입출금기를 이용해 365일 현금으로 송금 및 입금을 할 수 있다.

이번 양사의 서비스 제휴는 방카슈랑스의 연장선에서 은행의 보험상품 직판에 대비하기 위한 전략으로 흥국생명을 시작으로 삼성화재 등 조흥은행과 업무제휴를 맺고 있는 모든 보험사들에게 확대 실시될 예정이다.

고객이 현금자동인출기를 이용해 보험료를 송금하거나 약관대출을 지급 받을 경우 수수료는 보험사가 부담하게 되며, 수수료는 400~800원 사이에서 결정될 전망이다.

이와 관련 흥국생명 관계자는 "현금자동입출금기로 이용할 경우 계약자들이 손쉽게 보험료를 납입할 수 있고 약관 대출금도 손쉽게 받아 볼 수 있어 고객서비스가 한층 강화된다"며 "보험사와 은행간의 수수료 문제만 해결되면 6월중에 바로 서비스를 시작할 예정"이라고 밝혔다.

조윤성기자
yscho@financialdaily.co.kr

2000년 5월 6일 금융산업일보

□ 전화 이용 약관대출 서비스

- 계약자에 한해 전화 대출 신청 및 확인
  - 피보험자 또는 타인 신청 및 다른 은행계좌는 불가
- 보험료 이체계좌로 대출금 이체
  - 타사의 경우 계좌의 확인을 위한 보험료 이체횟수 제한
  - 제휴 은행은 최초 이체시 인적 사항 확인으로 불필요
- 일정금액 이하로 제한 가능
- 전자서명 청약시 인터넷을 통한 신청 및 대출 실시
- 팩스 서버 활용, 팩스를 이용한 신청 및 대출 실시
- 〈그림 5-18〉부터 〈그림 5-21〉까지 각 보험사의 약관대출 서비스 참조

□ 약관대출 방법과 무관하게 은행 통장에 약관대출 내역 기장
  • 대출일 이후 은행 거래시 통장에 기장
  • 수시 미사용자의 경우 통장정리기 이용시 기장

□ 대출이자 납입 및 원금상환 이체 서비스
  • 대출일 기준 대출이자 자동이체 납입
    − 현행은 이자 지정 이체일만 이자 이체 가능
  • 내방 이자 수령은 보험사 창구에서만 가능
  • 대출원리금 은행계좌이체 상환(제휴 은행에 한함)
    − 현 일반 은행을 통한 대출원리금 상환 이체 불가

□ 전자서명 이용 청약시 약관대출 신청서 및 영수증 불필요

2) 해약 상담

□ 고객 창구 내방해 상담 후 처리
  • 보험의 특성상 납입보험료 대비 해약환급금의 차액 발생 가능
    − 고객의 불만 요인으로 보험에 대한 인식 퇴보
  • 해약 상담으로 약관대출 등 고객의 필요 자금 설계
    − 고객의 필요 자금 조달 설계로 고객 만족 도모
  • 다른 불만 요인에 의한 해약일 경우 불만 요인 해결방법 모색
    − 이탈 고객으로 Anti-Group을 만들지 말 것
  • 해약은 보험 계약이 종료되는 것으로 철저한 상담 필요

□ 업무처리는 은행 창구 또는 보험 창구 내방 약관대출과 동일

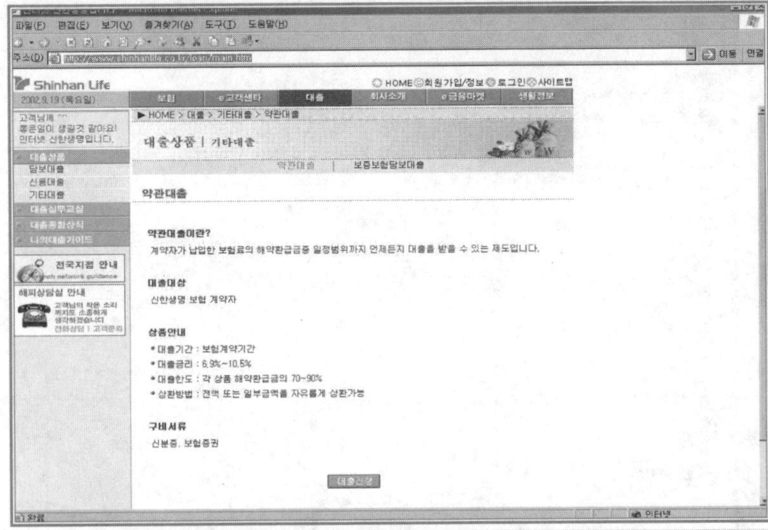

사전 고객 창구에서 송금 계좌 등록 후 또는 3회 이상 보험료 자동이체를 한 계약에 한해 전화로 약관대출을 실시하는 서비스

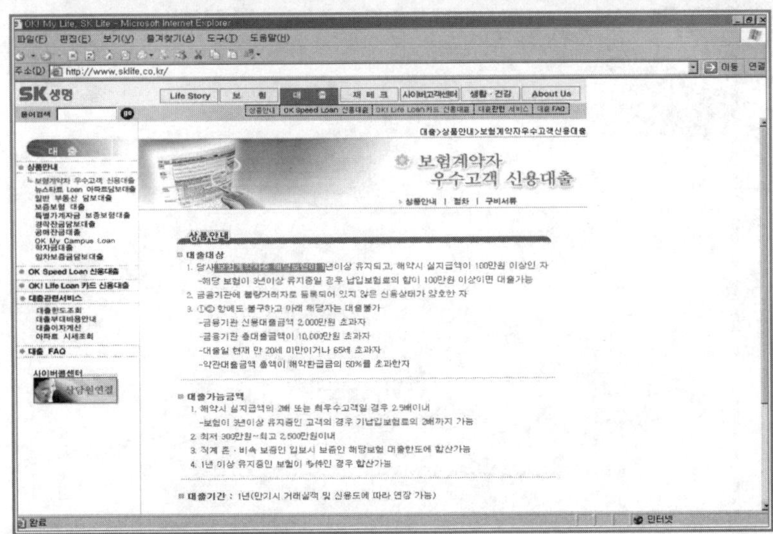

2회 이상 보험료 자동이체한 건에 한해 전화 또는 인터넷으로 약관대출을 신청하면 대출을 해주는 서비스

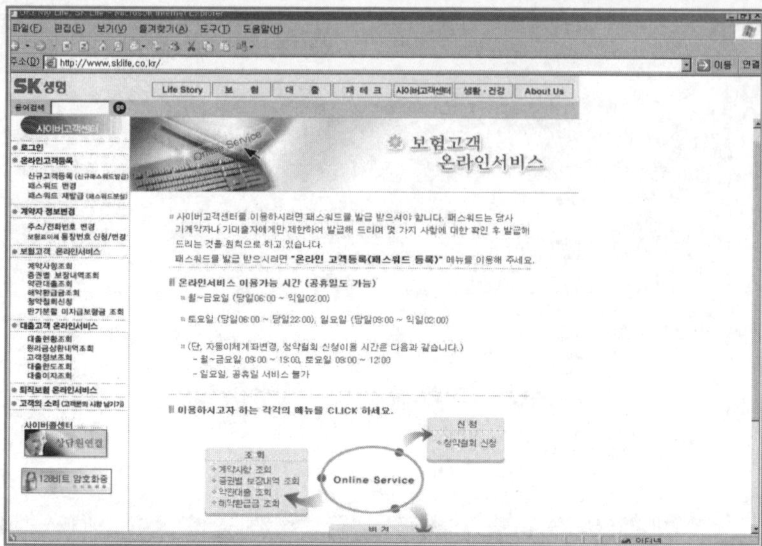

인터넷을 통해 약관대출을 조회하고 대출금을 신청·수령하는 서비스

인터넷을 통해 약관대출을 조회하고 대출금을 신청·수령하는 서비스

146

3) 일반 청약 시스템 Process

– 보험사 창구 내방시는 현행 보험사 시스템으로 처리

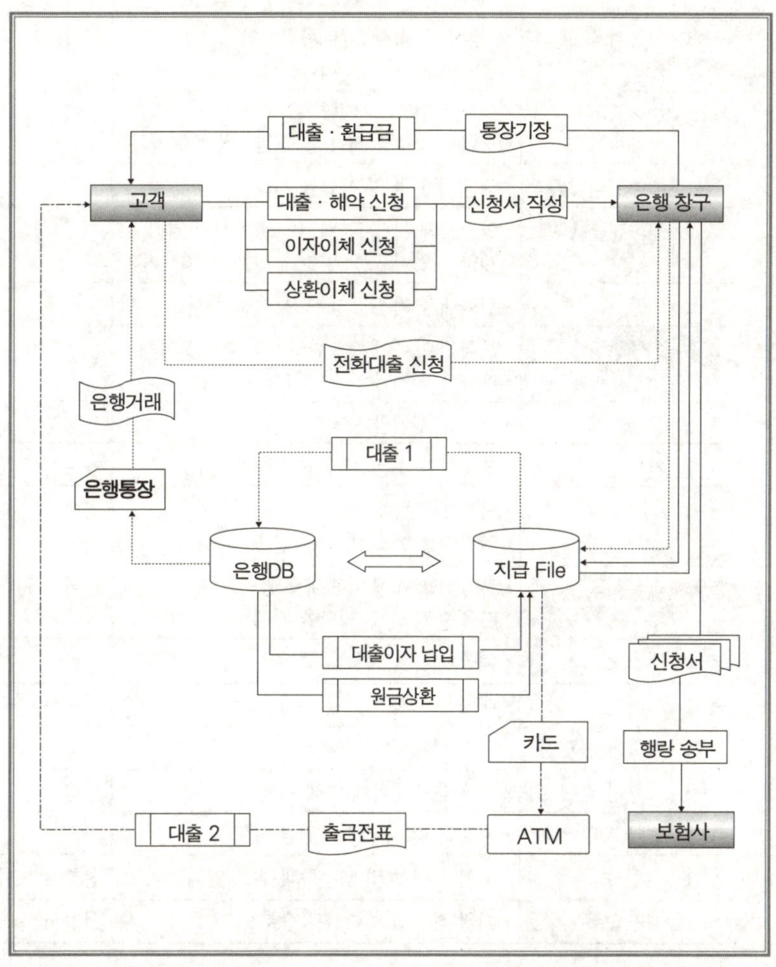

순 서	Process	내 용	관련문서
1-1	대출·해약 신청	• 은행창구 내방 약관대출 신청 • 해약은 반드시 창구 내방하여 신청 처리	신청서
1-2	신청서 작성	• 계약자 인적사항 및 서명날인 • 증권번호 등 주요 계약사항	신청서
1-3	통장 기장	• 은행통장에 거래내역 기재 • 보험사 영수증 사용 불가(관리상의 문제)	은행통장
1-4	대출·환급금	• 해당 대출금 및 환급금 지급	
2-1	전화대출 신청	• 일정금액 이하 약관대출 전화 신청 처리 • 계약자 인적 사항 및 계약내용 전화 재확인	
2-2	대출 1	• 전화대출 기준액 범위 내 대출 실시	
2-3	은행통장	• 보험료 이체 계좌에 한해 대출금 FBS 이체 • 계약자와 예금주가 일치하는 통장	은행통장
2-4	은행거래	• 일반 은행예금 인출식 거래	은행통장
3-1	카드	• 신용카드 또는 현금카드와 연계	카드
3-2	ATM 기기	• 약관대출 항목 추가 • 약관대출 한도 내 대출 인출	카드
3-3	출금전표	• 출금전표 내에 약관대출 금액 기재 • 다음 이자일 및 이자율 기재	출금전표
3-4	대출 2	• 해당 대출금 지급	
4-1	이자이체 신청	• 대출시 이자 이체일 지정 신청	신청서
4-2	대출이자 납입	• 이자 이체일에 이체 처리	
4-3	상환이체 신청	• 제휴 은행계좌에 한해 이체 신청	신청서
4-4	원금 상환	• 지정일 및 지정금액 원금 상환	
5-1	신청서	• 보험사 청구 및 영수증과 별도 양식	신청서
5-2	행랑송부	• 매월 정기적 보험사로 송부	신청서

4) 전자서명 청약 시스템 Process

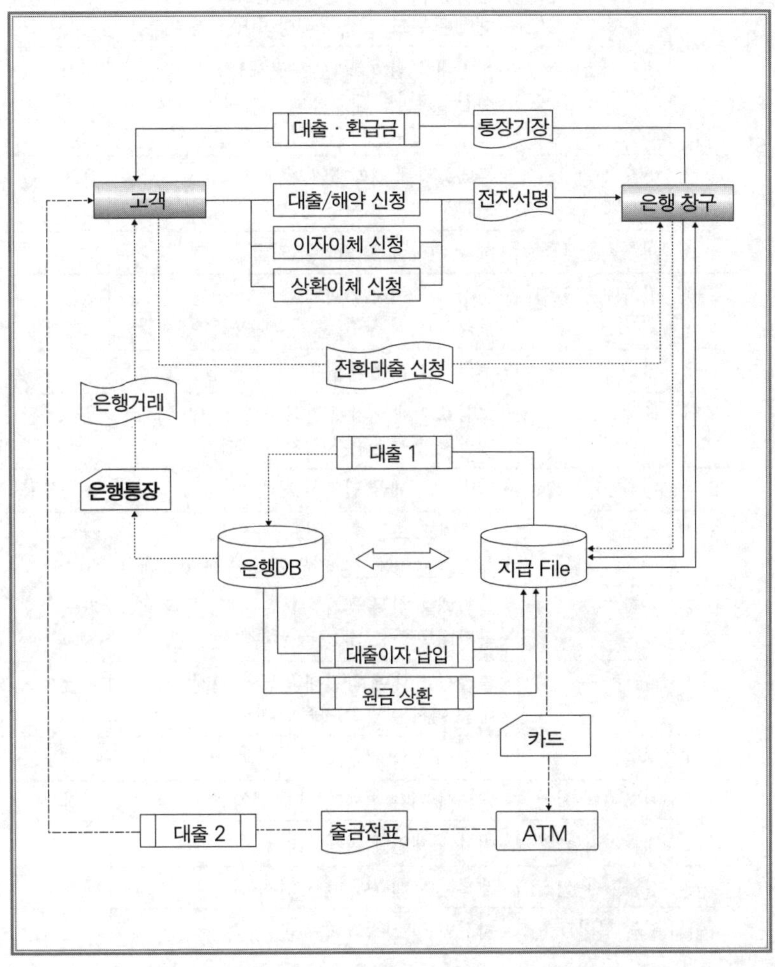

순 서	Process	내 용	관련문서
1-1	대출 · 해약 신청	• 은행창구 내방 약관대출 신청 • 해약은 반드시 창구 내방하여 신청 처리	신청서
1-2	전자서명	• 신청내용 입력 확인 후 전자서명 • 전산입력사항 확인으로 신청서 폐지 • 신청서 양식 제작, 관리 및 보관 불필요	전자서명 카드
1-3	통장 기장	• 은행통장에 거래내역 기재 • 보험사 영수증 사용 불가(관리상의 문제)	은행통장
1-4	대출 · 환급금	• 해당 대출금 및 환급금 지급	
2-1	전화대출 신청	• 일정금액 이하 약관대출 전화 신청 처리 • 계약자 인적 사항 및 계약내용 전화 재확인	
2-2	대출 1	• 전화대출 기준액 범위 내 대출 실시	
2-3	은행통장	• 보험료 이체 계좌에 한해 대출금 FBS 이체 • 계약자와 예금주가 일치하는 통장	은행통장
2-4	은행거래	• 일반 은행예금 인출식 거래	은행통장
3-1	카드	• 신용카드 또는 현금카드와 연계 • 전자서명 이용시 스마트 카드로 전환(일체형)	카드
3-2	ATM 기기	• 약관대출 항목 추가 • 약관대출 한도 내 대출 인출	카드
3-3	출금전표	• 출금전표 내에 약관대출 금액 기재 • 다음 이자일 및 이자율 기재	출금전표
3-4	대출 2	• 해당 대출금 지급	
4-1	이자이체 신청	• 대출시 이자 이체일 지정 신청	신청서
4-2	대출이자 납입	• 이자 이체일에 이체 처리	
4-3	상환이체 신청	• 제휴 은행계좌에 한해 이체 신청	신청서
4-4	원금 상환	• 지정일 및 지정금액 원금 상환	

3. 보험금 청구 및 지급

보험금 청구 사유가 발생되었다는 것은 계약자가 보험을 가입한 이후 보험에 대한 유용성 즉 보험의 목적을 처음 느끼게 되는 시점으로서, 계약체결의 Closing 단계 이상으로 고객 서비스가 중요한 단계다.

보험금은 약관상 시기가 되어 지급되는 유형과 우연한 사고가 발생해야 지급되는 유형으로 크게 나누어진다. 시기가 되어 지급되는 보험금은 고객이 청구했을 때 즉시 지급될 수 있는 시스템 구축이 필요하며, 고객이 청구하기 전에 안내되고 지급되면 더욱 좋다.

사고보험금의 경우 대부분 납입보험료보다 고액의 보험금이 지급되는데, 신계약시 Underwriting이 올바른 사고보험금을 지급하기 위한 목적인 것과 같이 사고보험금 또한 보험금 청구시 지급 심사를 해야 하는 특성을 지니고 있다. 그러나 사고보험금 지급 사유에 따라 일부의 경우에는 고객이 청구했을 때 즉시 지급될 수 있을 것이며, 이러한 경우 고객 만족을 극대화할 수 있을 것이다.

1) 시기가 되어 지급하는 보험금 및 배당금

□ 만기보험금, 중도급부금(연금 · 학자금 등), 배당금 등
□ 지급 시기 직전 제휴 은행계좌로 보험금 및 배당금 이체 가능
  • 보험금 지급 후 추가계약 등 고객 관리 및 선(先) 자금이동 등의 사유로 보험사 선택 사항
  • 매월 지급받는 중도급부금은 은행계좌 이체 서비스 필요

2) 일반 보험금, 배당금 신청 및 지급

- □ 은행 창구 내방 신청시
  - 보험 거래내역 은행통장 기장 후 즉시 지급
    - 보험금 및 배당금 지급 영수증 불필요
- □ 지급 시기 도래 직전 계약자 안내
  - 은행통장 기장 및 TM Center, 은행 창구 유선 안내

3) 사고보험금 신청 및 지급

- □ 사고보험금 청구 서류 및 증거 서류 제출
  - 은행 창구에서는 사고보험금 접수만 가능
    - 다만 일부 즉시 지급이 가능한 경우는 제외
  - 청구 서류 및 증거 서류를 보험사로 송부
    - 행랑 또는 Image Workflow 시스템 이용 송부
    - 전자서명 청약시에도 증거 서류만은 송부
- □ 보험 사고조사 및 보험금 지급 심사
  - 사고보험금 지급 심사 Image Workflow 시스템 도입
- □ 보험금 지급 대상 건은 은행계좌 이체
  - 사고보험금 신청시 은행 계좌 이체 신청서 작성
    - 보험료 이체통장과는 별도 수익자 명의 은행계좌 필요
    - 사고보험금 신청시 별도 은행계좌 수익자 지정 가능
    - 은행통장에 사고보험금 내역 기장 안내 및 유선 안내

4) 사고보험금 중 즉시 지급이 가능한 경우

- □ 이미 지급된 사고보험금에 대한 추가 청구
  - 유족연금 · 유족학자금 · 추가 입원비 등
- □ 면책기간이 경과한 사고보험금
  - 5년 경과 계약, 2년 경과 자살 건 등
  - 2년 경과 계약 중 직업과 무관하게 발생한 재해 보험금
- □ 경미한 재해 사고 또는 과거력과 무관한 질병의 소액 입원비
  - 7일 이내 입원, 제왕절개술, 충수염 수술, 골절입원 등

5) 사고보험금 지급 심사 안내

- 심사 Processing 문의시 수시 안내 및 결과 안내
- 지급불가 안내시 사유 구체적 기재 안내
- 지급시 결과 안내 및 은행계좌 이체 서비스
- 심사 기간 중 안내는 TM Center, 은행 창구를 이용 안내
- 보험금 지급 결정 후 안내는 은행통장 기장 안내 병행
- 보험금 부지급 안내는 TM Center, 은행 창구를 이용 안내

6) 사고 보험금 Image workflow 시스템

- □ 신청서 Scanning시 OCR를 통한 보험금 지급심사 항목 인식
  - 증권번호로 Host 시스템과 Image 자동 Indexing
- □ 사고보험금 지급 사유별 심사 항목 Setting화

• 보험금 지급 심사시 담당자 심사 누락 방지

• 체계적이고 통일화된 보험금 지급 심사

□ 보험금 지급 심사자 순환 및 심사 권한 기능 부여

• 보험금 지급 심사의 주관적인 특어성 배제

　－객관적이고 보편화된 보험금 지급 심사 기준 수립

• 보험금 지급 심사자의 능력별 심사 권한 부여

　－보험금 지급 심사자의 자격 심사제 운영

• 지역별 · 담당자별 심사 건수 균등 배분

　－보험금 지급 심사의 지연 방지

• 현지 위양된 지급 건의 자동 분류

□ 신청서 · 확인서 등 필수 첨부서류의 자동 분류 및 확인

• 보험금 청구 사유에 따른 필요 서류 Checking 및 Indexing

　－신청서 · 진단서 · 확인서 · 사망진단서 · 호적등본 등

　－해당 문서별 분류 ID 부여 : 바코드

□ 과거 보존문서 등 비교 문서 Image 자동 Indexing

• 피보험자의 과거 기록과 연계한 보험금 심사 가능

　－보험 가입 당시의 청약서 등

　－보험 가입 당시 진단 건의 경우 건강진단서

　－계약 적부 확인 결과보고서

　－기 지급한 보험금 지급 관련서류

□ 팩스 서비스와 연계 팩스 및 e-메일 조사보고서 체제 구축

• 팩스 이미지 저장 및 Workflow

• e-메일 내용 Memo pad형으로 저장 및 Workflow
• 추후 모바일 시스템과 연계 현지 지급 시스템 구축
  – 노트북 · PDA 기기 이용

□ Host 시스템 Data의 Back ground 처리
  • Host 착오 입력 내용 확인
  • Host Data Update 이중처리 방지

□ 보험금 지급 불가 또는 서류 등의 보완시 구제척인 사유 통보
  • 보험금 지급 불가 사유 구체적인 고객 안내로 오해 방지
  • 보완 업무 구체적인 안내로 신속한 보완 및 재발 방지
  • 안내자 화면 조회 또는 Host, e-메일을 이용한 내용 인지
  • 보험금 부지급 사유에 대한 구체적인 안내문 인쇄 발송
    –보험금 부지급 유형별 안내문 Format 정형화

□ 보험금 지급 심사 History 상세 기록 및 보관
  • 보험금 심사자 간의 Interactive Communication 가능
  • History 관리의 명확화로 책임 있는 보험금 지급 심사 실시
  • 보험금 지급에 대한 담합 등의 불미스러운 사고 방지

□ 〈그림 5–22〉 '사고보험금 지급심사 K사(안)' 참조

대부분 고액의 보험금이 지급되는 사고보험금의 경우에는 반드시 최소한의 지급 심사를 통해 지급 여부를 결정한다. 사고보험금의

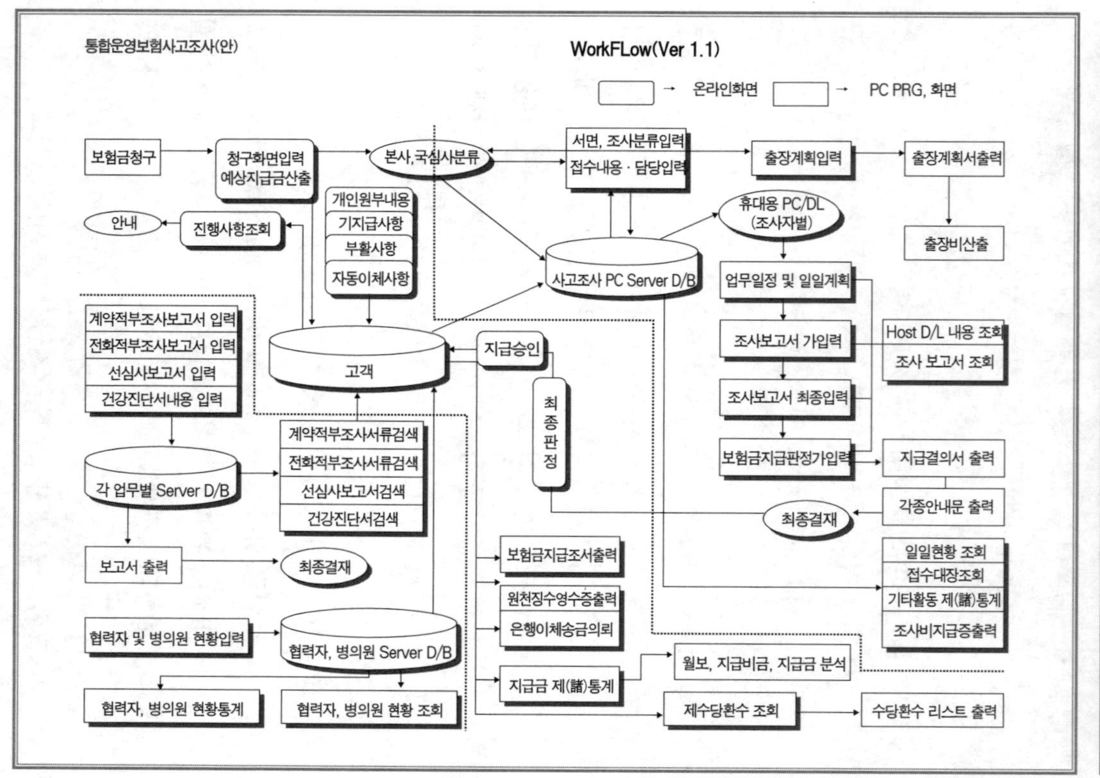
통합운영보험사고조사(안)
WorkFLow(Ver 1.1)
→ 온라인화면
→ PC PRG, 화면
보험금청구
청구화면입력 예상지급금산출
본사, 국심사분류
서면, 조사분류입력 접수내용·담당입력
출장계획입력
출장계획서출력
출장비산출
안내
진행사항조회
개인원부내용
기지급사항
부활사항
자동이체사항
휴대용 PC/DL (조사자별)
사고조사 PC Server D/B
업무일정 및 일일계획
조사보고서 가입력
Host D/L 내용 조회
조사 보고서 조회
조사보고서 최종입력
계약적부조사보고서 입력
전화적부조사보고서 입력
선심사보고서 입력
건강진단서내용 입력
고객
지급승인
최종판정
보험금지급판정가입력
지급결의서 출력
각종안내문 출력
계약적부조사서류검색
전화적부조사서류검색
선심사보고서검색
건강진단서검색
각 업무별 Server D/B
최종결재
보고서 출력
최종결재
보험금지급조서출력
일일현황 조회
접수대장조회
기타활동 제(諸)통계
조사비지급증출력
원천징수영수증출력
은행이체송금의뢰
협력자 및 병의원 현황입력
협력자, 병의원 Server D/B
지급금 제(諸)통계
월보, 지급비금, 지급금 분석
협력자, 병의원 현황통계
협력자, 병의원 현황 조회
제수당환수 조회
수당환수 리스트 출력

특성상 보험금 부지급에 대한 보험수익자와 보험사 간의 이해상충 등으로 보험금 지급이 다소 지연될 경우에는, 오해의 소지가 다소 발생할 수 있으므로 심사 기간을 최대한 단축해야 한다.

또한 일부 사행성 보험 가입자, 즉 역선택 가입자와 보험금 지급사유 발생 후 인간의 심리적인 요인, 보험 상품 구성의 기초율 등으로 보험금 지급심사는 공정하고 정확하게 이루어져야 한다. 또한 보험금 지급 심사 진행결과를 수시 안내하거나 고객 문의시 어느 곳에서든지 정확하고 책임 있는 동일한 답변이 이루어지도록 해야 한다. 또한 사고보험금의 은행계좌 이체 및 사고보험금 지급 전화안내 등 사소한 것까지 고객 편의를 제공하고, 처음 계약할 때와 사고보험금을 지급할 때 고객을 대하는 태도를 동일하게 함으로써 고객 또한 최대한 만족할 수 있도록 노력해야 한다.

7) 일반 청약 시스템 Process

−보험사 창구 내방시는 현행 보험사 시스템으로 처리

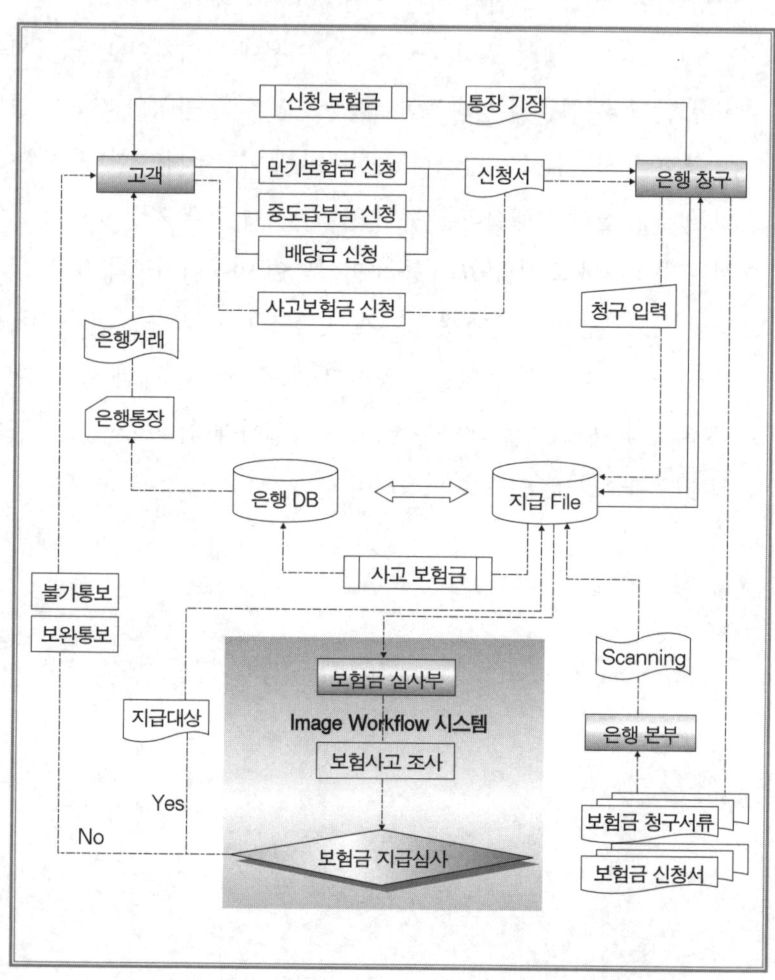

순 서	Process	내 용	관련문서
1-1	만기보험금 신청 중도급부금 신청 배당금 신청	• 내방 청구를 원칙 • 추가 계약 유도 등의 계약자 관리 • 은행과 업무제휴시 도래(到來) 보험금 FBS 이체	신청서
1-2	신청서 작성	• 계약자 인적 사항 등 주요사항 및 서명날인	신청서
1-3	통장 기장	• 지급내역 기재	은행통장
1-4	신청보험금	• 해당 보험금 지급	
2-1	사고보험금 신청	• 사망 · 장애 · 수술 · 입원 등 사고보험금 신청 • 진단서 · 사고확인서 · 입원확인서 등 증빙 서류 첨부 • 보험금 청구 접수증 발행	신청서 보험금청구서류
2-2	청구 입력	• 보험금 청구 접수내용 전산 입력	신청서
2-3	보험금청구서류	• 청구 관련 서류 행랑 송부	보험금청구서류
2-4	Scanning	• 은행본부 담당 보험금 청구서류 Scanning	
2-5	보험사고 조사	• 사고조사 필요 건에 한해 실시 • 사고조사 대상 건 선별 Program 반영	보험금청구서류
2-6	보험사고 심사	• 사고조사 불필요 건은 서면 심사 처리 • 지급 판정 건 재청구시는 창구에서 직접 지급 • 보험사고 조사보고서 팩스 또는 e-메일 보고 체제로 전환 심사 시간 단축 필요 • 팩스, e-메일 Image Workflow 연계 • 추후 모바일 시스템으로 조사 후 즉시 심사	보험금청구서류
2-7	보완통보	• 의료보험내역 등 미비서류, 추가서류 요구	
2-8	불가통보	• 보험금 부지급 사유 구체적으로 명시된 통보	불가안내문
2-9	사고보험금	• 해당 보험금 지급 및 안내	지급대상 명세
2-10	은행통장	• 제휴 은행의 보험료 자동이체 통장 • 사고보험금 FBS 지급 이체	
2-11	은행거래	• 일반적인 은행 거래	은행통장

8) 전자서명 청약 시스템 Process

-보험사 창구 내방시는 현행 보험사 시스템으로 처리

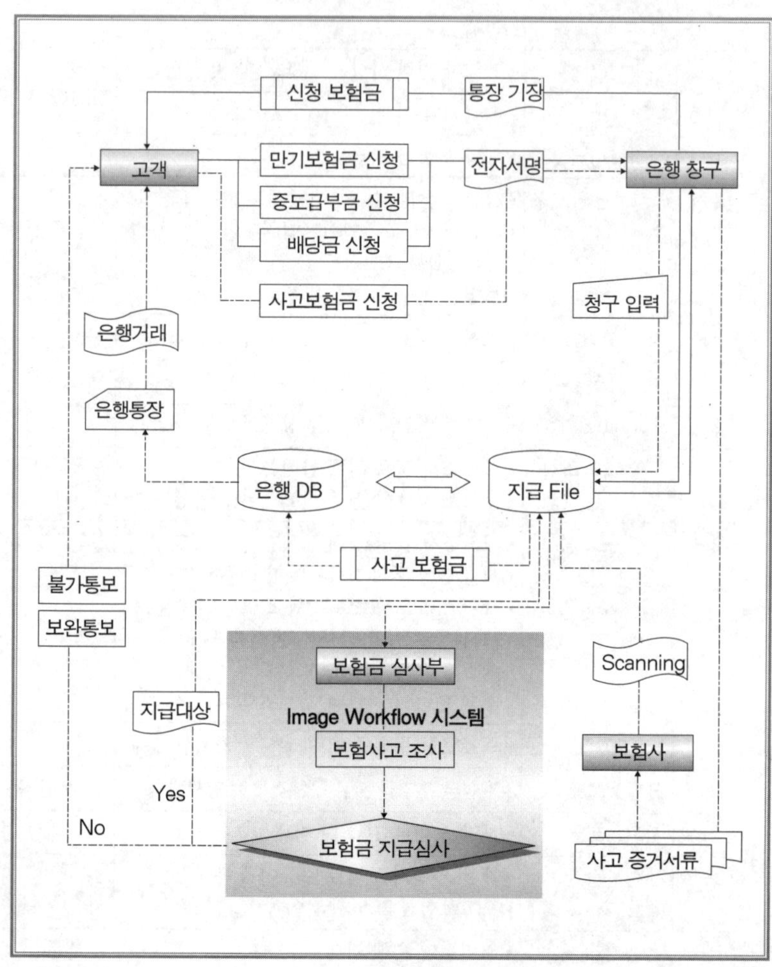

순 서	Process	내 용	관련문서
1-1	만기보험금 신청 중도급부금 신청 배당금 신청	• 내방 청구가 원칙 • 추가 계약 유도 등의 계약자 관리 • 은행과 업무제휴시 도래(到來) 보험금 FBS 이체	신청서
1-2	전자서명	• 신청내용 입력 확인 후 전자서명 • 전산입력사항 확인으로 신청서 폐지 • 신청서 양식 제작 · 관리 및 보관 불필요	전자서명 카드
1-3	통장 기장	• 지급내역 기재	은행통장
1-4	신청보험금	• 해당 보험금 지급	
2-1	사고보험금 신청	• 사망 · 장애 · 수술 · 입원 등 사고보험금 신청 • 보험금 청구 접수증 발행	보험금청구서류
2-2	청구 입력	• 보험금 청구 접수내용 전산 입력	
2-3	사고보험금서류	• 청구 관련 증빙서류만 행랑 송부	보험금청구서류
2-4	Scanning	• 보험사 담당 보험금 청구서류 Scanning	
2-5	보험사고 조사	• 사고조사 필요 건에 한하여 실시 • 사고조사 대상 건 선별 Program 반영	보험금청구서류
2-6	보험사고 심사	• 사고조사 불필요 건은 서면 심사 처리 • 지급 판정 건 재청구시는 창구에서 직접 지급 • 보험사고 조사보고서 팩스 또는 e-메일 보고 체제로 전환 심사 시간 단축 필요 • 팩스, e-메일 Image Workflow 연계 • 추후 모바일 시스템으로 조사 후 즉시 심사	보험금청구서류
2-7	보완통보	• 의료보험내역 등 미비서류 · 추가서류 요구	
2-8	불가통보	• 보험금 부지급 사유 구체적으로 명시 통보	불가안내문
2-9	사고보험금	• 해당 보험금 지급 및 안내	지급대상 명세
2-10	은행통장	• 사고보험금 FBS 지급 이체	
2-11	은행거래	• 일반적인 은행 거래	은행통장

4. 계약 내용 정정·변경

계약내용의 정정은 착오 기재, 착오 전산입력 등 대부분 보험사와 관련된 계약 관계자의 잘못이 많으며, 변경은 계약자의 새로운 사유에 의해 발생하는 것이 대부분이다.

정정사항이 발생할 경우 보험사는 최소한의 확인으로 즉시 처리할 수 있으며 또한 그렇게 시행하고 있을 것이다.

계약 내용을 정정·변경할 경우 권리와 의무가 변경되거나 보험료 또는 보험금의 차액이 발생되는 등 2차적인 법률행위가 발생하기도 한다. 또한 피보험자의 성명, 주민등록번호 정정 또는 변경 등의 경우에는 신계약과 동일한 Underwriting을 해야 하는 경우가 발생하는 등 불가피하게 변경 내용에 대한 심사를 실시하게 된다.

1) 정정·변경의 종류

□ 단순 정정·변경
- 주소 및 전화번호 정정·변경
- 자동 이체일 및 은행계좌 정정·변경
- 세대주 성명, 주민등록번호 정정·변경

□ 보험료 및 보험금 변경
- 보험 종류의 변경
- 보험 기간 및 납입 기간 변경
- 보험금 감액 및 특약 일부 해지

* 보험료 납입방법 변경
* 피보험자 주민등록번호 정정 · 변경

□ 권리 및 의무 변경
* 계약자, 피보험자, 수익자 성명 정정 · 변경
* 계약자, 피보험자, 수익자 주민등록번호 정정 · 변경

2) 은행 창구에서의 정정 · 변경

□ 단순 정정 · 변경의 경우에는 즉시 정정 및 변경 처리
* 최소한의 정정 · 변경 신청서 작성
* 은행 업무 관련 정정 · 변경시 동시 처리

□ 보험료 및 보험금 변경 중 일부 전산화 후 업무 위양
* 보험 기간 및 납입 기간 변경
* 보험금 감액 및 특약 일부 해지
* 보험료 납입방법 변경

3) 보험사 창구에서만의 정정 · 변경

□ 보험료 및 보험금 변경 중 일부 사안
* 보험 종류의 변경
* 피보험자의 주민등록번호 정정 · 변경
  −신계약과 동일한 Underwriting 필요

□ 권리 및 의무 변경 사안 전부

- 신청서와 증빙 서류의 심사 필요

  -신청자의 본인 여부 및 정확한 의사(意思) 확인

- 피보험자 변경

  -주피보험자 변경가능의 경우, 종피보험자의 변경 경우

  -신계약과 동일한 Underwriting 필요

4) 정정 · 변경 후 고객 안내

□ 변경에 따른 차액 발생의 경우

- 변경 환급금 은행계좌 이체 및 안내문 통장 기장

□ 계약 주요사항 정정 · 변경 발생의 경우

- 권리와 의무의 변경 모든 사안

- 보험종류, 감액, 특약 해지, 피보험자 정정 · 변경 등

- 보험증권 재발행 우편 송부

※ 전자서명 계약의 경우에는 최소한의 증빙서류만 징구

---

5) 일반 청약 시스템 Process

－보험사 창구 내방시는 현행 보험사 시스템으로 처리

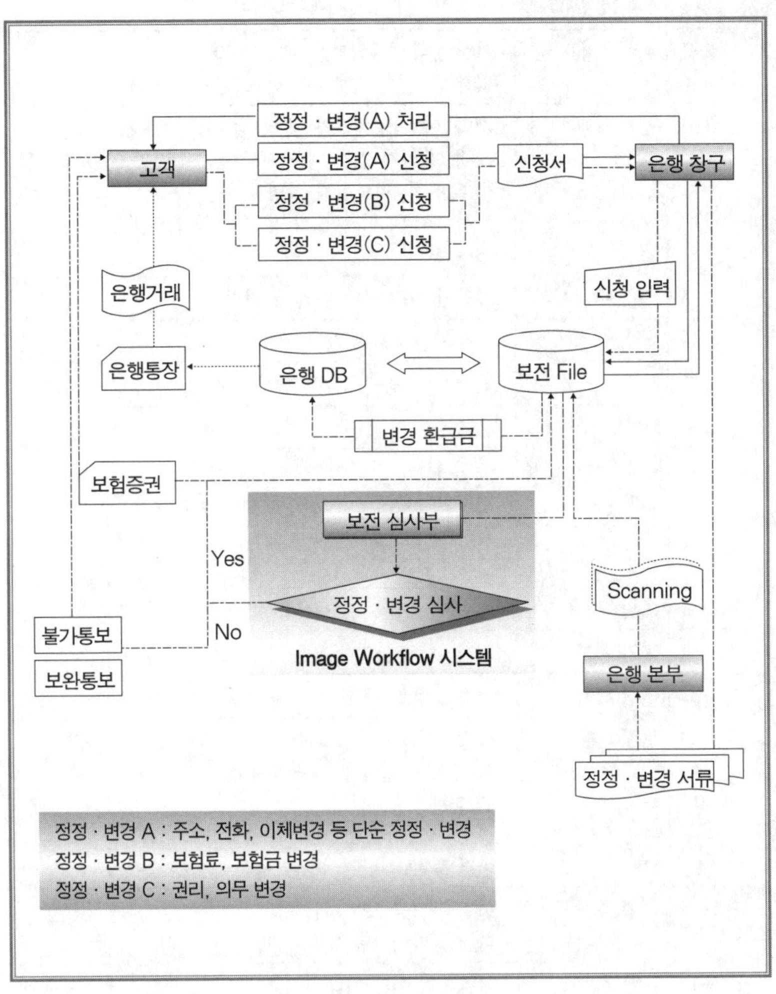

순 서	Process	내 용	관련문서
1-1	정정·변경(A) 신청	• 주소·전화번호·이체계좌·이체일 등의 변경 • 단순계약자 정보에 한함	신청서
1-2	정정·변경(A) 처리	• 은행창구에서 즉시 변경 처리	
2-1	정정·변경(B) 신청	• 보험 종류·납입기간·보험기간·감액·특약해지·납입방법 등 보험료 및 보험금 변경	신청서
2-2	정정·변경(C) 신청	• 계약자 변경, 계약자 성명·주민등록번호 정정, 수익자 변경, 수익자 성명·주민등록번호 정정, 피보험자 성명·주민등록번호 정정, 종피보험자 등재 및 변경 등 권리와 의무 변경	신청서 증빙서류
2-3	신청서 작성	• 계약자 인적 사항 등 주요 사항 및 서명날인	신청서
2-4	신청 입력	• 정정·변경 내용 등 주요 사항 입력	
2-5	정정·변경 서류	• 신청서 및 증빙서류 은행본부로 행랑송부	
2-6	Scanning	• 은행본부 담당 관련서류 Scanning	
2-7	정정·변경 심사	• 증빙서류의 사실여부 확인 등 심사 • 피보험자 정정·변경은 신계약과 동일한 피보험자 Underwriting 실시 • 정정·변경 전산 반영	
2-8	보완 통보	• 증빙 미비서류, 추가서류 요구	
2-9	불가 통보	• 정정·변경 불가 사유 구체적으로 명시 통보	불가 안내문
2-10	변경 환급금	• 변경 보험료 등 환급금 차액 발생시 지급	
2-11	보험증권	• 정정·변경 (B) 중 보험 종류, 감액, 특약해지 등 보험금의 주요 변경사항 발생시 재발행 송부 • 정정·변경 (C) 중 계약자, 수익자, 피보험자 변경 등 주요 변경사항 발생시 재발행 송부	보험증권
2-12	은행 통장	• 변경 환급금 FBS 지급 이체 • 환급금 발생사유 통장 기재	
2-13	은행 거래	• 일반적인 은행 거래	은행 통장

6) 전자서명 청약 시스템 Process

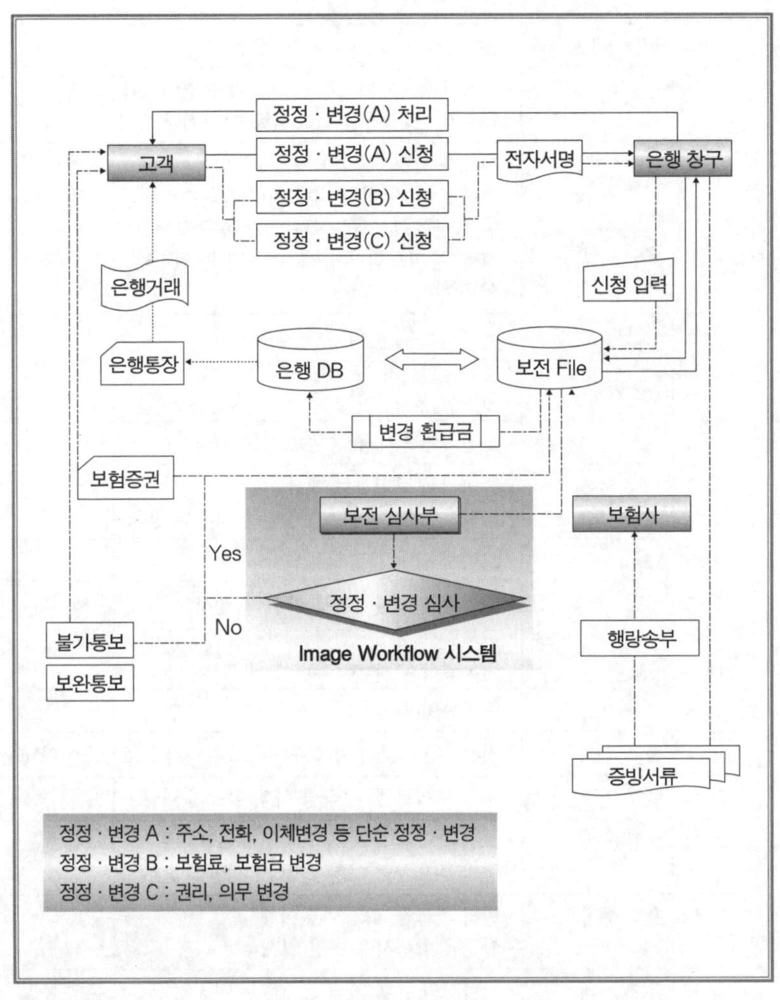

순 서	Process	내 용	관련문서
1-1	정정·변경(A) 신청	• 주소 · 전화번호 · 이체계좌 · 이체일 등의 변경 • 단순 계약자 정보에 한함	신청서
1-2	정정·변경(A) 처리	• 은행창구에서 즉시 변경 처리	
2-1	정정·변경(B) 신청	• 보험 종류 · 납입기간 · 보험기간 · 감액 · 특약해지 · 납입방법 등 보험료 및 보험금 변경	신청서
2-2	정정·변경(C) 신청	• 계약자 변경, 계약자 성명 · 주민등록번호 정정, 수익자 변경, 수익자 성명 · 주민등록번호 정정, 피보험자 성명 · 주민등록번호 정정, 종피보험자 등재 및 변경 등 권리와 의무 변경	신청서 증빙서류
2-3	전자서명	• 신청내용 입력 확인 후 전자서명 • 전산입력사항 확인으로 신청서 폐지 • 신청서 양식 제작 · 관리 및 보관 불필요	전자서명 카드
2-4	신청 입력	• 정정 · 변경 내용 등 주요사항 입력	
2-5	증빙 서류	• 증빙서류 보험사로 행랑송부 • 정정 · 변경(C) 해당 사항만 첨부서류 필요	
2-6	Scanning	• 보험사 담당 관련서류 Scanning	
2-7	정정 · 변경 심사	• 증빙서류의 사실여부 확인 등 심사 • 피보험자 정정 · 변경은 신계약과 동일한 피보험자 Underwriting 실시	
2-8	보완 통보	• 증빙 미비서류, 추가서류 요구	
2-9	불가 통보	• 정정 · 변경 불가 사유 구체적으로 명시 통보	불가 안내문
2-10	변경 환급금	• 변경 보험료 등 환급금 차액 발생시 지급	
2-11	보험증권	• 보험금 · 계약자 · 수익자 · 피보험자 변경 등의 주요 변경사항 발생 시 재발행 송부	보험증권
2-12	은행 통장	• 변경 환급금 FBS 지급 이체 • 환급금 발생사유 통장 기재	
2-13	은행 거래	• 일반적인 은행 거래	은행 통장

〈그림 5-23〉 계약 정정 · 변경 System 화면 예

```
1306
                ** 계약사항  변경신청 **                 DATE:    /08/11
                                                         TIME: 08:19:02
 계약내용  변경신청시 입력지침
      선택          77을 입력
      증권번호      증권번호를 입력
      변경사유    1100 보험금이나 특약 감액시
                  1101 특약해약시 입력
                  1200 계약자 생년월일 변경시 입력 (개인변경시만)
                  1201 피보험자 생년월일 변경시 입력
                  1300 계약자 성별 변경시 입력      (개인변경시만)
                  1301 피보험자 성별 변경시 입력
                  1400 납입기간 변경시 입력
                  1500 보험종류 변경시 입력
                  1600 납입방법 변경시 입력
                  1700 태아등재계약 계약일변경
 경리집계처리 및 변경사항조회
      경리수납처리 선택에 51만 입력 변경사항조회 선택에 99만 입력
      변경 문의시            선택        77                변경사유
      ☎ 516                 증권번호    0910550380         1500
                             기관신청일  19950811
                             신청창구    000 - 00004
00
IP548     신청내용 입력하세요.                           감사합니다!
```

```
(0301)          ** 계약사항 정정및변경 **                DATE:    /08/11
                                                         TIME: 09:18:06

 (정정)                         (변경)
    1. 계약자, 피보험자          11. 감액 (특약해약)
       종피보험자, 수익자
                                 12. 생년월일           13. 성별
    3. 종납월변경, 입금취소      14. 납입기간           15. 보험종류
    4. 모집사항                  16. 납입방법           17. 계약일자
 .----------------------------------------------------------------.
   51. 경리집계처리              77. 변경 신청          99. 변경신청조회
                                 88. 변경 취소
   ※   변경사유코드 조회시      선택       77               변경사유
        PF20을 치십시오          증권번호   0910550415        1201
                                 기관접수일 19950811
                                 처리창구   000 - 00004
00
IP548      신청내용 입력하세요.                       감사합니다! HIP1
```

```
130677              ‥ 피보험자생년 변경신청 ‥              DATE:    /08/11
Q <-(Q,C) 선택      변경코드    1201              HIPI TIME: 09:18:19
증권번호 910550415  변경전보종  4534 - 01 후보종 4534 - 01 건강생활 2
            납기  납입방법  계약인자   입금인자   종납월  횟수  주보종  주보험금
변경전  10    11월납   19920728  19920831  199208  002   4534   13,000
    후  10    11월납   19920728  19920831  199208  002   4534   13,000
        특약   보험금  특약  보험금  특약  보험금  특약  보험금  특약  보험금
    전  455   13,000
    후  455   13,000
        특약   보험금  특약  보험금  특약  보험금  특약  보험금  특약  보험금
    전
    후
        계약자  주민등록번호   AGE 직업   피보험자  주민등록번호   AGE 직업
    전  강영미 591010-2121020  33 1804   강영미   591010-2121020  33 1804
    후  강영미 691010-2121020  33 1804   강영미   691010-2121020  33 1804
        종피1   주민등록번호   AGE 직업   종피2    주민등록번호   AGE 직업
    전       000000-0000000  00 0000   태아 000000-0000000  00 0000
    후       000000-0000000  00 0000        000000-0000000  00 0000
        처리금액    XXXXXXX             접수일자  1995/08/11    金
        경리입금    XXXXXXX             접수창구  00000004 본사
        경리입금유무? (Y/N) 영수종 NO  XXXX    처리자    010090

    A02IMFO01P  0100 조회 완료되었습니다.
```

```
030101              ‥  계약사항 정정및변경  ‥              DATE:    /08/11

증권번호 0910550421  보종  4539-03   납기 10  납방 1   ITEM  보험금   보험료
계약자    문판조      540509-1024612  38     수방 3  4539   10,000  44,900
피보험자  문판조      540509-1024612  38            0455   10,000   4,900
만기시    문판조      540509    0    연금  0000000  0457   10,000   2,400
사망시    상속인      000000    9    계약 00 부활 0
상해시    문판조      000000    0    입금 0  대출
계약일자  19920728  종납월  199506-036  약관대출 0
모집  0-018-18101-1450156            단체취급 0   합계보험료      52,200
수금  0-018-18500-1450369            단체번호  0000000000
선택    정정항목      성  명       관계  생년월일   주민번호   직업
R     계약자         문판조
R     피보험자       문판조

*     종피보험자1    박갑연              600329   2925413    1804
*     종피보험자2    태아등재 입력 ‥‥   000000   0000000    0000
R     만기시수익자   문판조        0    540509   1024612
*     사망시수익자   상속인        9    000000   접수일자 1995/08/11 金
                                   0000000   접수창구 000-00004
R     상해시수익자   문판조        0    000000            본사
                                   0000000   처리사원 010090
38    HIP1                                   보전암호
A02IMGO01P  0100 조회 완료되었습니다.
```

```
130677              · · 보종변경      변경신청 · ·           DATE:    /08/11
Q < (Q.C) 선택        변경코드   1500                HIP1 TIME: 08:20:45
증권번호 911000915  변경전보종  4539 - 00  후보종 4535 - 00 건강생활 2
          납기   납입방법   계약일자   입금일자   종납월   횟수   주보종   주보험금
  변경신   10   11원납   19940531 19950630 199506 014    4539   10,000
    후    10   11원납   19940531 19950630 199506 014    4539   10,000
          특약   보험금  특약   보험금  특약   보험금  특약   보험금  특약   보험금
  신
  후

          특약   보험금  특약   보험금  특약   보험금  특약   보험금  특약   보험금
  신
  후

          계약자   주민등록번호   AGE 직업   피보험자   주민등록번호   AGE 직업
    전   여춘자 540310-2677011  40 0301   여순자 540310-2677011  40 0301
    후   여순자 540310 2677011  40 0301   여춘자 540310 2677011  40 0301
          종피1   주민등록번호   AGE 직업   종피2   주민등록번호   AGE 직업
    전   김현규 470917-1789912  47 0301        000000-0000000  00 0000
    후   김현규 470917-1789912  47 0301        000000-0000000  00 0000
          처리금액  XXXXXXXXXXXXX          접수일자  1995/08/11    金
          경리입금  XXXXXXXXXXXXX          접수창구  00000004 본사
          경리입금유무? (Y/N) 영수증 NO XXXXXX처리자  010090
91
    A02IMGO01P 0100 조회 완료되었습니다.
```

```
130614            · · 보종변경 및 답기변경 · ·            DATE:    /08/11
< 계약사항 >  --------------------------------- ·        TIME: 08:22:24
증권번호  0911000915  보종  4539 00  건강생활2종
계약사   여순자  540310-2677011  40  납기 10 부활 0 보험기간 25 계약 00
피보험자  여춘자  540310-2677011  40  납방  1  약관대출 0 대출  0 입금 0
계약인사 1994/05/31  종납월 199506-014  입금일 1995/06/30 수방  1  월차 0
연금지급              만기일 2019/05/31
모집사항  0 061-61301-6036577         수금사항  0-061 62800 6036577
          변경선       변경후     ( 변경후 내역 )      접수일 1995/08/11 金
보험종규  453900      453500  · 코드 보험금   보험료  장 구 000 0000 HIP
납입기간   10          10     4535  10,000  27,100           본사
                                                    변경코드 1500
                                                    변경후보종   4535-00
                                                 ※ 반영후종납월  1996/03
                                                       횟 수  023
합계 보험료    51,200    합게보험료    27,100   ※ 변경후보험료
경과 환급금   193,700     55,400   · 변경 차액    249,100
미경과보험료      0          0    · 대체보험료    239,301 - 009외
선납 보험료       0          0    ·  입금액          0
기타 지급금       0          0    ·  영달액        9,799 ※ 대체횟수
      합 계   193,700     55,400
70         처리 : Y. 반송 : B  ---------> Y처리자  010090 보전암호
IP555      조회내용을 확인후 이상없으면 처리 (ENTER) !
```

5. 계약 내용 안내 및 이의제기(민원)

계약 내용에 대한 안내는 고객의 필요에 의해 신청하는 경우와 보험사의 필요에 의해 안내하는 경우로 나눌 수 있다. 고객의 필요에 의한 경우에는 신청 즉시 발행 또는 안내할 수 있도록 시스템이 구축되어 있어야 하며, 보험사의 필요에 의한 경우에는 안내하고자 하는 내용이 신속·정확하게 안내되어야 한다.

그러므로 은행과의 업무 제휴를 통한 방카슈랑스의 장점을 최대한 살리기 위해 은행통장에 안내문을 간략하게 기재하는 방식을 활용한다. 또한 은행과 안내문을 통합해(일반 은행의 경우 안내문이 거의 없음) 보험사에 대한 고객의 신뢰도를 더욱 제고하는 시너지 효과를 볼 수 있다. 또한 TM Center, Call Center 등을 활용해 직접 알려 준다면 고객 만족에 대한 효과는 배가 될 것이다.

❑ 말 한 마디로 천 냥 빚을 갚는다
- 고객이 잊고 있을 때, 고객이 알고 싶을 때 알려주어야 한다.
- 고객에게 정확하고 신속하게 알려주어야 한다.

특히 보험금을 지급하지 못하는 사유 또는 보험 가입 불가일 경우에는 구체적인 사유와 함께 고객이 이해할 수 있도록 안내를 해야 한다. 그러나 보통 보험금 부지급 사유와 보험 가입 불가의 사유가 고객에게 있으므로 대부분 무성의하게 답변하거나 고객 서비스를 소홀히 하는 경우가 많다. 이러한 불만을 느낀 고객의 안티(anti) 광고의 효과는 대단한 것이다.

만약 거액의 광고비를 투자해 회사 이미지 광고를 하고 있다면 보험금 부지급 또는 가입 불가에 대한 한 건의 불성실한 안내로 그 광고의 효과를 zero로 만들고 말 것이다.

그뿐만 아니라 보험금을 은행계좌에 이체한 후 고객에게 안내하는 것을 사소한 것으로 생각해 안내를 하지 않았다면 이 또한 고객에게는 불만 사항으로 남게 된다. 결국 서비스를 하고도 그 효과를 얻지 못하는 결과가 나타나게 된다. 세분화·다양화·개인화되어가고 있는 고객 성향에 맞춰 고객 서비스 또한 더욱 세심한 관심을 기울여야 한다.

□ 업무 Process 단계도 마케팅의 일부분
- 고객과의 접점이 되는 Process는 마케팅의 연속
- 업무 Process 단계별로 마케팅이 단절되는 것이 아님
- 마케팅 전략 수립시에 업무 Process를 반영

1) 고객의 필요에 의한 증명서 신청

□ 보험료 잔액증명서
- 부정기적인 증명서로 요청시 즉시 발급 시스템 구축

□ 보험료 납입증명서
- 필요 시기가 정해져 있으므로 1~2개월 전 일괄 우편 송부
- 고객 내방 요청시 즉시 발급 시스템 구축

2) 보험사 필요에 의한 안내

□ 계약 유지 관리를 위한 안내

　• 효력상실 안내

　　−표준사업방법서 및 약관상 안내 필요

　　−안내 소홀 등으로 민원 발생시 근본적인 문제로 대두

　• 연체 납입 안내

　　−효력상실 대상 방지 및 지속적인 계약 유지 안내

　• 약관대출 안내

　　−계약자 확인 및 정기적인 이자 납입 안내

□ 고객의 보험금 청구 등에 따른 업무처리 안내

　• 정정 · 변경 신청에 따른 안내

　　−정정 · 변경 처리 결과에 대한 안내

　　−주요 사항은 보험 증권의 재발급으로 안내

　　−기타 사항은 TM Center 등의 유선 안내

　• 사고 보험금 신청에 따른 안내

　　−사고 보험금 심사 결과 및 중간 결과 안내

　　−사고조사 등 시간 소요 건은 중간 안내 필요

　　−지급 결정 건은 TM Center 등의 유선 안내 및 통장 기장 안내

　　−부지급 건은 상세한 사유 기재된 안내장으로 안내 및 유선
　　　안내

　• 지급 시기 도래 보험금에 대한 안내

　　−만기 · 중도급부 · 배당금 등의 지급시기 도래 전월 안내

−TM Center 등의 유선 안내 및 은행통장 기장 안내
- 업무처리 중 미비사항 보완 안내
−청구서류 미비시에는 TM Center 등의 유선 안내
−보험 청약 보완 필요시 TM Center 등의 유선 안내
- 보험 청약 후 가입 불가 안내
−TM Center 등의 유선 안내

3) 안내 방법에 따른 분류

유선 안내	통장 기장	DM 안내
• 사고보험금 지급	• 사고보험금 지급	• 사고보험금 부지급
• 사고보험금 조사	• 지급시기 도래 보험금	• 정정 · 변경 결과(중요)
• 사고보험금 부지급	• 효력상실 안내	• 약관대출 안내
• 지급시기 도래 보험금	• 연체납입 안내	
• 보험금 청구서류 미비		
• 정정 · 변경 결과(기타)		
• 보험 청약 보완		
• 보험 청약 가입 불가		

고객이 보험 계약 또는 업무에 대해 불만 사항을 제기하거나 민원을 제기할 경우에는, 그것을 접수한 곳에서 상담을 통해 문제점을 파악하고 고치거나 이해와 설득을 통해 문제를 해결해야 한다.

다른 사람 또는 다른 부서로 전달할 경우 고객은 문제를 해결하고자 하는 의지를 의심하면서 더욱 불신을 갖게된다. 결국은 문제 해결의 어려움만 더 하게 된다.

그러나 은행 창구 상담으로 문제 해결이 도저히 불가능할 경우에

는 즉시 보험사로 민원을 접수해 신속하게 해결할 수 있도록 시스템
및 체제를 구축해야 한다. 이의제기 및 민원 또한 문제 해결의 어려
움이 발생할 경우 고객의 안티 광고 효과는 대단한 것이다.

4) 은행 창구의 이의제기 및 민원 상담

- 보험 상품에 대한 이해 부족 등에 따른 이의제기 및 민원
- 업무 Process에 대한 단순한 이의제기 및 민원
- 은행업무와 연계된 이의제기 및 민원

5) 보험사 민원실 처리 대상(이의제기 또는 민원상담)

□ 보험사 처리 대상
- 리콜 관련 이의제기 및 민원
  - 보험증권 · 보험약관 · 자필서명 누락 등 3대 기본 지키기
- 보험 종류 등 가입 상품에 대한 이의제기 및 민원
- 보험 모집행위 관련 이의제기 및 민원
- 기타 은행 창구 상담 불가능 이의제기 및 민원

□ 이의제기 및 민원 접수 처리
- 민원사항 전산 입력 및 결과 고객 안내
  - 보험사 민원실에서 수시 조회 즉시 처리
  - 민원 접수자가 최종 결과 안내

6) 계약 내용 안내 및 이의제기(민원) 시스템 Process

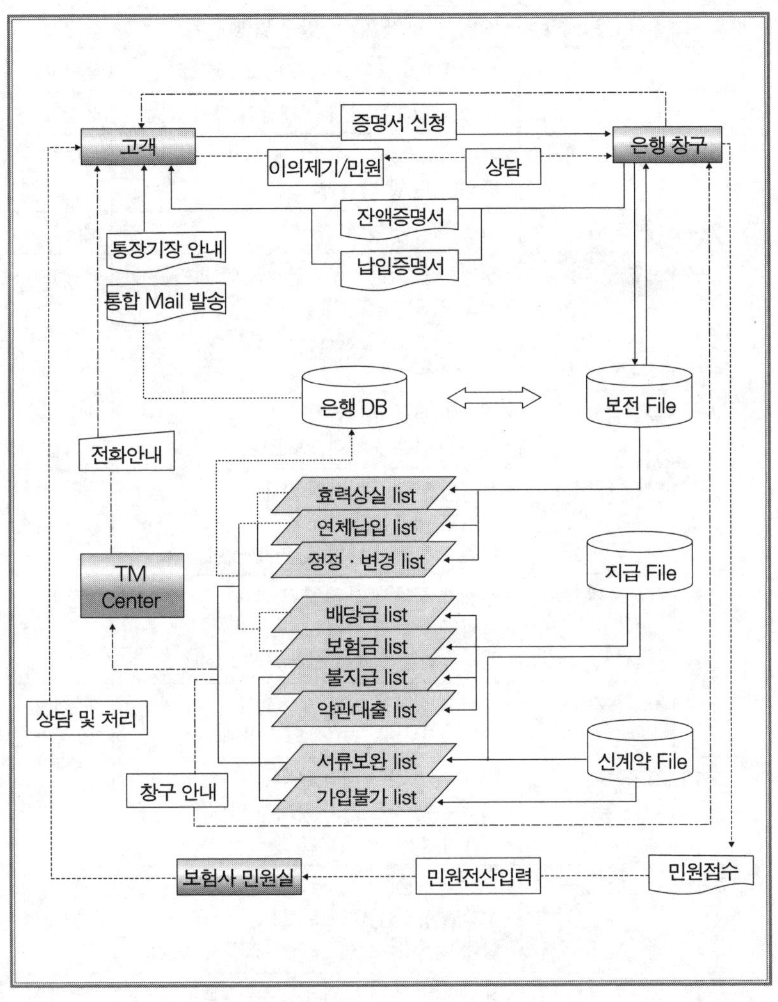

순 서	Process	내 용	관련문서
1-1	증명서 신청	• 잔액 및 납입증명서 내방 신청	신청서
1-2	잔액 · 납입증명서	• 잔액 및 납입증명서 창구 발행	증명서
2-1	효력상실 list	• 익월 1일 실효되는 계약 실효 15일 전 안내	해당 list
2-2	연체납입 list	• 연체 납입되는 계약 연체납입 당월 안내	해당 list
2-3	정정 · 변경 list	• 주요사항 정정 · 변경 대상 계약 안내 • 증권(우편 발송)과 별도 안내	해당 list
2-4	배당금 list	• 각종 배당금 안내	해당 list
2-5	보험금 list	• 만기 · 중도급부 보험금 지급 안내 • 최초 연금 지급 안내 • 사망 · 장해 · 입원 등 사고보험금 지급 결정 후 안내	해당 list
2-6	불지급 list	• 청구 보험금 부지급 안내 • 부지급 사유 구체적으로 안내	해당 list 부지급 안내문
2-7	약관대출 list	• 분기별 약관대출 잔액 안내 • 분기별 대출상환 안내 • 매월 대출이자 납입 및 연체 안내	해당 list
2-8	서류보완 list	• 신계약 청약시 서류 보완 안내 • 보험금 청구시 서류 보완 안내 • 정정 · 변경 신청시 서류 보완 안내	해당 list
2-9	가입불가 list	• 신계약 청약에 대한 거절 안내 • 가입불가 사유 구체적으로 안내	해당 list 가입불가 안내문
2-10	창구안내	• 고객 은행 창구 내방 문의시 안내 • 고객 은행 창구 전화 문의시 안내 • 비정기적 안내	
2-11	전화안내	• TM Center에서 해당 고객 안내 • 고객별 통합 안내(one-call service) • 안내 대상 list 통합 조회 시스템 구축	
2-12	통장기장 안내	• 효력상실 · 연체납입 · 배당금 · 보험금 · 불지급 등 • 은행 거래시 통장 기재 방식	해당 list 은행통장
2-13	통합 Mail 발송	• 해당 사항 고객별로 통합 안내 • 추후 세대별 통합 안내 • 은행 업무 및 상품 등 통합 안내	통합안내서

순 서	Process	내 용	관련문서
3-1	이의제기 · 민원	• 보험상품 및 지급 등에 대한 이의제기 • 보험 가입에 대한 이의제기	
3-2	상담	• 단순 상품 등에 관한 이의제기는 창구 상담 • 기타 창구 상담으로 1차 문제 해결	
3-3	민원접수	• 우편 등 서면으로 접수된 이의제기 • 보험금 지급 등 주요 사항 관련된 이의제기 • 창구 상담으로 문제 해결 어려운 이의제기	민원서
3-4	민원 전산입력	• 인적사항 · 계약사항 · 민원사항 전산 입력 • 일자 · 창구별 이의제기 내용 조회	
3-5	상담 및 처리	• 보험사 민원실 담당 1차 전화 상담 • 고객 보험사 내방 상담 • 이의제기 처리 후 전화 및 우편으로 결과 안내	

지점 내 판매인력 선발 및 고용전략

지점 내 판매인력 운영계획 | 구인 계획 | 인력 선발 및 채용 |
고용유지 전략 | 지점 내 판매인력 교육훈련

① 지점 내 판매인력 운영계획

제1권의 제2장에서 살펴보았듯이, 방카슈랑스의 지점 내 판매 성공을 위해서는 은행 업무와 보험 판매 업무 간의 충돌과 조직 간의 갈등 등 이중적인 문화를 새로운 문화로 창조 발전시켜야 하는 것이 중요한 관건이다. 이러한 문화의 창조는 결국 가장 적합한 인력의 선발과 합리적인 교육이 근본적으로 뒷받침되어야 한다.

특히 은행의 방카슈랑스 전담 판매인력의 업무는 고전적인 은행 창구 업무에 익숙한 은행원의 문화와는 많은 차이가 있다. 자발적으로 은행 상품에 가입한 기존 고객을 대상으로 창구에서 상담을 통해 보험이 가미된 방카슈랑스 상품을 판매할 뿐만 아니라 우수 고객에게 전화로 접촉해 설계 판매로 끌어내는 능력을 발휘해야 하는 은행의 지점 내 판매인력은 한 단계 레벨업된 고능률의 조직이라야 할 것이다. 이러한 고능률의 판매인력을 육성하기 위해서는 자질이 우수하고 적성이 적합한 사람을 선발해 적절한 교육훈련을 실시해야 한다.

이를 위해서는 방카슈랑스를 추진하는 본점 내 관리부서와 각 지점에서의 판매조직이 어떻게 구성되고 어떻게 운영되어야 할 것인

지가 관건이다. 본점의 방카슈랑스 추진팀은 팀장 이하 인력지원·
교육지원·영업관리 등 각 담당자를 두어 산하조직을 통괄하도록
하고, 지점 내에서는 Sales Manager가 Lead Coordinator와 함께
FPC, Introducer의 영업력 향상을 어떻게 이끌어내느냐가 성공의
열쇠다.

1. 본점 방카슈랑스 관리부서의 운영

은행에서 방카슈랑스를 추진할 때는 체계적인 관리 및 성공적인
정착을 위한 본사 내 종합관리부서의 신설이 필요하다.

도입 초기에는 수도권 중심의 지점 내에 1~2명의 FPC를 시범적
으로 운영하다가, 전지점에 대한 확대와 영업인력 증원이 요청된다.
지점 내에서는 1~2명의 소규모 조직이지만, 이는 별도의 전문화된
영업조직이기 때문에 퇴직시 신속한 충원이 어렵다. 이에 대한 조치
를 해당 부서에서 신속히 추진함으로써 업무공백이 발생되지 않도
록 해야 할 것이다.

1) 본점의 방카슈랑스팀 조직 구성도

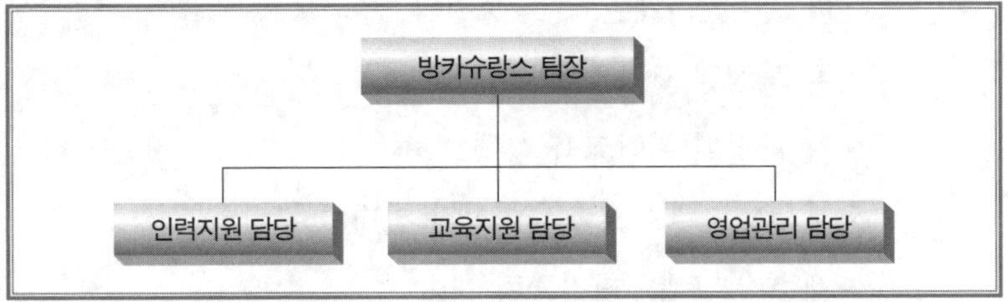

*전략적 제휴의 경우 상품개발 기능, Underwriting 기능 등은 제휴 보험사 조직을 활용

2) 방카슈랑스 팀 업무분장

□ 팀장

- 방카슈랑스 산하조직의 관리 및 지도
- 방카슈랑스 전반의 조직관리 및 현안 사항 도출
- FPC 자질향상을 위한 교육계획 수립
- 각 담당별 업무분장 총괄
- 방카슈랑스 실적 및 운영에 대한 월별 보고자료 준비

□ 인력지원 담당

- 인력수급 계획 수립 및 관리
- 인력채용 및 선발 · 배치
- 이직률 통계 관리(총괄 및 지점별)
- 퇴직 사전 예고제 관리(퇴직 1개월 전)
- FPC의 제규정 및 상벌 관리
- FPC의 인사관리

□ 교육지원 담당

- FPC의 인력개발 및 육성계획

- 각 과정별 교육계획 수립

- 각 과정별 위탁교육 시행

- 부문별 · 계층별 교육대상자 선별

- 계층별 교재 · 커리큘럼 개발

□ 영업관리 담당

- 방카슈랑스 영업관련 제기준 설정 및 조정

- 방카슈랑스 산하조직의 평가기준 책정

- 방카슈랑스 제경비 손익분석 및 관리

- 영업계획 진도관리

- 업적마감 및 실적분석

- 영업관련 제경비 지급관리

- 관련조직의 제수당 및 성과보상 인센티브 지급

2. 지점 내 판매조직의 구성도 및 역할

1) 지점 내 판매조직의 조직구성도

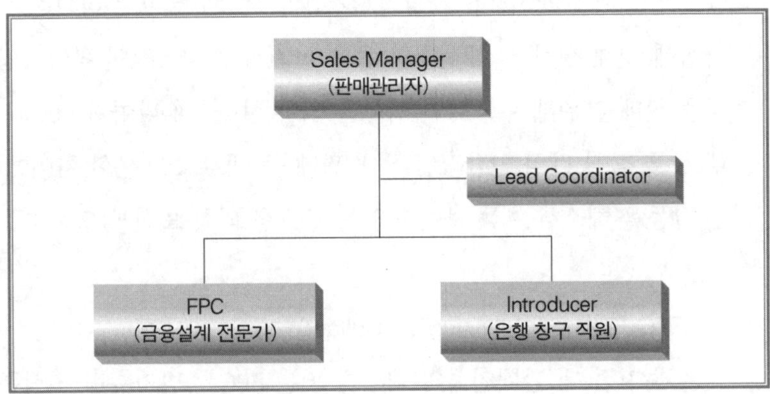

2) 지점 내 판매조직의 주요 역할

(1) 판매관리자(Sales Manager)

판매관리자는 은행 지점 내 방카슈랑스 상품 판매에 대한 본사의 목표를 기준으로 지점의 전략을 수립 · 운영해 그 목표를 달성토록 하는 것이 우선적인 역할이다. 또한 방카슈랑스 상품 판매시 발견되는 문제점의 정확한 원인 분석을 통해 대안을 제시하는 등 관리자로서의 역할 또한 수행해야 할 것이다. 그뿐만 아니라 Lead Coordinator, Introducer, FPC 등 판매조직 간의 이질적인 문화를 조화롭게 만들고 조직 간의 갈등 문제를 파악 즉시 해결함으로써 원활한 업무 협조가 이루어지도록 노력해야 한다.

(2) Lead Coordinator

판매지원 인력으로서 지점 내 창구 직원(Introducer)이 소개한 Sale Lead 및 FPC에 의해 접수된 Sale Lead를 총체적으로 관리하며, FPC의 Lead Follow up 과정 등 Lead의 시작부터 마무리되는 모든 과정에 대해 점검 및 개선방안 등을 마련하고 적극적인 방카슈랑스 상품 판매를 위해 주도적인 역할을 해야 한다. 더 나아가 FPC와 은행 창구 직원 간의 인간적인 유대 관계 등 내부적인 문화 차이에 따른 갈등을 해소하는 등 보이지 않는 중요한 역할 또한 담당한다.

(3) FPC(Financial Planning Consultant)

은행 지점 내 판매인력의 핵심이 되는 FPC는 방카슈랑스 상품이나 서비스를 판매하기 위해 특수한 목적으로 선발된 사람으로 금융 설계 전문가라고도 한다.

FPC는 지점 내에 배치되며 찾아오는 고객을 상담하거나 창구 직원의 소개로 가망고객의 금융 설계를 담당한다. 더불어 여유로운 시간을 할애해 가망고객을 상대로 전화 또는 직접 방문해 프레젠테이션을 진행하고, 금융 설계를 하는 사람으로서 방카슈랑스 상품을 직접 판매하는 권한과 책임을 갖게 된다.

지점 내 방카슈랑스 상품 판매에 성공하려면 결국 FPC의 개인적인 자질에 상당히 의존하게 되므로, 인력 선발에서부터 세심한 준비 및 검토가 필요하다.

(4) Introducer로서의 은행 창구 직원

이들은 적극적으로 판매를 하기보다는 본인의 업무와 관련된 고객과의 상담을 통해 가망고객을 선정하고, 금융 서비스에 관한 조언자의 역할을 한다. 아울러 방카슈랑스 상품을 간단히 설명하고 담당 FPC에게 소개하는 역할을 한다.

이에 대한 보상으로 별도의 인센티브를 받을 수 있으며, 보험 판매 소개에 대해 몇 점, FPC에게 가망고객을 추천한 것에 대해 몇 점을 부여하는 형식으로 점수를 관리·평가한다. 인센티브는 대부분 월 급여의 10% 선을 넘지 않는 범위에서 정해진다.

3. 지점 내 정규인력 운영계획

방카슈랑스 성공을 위해서는 기존의 은행 정규직원들이 얼마나 적극적으로 참여하고 소기의 성과를 거두느냐가 중요한 관건이다. 특히 은행 내에서 지금까지 접하지 않았던 보험이라는 새로운 상품을 판매하는 데 있어 기존 정규직원들의 충분한 이해와 관련 FPC 등의 직원들에 대한 많은 협조가 뒤따라야 할 것이다.

1) 정규인력 업무분장(예시)

2) 인력 운영

(1) 정규직 선발 및 인사이동

  은행 사규 및 관련규정 마련

(2) FPC 선발 및 인사이동

  지역별 연고지 중심으로 방카슈랑스팀에서 주관해 소요 인력을
선발
  －인력 수급 계획에 의거 선발
  －1개월 전에 제출되는 퇴직의사 반영 선발

② 구인 계획

방카슈랑스의 성공적인 정착은 많은 관련 조직 중 FPC의 능력과 자질에 따라 좌우된다 해도 과언이 아니다. 가장 중요한 FPC의 선발 및 채용을 위한 구인 계획은 인력 수급 측면에서 체계적으로 진행되어야 한다.

FPC를 확보할 때 고민하게 되는 문제는 신규 인력으로 선발할 것인가, 경력이 있는 보험설계사 출신으로 확보할 것인가의 판단이다.

유럽의 일부 방카슈어러는 적극적인 보험설계사들을 은행 FPC로 영입하는 일에 거의 편집광처럼 매달렸고, 그들을 재훈련시키고 성격을 변화시키는 일에 집중했다. 가망고객 확보 과정에서 가장 중요한 요소인 고객과의 일치감 및 직원과의 좋은 관계를 유지하고 있다는 근거에서 그들을 선택한 것이다. 즉 기존 보험사의 보험설계사들보다 은행원들이 상대적으로 방카슈랑스 상품의 판매에 집중하지 못한다는 판단이다.

하지만 이는 선발과정이 정상적인 방법에 의해 추진되었음에도 '동기부여와 각종 지도'를 통해 문제를 해결할 수 없다는 의미가 아니다. 대부분의 은행들이 성과에 따른 가이드라인을 제시하지 않은

채 비현실적인 높은 기본급의 지급을 통해 그들을 보호함으로써 실패하는 우를 범할 수도 있다는 점을 명심해야 한다.

1 FPC 필요인력의 결정

1) FPC 인원 규모

1990년대 초 영국의 어느 메이저급 은행의 경우에 FPC가 평균 2,000~4,000명의 고객을 담당할 수 있게 한다는 목적으로 프로젝트를 시행해 FPC의 인원이 최고 1,600명에 이르렀으나, 지금은 약 1,000명 수준으로 하락했다. FPC의 1인당 생산성 향상 및 채용 단계에서의 엄격한 선발, 마케팅 전략의 지속적 개발, 생산성 관리기법의 향상 등에 의해 현재의 수준으로 조정된 것이다.

이와 같이 규모가 큰 은행이거나 특별한 이벤트 · 프로젝트 등의 목적이 있는 경우에는 상당 규모의 FPC 인력을 보유할 수 있다. 하지만 새롭게 방카슈랑스를 도입하는 메이저급 은행으로서는 지점당 한 명의 FPC를 보유하는 것으로부터 시작한다. 한 예로 메이저급 영국 은행에서는 규모가 큰 지점의 보유 고객이 1만 명 정도이며, 이러한 지점의 경우에는 3~4명의 FPC를 두는 것이 보통이다. 지방에서는 지역적으로 고객을 관할하는 지점을 갖는 것이 일반적이다. 이런 곳에서는 한 명의 FPC가 5~6개의 소규모 지점을 담당하기도 한다.

방카슈어러는 FPC당 고객의 비율을 1990년대 초반에는 3,000 대

1을 유지했다. 하지만 현재 대부분의 은행은 다양한 이유로 약 6,000 대 1의 비율을 유지하고 있다.

이와 마찬가지로 우리의 경우에도 은행 지점 내 마케팅에서는 최초 FPC를 지점당 한 명으로 출발해, 점차 그 인원을 확대해 나가는 것이 타당할 것이다. 아울러 보유 고객이 대규모인 지점에 한해 1~2명을 추가 선발해 시작하는 것이 시행착오를 최소화할 수 있는 최선의 방법일 것이다.

2) FPC의 적정 인력

(1) 초기 도입 단계

초기에는 방카슈랑스를 접목시키는 단계로, 총 지점수의 10~15%의 우수지점(수도권 중심)을 선정해 지점당 한 명의 FPC를 배치한다.

이 때 지점 내의 전직원은 방카슈랑스 부문과 조직원들이 잘 융합될 수 있도록 각별한 관심을 가지고 업무협조를 해야 한다. 이것이야말로 향후 은행의 생존에 중요한 Milestone이 됨을 명심해야 한다.

(2) 활성화 단계

FPC별 평균 실적이 목표기준 이상 초과시 2단계로 FPC 배치 지점을 총 지점 수의 30~40%까지 늘려 활성화시켜나갈 수 있다.

이 단계에서는 FPC의 실적이 목표기준보다 100% 이상 초과 달성시 한 명을 더 투입한다. 또한 활성화 단계에서는 조직 내에서 방카슈랑스 부문에 대한 경계심이 형성되지 않도록 상호간의 연대가 꼭 필요한 시기다.

2. FPC의 자격기준 및 채용기준

1) FPC 자질

Introducer는 은행 창구 직원이므로 정식 행원으로서 선발한다. 하지만 FPC는 방카슈랑스 상품을 판매하기 위한 전문인력이므로, 대부분 별도 선발에 의해 채용되며 계약직 형태를 취한다.

이러한 FPC는 Introducer와 달리 방카슈랑스 상품을 판매하기 위해 재무전문지식, 세무지식 및 상담 능력, Presentation 능력 등 전문적 지식 외 별도의 영업적인 능력이 필요하며, 이분화된 조직에서 근무를 해야 한다는 특이성을 지니고 있으므로 인간적인 자질도 필요하다.

❑ 공감대를 형성할 수 있는 대화기술

FPC는 방카슈랑스 상품의 판매가 주목적이며, 영업 성과에 따라 평가된다. 따라서 판매를 완결지을 수 있는 능력을 갖추고 있어야 한다. 방카슈랑스 상품을 판매하기 위해서는 고객의 Needs를 이해하고 고객과의 의사소통과 상담에 의해 상품의 이점과 특성, 고객의 금융 설계 등으로 고객을 설득해 Hard Selling이 아닌 Soft Selling이 이루어지도록 해야 할 것이다. 그러므로 FPC 후보자는 매사에 적극적인 것도 좋지만 고객과의 의사소통을 통해 공감대를 형성할 수 있는 대화기술을 우선적으로 갖추고 있어야 할 것이다.

❏ 전문성

FPC는 반드시 고객이 가지고 있는 은행의 이미지와 동일한 수준의 신용과 상품 브랜드 이미지를 전달해야 한다. 또한 고객의 개인 정보와 재정적인 정보의 기밀 유지가 필수적이다.

결국 방카슈랑스는 은행의 신용도를 활용하는 상품이다. Endorsed 마케팅으로 고객 신뢰의 바탕이 될 수 있는 전문적인 지식(성실한 자질과, 고객의 자산·금융 전반에 대한 어드바이스 능력)을 통해 고객관계 관리를 해야 하므로 은행 상품 및 방카슈랑스 상품은 물론 증권, 신탁, 부동산 등 금융 전반에 대한 해박한 지식이 요구되기도 한다.

이에 따라 해당 업무와 관련된 전문성을 지닐 수 있는 최소한의 자격이 필요하다. 물론 이러한 것은 교육으로 습득할 수 있지만, 그 내용을 소화할 수 있는 기본적인 자질이 요구된다.

특히 보험사가 최근 들어 추구하고 있는 지나친 판매 위주의 정책(텔레마케팅 및 설계사 판매 활동)으로 야기된 많은 부정적 이미지 및 민원으로 볼 때 고객·가망고객에게 전문적이고 체계적인 조언을 객관적으로 제공할 수 있는 능력도 중요하다.

❏ 팀워크 형성 능력

전통적으로 보험설계사가 수당 획득 중심의 개인적인 영업활동 이미지를 형성한 반면, FPC는 은행의 전체 조직과 통합된 유기적인 운영 체제의 한 부분으로서의 생각을 가져야 한다.

FPC는 은행의 창구 직원뿐만 아니라 전직원과 항상 융화할 수 있고, 목표 달성을 위한 팀워크를 결집할 수 있는 인간적인 능력 또한 필요하다. 또 FPC는 약속된 상담 예약에 대한 철저한 업무 처리와 고객과의 좋은 관계 증진으로 동료 직원의 신뢰를 얻어야 한다.

❏ 분석적이고 기술적인 숙련성

FPC는 고객의 재정 상황을 파악해 가장 적합한 금융설계 서비스를 제공함으로써 고객의 신뢰를 형성할 수 있다. 이를 위해서는 고객의 재정과 그것을 활용하는 일반적인 금융기법에 대한 분석적인 기술이 요구된다.

FPC는 고객에 따른 적절한 상품기간, 세금, 자산운용 등에 관해충분히 분석하고 이해함으로써 광범위한 상품들을 추천하게 될 것이다. 일부 FPC는 상품 판매 능률향상을 위한 교육훈련이 필요할 것이다. 아울러 이 역할에 요구되는 기술 · 정보 등을 모두 흡수하기 위한 부단한 노력이 요구된다.

❏ 컴퓨터 운용 능력

FPC는 보험료의 단순계산이나 일반 보험설계사처럼 회사의 상품 가입설계서를 발행할 정도의 컴퓨터 사용능력을 뛰어넘어 고객을 위한 완벽한 재정 설계, 고객이 필요로 하는 각종 정보의 인터넷 검색 서비스, 고객관계 관리, 생산성 Simulation, Underwriting Process, 입금정리 Process, 정정변경 Process 등을 비롯해 특히 POS 시스템에 대한 완벽한 이해가 요구된다.

❏ Rapport 형성 능력

고객은 친밀한 느낌을 주는 FPC, 경험이 풍부한 FPC를 좀더 신뢰하는 경향을 보인다는 것이 영국의 경험치이며, 이러한 능력을 발휘할 수 있는 인력의 이상적인 연령은 25~45세다.

❏ 은행에 대한 지식
- 은행의 연혁과 조직
  - 조직별 업무내용
  - 은행업무별 Process, 은행의 정책 · 방침 · 목표 · 판매정책
- 기본적인 경영지표 (자본금 · 매출액 · 당기순이익)
- 시장에서 차지하는 은행의 지위 및 인지도

❏ 상품 지식
- 기본지식
  - 개발배경
  - 상품의 특성
  - 판매 포인트
- 관련지식
  - 관련 법규
  - 세법
  - 경쟁상품 비교(차별화 부분 중심)
  - 상품관련 서비스

❑ 시장 지식

- 경제일반

  - 금융 · 금리 · 부동산 · 무역 · 환율 등

- 금융 산업 동향

  - 일반현황

  - 경쟁사 일반현황

  - 경쟁사 상품

  - 시장점유율

- 소비자 행동이론 및 유형

- 시장의 특성

❑ 업무 지식

<u>보고업무</u>

- 시작 전 업무

  - 내방객 · 전화대상 검토

  - 내방객 · 전화고객 보고

  - 판매 보조자료 정리

- 업무 보고

  - 일일 업무보고서 작성

  - 협력고객 리스트 작성

  - 시장 동향 보고

  - 업무협조 요청

<u>판매 촉진 업무</u>

- 경쟁사 정보관리
  - 상품설명서
  - 카탈로그
  - 각종 Data, Information, Scrap

<u>고객관리 업무</u>

- 고객카드 처리
- 고객불만 해소
- 사후 관리
  - 감사전화
  - 기념일 프로그램

3. FPC의 채용 경로

우수한 인력을 선발하기 위해서는 최적의 비용으로 최대의 결과를 얻을 수 있는 모집 채널의 선택이 무엇보다 중요하다. 각 채널별 특성을 살펴보고 이에 맞는 최적의 방법을 모색하고자 한다.

1) 직접 방문

직접 방문(walk-ins)은 흔히 사내 게시판에 붙여진 구인 공고문에 반응해 고용을 원하는 조직으로 찾아오는 경우다. 이는 비용이 매우 적게 드는 모집 원천이다.

직접 방문의 사이버스페이스(Cyberspace) 판은 전자우편 방문(e-메일)이다. 점차적으로 지원자들은 웹상의 전자우편에 의해 기업과 접촉하고 자신의 이력서를 제출한다. 실제적으로 가장 알기 쉬운 이력서가 가장 훌륭한 이력서가 되는 날이 올 것이다. 현란한 그림과 글꼴은 전자적으로 이력서를 검색하는 장치를 혼란시킬 뿐이다.

2) 추천 또는 소개(Member Get Member)

매우 보편적인 모집 원천이다. 새롭고 생소한 Position의 경우 이 방법이 일반적이다. 특히 은행직원의 추천은 방카슈랑스의 상호 긍정적이고 협조적인 분위기 형성에 기여할 수 있다. "새 술은 새 부대에 담는다"라는 격언을 참조할 필요가 있다.

3) 대졸 신입사원의 모집

대졸 신입사원 채용을 위주로 하는 리쿠르팅 관련책자나 대학 취업보도실은 이러한 새로운 직업의 등장에 많은 도움을 제공할 수 있다. FPC에 대한 소개와 비전 제시는 새롭게 각광받는 직업으로 떠오를 수 있을 것이다.

4) 인력파견 회사 활용

최근 활성화된 모집 채널로 다수의 인력 선발시 사용되는 방법이다. 하지만 FPC의 선발은 지금까지와는 전혀 다른 새로운 직업상의 전문성을 요구하므로, 앞의 자격기준을 철저히 요구·검증할 필요가 있다.

5) 사이버 모집

인터넷을 통한 구인·구직이 활성화되고 있는 시대이므로 홈페이지 내에서 FPC에 대한 소개와 비전 제시를 분명히 한다면 좋은 지원자를 확보할 수 있다.

6) 광고

아직까지는 모든 사람이 인터넷을 활용하는 것은 아니므로, 여전히 전통적인 방식의 광고가 일부 예외적인 방법으로라도 폭넓게 사용되고 있다. 특히 신문광고는 모든 종류의 직무에서 가장 빈번하게 사용되고 있는 리쿠르팅 방법 중 하나다. 특히 광고문구는 조심스럽게 선택되어야 하는데, 이는 단지 모집과정만이 아니라 조직과 직무의 이미지를 나타내는 것이기 때문이다. FPC의 모집에 있어서는 일반적인 평범한 사원모집 광고가 아닌 역동적이고 모험적인 광고를 검토해 볼 수 있다.

4. FPC의 급여 및 복리후생제도

은행 지점 내 방카슈랑스 판매인력의 급여 체계는 FPC의 신분에 따라 상당한 차이가 난다. 즉 내근 직원(정규직)으로 선발되느냐, 계약직 직원으로 선발되느냐에 따라 급여 체계의 구성은 달라진다.

정규직원으로 채용해 운용할 때는 사업 초기 인건비에 대한 비용 부담이 커 방카슈랑스에 대한 기대 효과를 나타낼 수가 없다. 또한 기존의 은행 직원과 같이 Reactive Order만 기다리는 상황으로 전락하는 오류를 범할 수도 있다. 따라서 처음부터 계약직으로 채용해 우수한 자질이 있는 자를 선별, 고용직 직원으로 신분 전환을 하는 형태로 구성하는 것이 오히려 FPC에게 비전을 제시해 주고, 나아가 방카슈랑스에 대한 Mission을 명확하게 부여할 수 있을 것이다.

급여 구성 체계에 있어서도 기본급 중심보다 성과급 중심에 비중을 두는 인센티브 제도를 도입해 동기부여를 하는 것이 효과적이다. 다만 은행 직원과의 급여차로 인해 위화감이 조성되거나, 반대로 기본급의 과잉정책 때문에 은행 직원의 불만 사항이 고조되어 조직원의 이원화 현상이 발생될 수도 있다. 따라서 적정선의 인센티브제를 도입하는 것이 타당하다. 그러나 추후 Introducer의 인센티브가 일정 수준에 오를 경우에는 과감하게 FPC의 인센티브제를 강화해도 좋을 것이다.

1) FPC의 직급과 급여 체계

FPC의 급여 체계는 기본급, 성과급, 상여금 및 복리후생성 수당 등으로 구성할 수 있다. FPC의 근무년수 및 영업실적을 반영해 직급별 승진제도를 도입하고 해당 직급별 기본급을 차등화하는 것이 좋다.

직급에 대한 평가는 3~6개월의 영업실적과 근무년수에 따라 평가하고, 직급과 별개로 보직 체계를 운영하는 것이 바람직하다.

직급 체계는 현 은행의 직급 체계와 동일하게 운영하는 방법과 완전히 다르게 운영하는 방법이 있다. 동일하게 운영했을 때는 근무년수의 비중이 커질 수 있으며, 그렇지 않을 경우에는 은행 직원과의 직급 간 모호성으로 인해 조직의 융화가 어려울 수 있다. 그러나 전혀 별개의 직급으로 운영할 경우에는 영업실적의 비중을 높여 평가할 수 있으며 은행 직원 간의 직급에 따른 문제는 발생하지 않을 것이다. 이 경우 상이한 직급 체계에 따른 FPC의 소외감이나 열등감 등의 문제가 발생할 수 있으나 보직으로 호칭하고 대하면 문제가 없을 것으로 생각된다.

❏ 현 은행 직급과 동일한 체계와 급여의 예

(단위 : 천 원)

구 분		과 장	대 리	주 임	사 원	
					1년 이상	1년 미만
기본급	A	각 직급 및 등급에 따른 차등된 고정급			고정급	
	B					
	C					
성과급		직급별 기본급 및 상품별 사업비율에 따라 차등 지급				
후생수당		중식비 + 교통비				
상여금		분기 간의 개인별 실적에 따른 지급				

근무년수에 따라 직급이 달라질 수 있으나 엄연한영업 조직이므로, 영업실적 등의 성과에 비중을 두어 승진제도를 도입해야 한다. 아울러 급여 부분에서는 동일 직급이라고 하더라도 영업실적 등 성과에 따라 위와 같이 차등을 두는 체계가 필요할 것이다.

❏ 현 은행 직급과 별개의 체계와 급여의 예

(단위 : 천 원)

구 분	A급	B급	C급	D급	E급	F급
기본급	직급별 차등된 고정급					
성과급	직급별 기본급 및 상품별 사업비율에 따라 차등 지급					
후생수당	중식비 + 교통비					
상여금	분기간의 개인별 실적에 따른 지급					

각 직급의 호칭은 어떠한 단계(level)를 나타내는 단어로 구성하고 영업실적 등의 성과에 비중을 두어 승진 및 강급 제도를 도입한다. 급여 부분은 해당 직급에 따라 차등 지급하는 형태로 현 보험 설계사의 급여 체계와 유사하다.

2) Introducer의 급여 체계

Introducer는 FPC와는 달리 기존의 은행 창구 직원으로서 내근 직원, 즉 정규직 신분이다. 은행의 또 다른 해당 직무를 가지고 있으면서 해당 직무를 수행하거나 상담 중 Needs가 있는 고객에게 방카슈랑스 상품을 안내하고, FPC에게 그 고객을 소개하는 직원을 말한다. FPC에게 가망고객에 대한 Lead Generation Form(일종의 소개서)을 제시하고 FPC가 상담을 통해 고객의 Needs를 충족시켜 방카슈랑스 상품을 판매하도록 했다면, 이에 대한 인센티브를 제공해야 할 것이다.

만약 어떠한 인센티브도 제공되는 것이 없을 경우에는 결국 방관자적인 자세로서 오히려 방카슈랑스에 대해 거부감을 가질 수도 있다. 이는 새로운 기업 문화의 융화에 큰 걸림돌이 될 수 있다.

그러므로 Introducer에 대한 인센티브는 새로운 기업 문화의 정착과 소개에 대한 Motive를 제공해 방카슈랑스 제도를 조기에 정착시키는 데 반드시 필요한 제도다.

그러나 인센티브에 대해 너무 많은 Portion을 주었을 경우에는 주업무인 은행 업무가 소홀해질 수 있으며 보험 판매에서처럼 Hard Selling이 될 수 있으므로 적정한 수준의 인센티브를 적용해야 한다. 인센티브는 은행 직원 급여의 10% 내외에서 지급되는 것이 적절하며, 이 또한 개인에게 직접 지급하는 것보다는 팀 또는 지점 단위로 지급한 뒤 내부적으로 개인에게 지급하는 형태를 취하는 것이, 팀의 결속을 강화할 수 있는 한 방법이 될 것이다. 개인에게 직접 지급할 경우에는 소개를 많이 하는 사람과 그렇지 못한 사람이 확연히 구분

되고, 계속 하는 사람만 하게 되며 소개 부진자는 결국 방관자가 될 우려가 있다.

이러한 인센티브에 대한 방식은 Lead Generation Form 제출과 해당 상품에 따라 배점을 정해 산출된 점수로 개인에게 지급한다. 지점 또는 팀에 대해서는 판매된 상품의 사업비에 따라 지급하도록 하면 될 것이다.

3) Sales Manager와 Lead Coordinator의 직급과 급여 체계

Sales Manager와 Lead Coordinator의 판매관리자는 은행의 내근 직원(정규직)이므로 은행의 직급 및 급여 체계에 의거하면 된다. 하지만 판매관리자가 지점 내 판매에 대해 무관심할 경우 방카슈랑스는 결국 실패로 끝나게 될 것이다. 따라서 승진 및 성과급 등 인사고과에 반영하고 지점 운영비 등에도 반영해 판매관리자의 절대적인 참여를 이끌어낼 수 있어야 한다.

4) 성과보상(인센티브) 제도

성과보상 제도는 실적을 달성해야 하는 영업 부문에서는 없어서는 안 될 유용한 관리 기법이다. 이러한 인센티브는 결국 판매자에게 동기부여의 계기가 될 수 있으며, 더 나아가 판매자의 비전으로 자리잡을 수 있다.

인센티브 제도는 FPC에게만 해당되는 사항이 아니다. Introducer 뿐만 아니라 판매관리자인 Lead Coordinator, Sales Manager에까지 모두 해당되는 사항으로서, 영업실적에 따른 조기 승진 등의 보상을 받게 된다. 특히 FPC의 경우에는 내근(정규직) 신분으로의 전환 및 방카슈랑스에 대한 해외연수, 복리후생과 관련된 제도 및 수당, 연간 Promotion을 통한 시상 및 매월 정규적인 시상 등으로 성과보상 제도를 실시할 수 있을 것이다.

③ 인력선발 및 채용

인력선발은 외부에서 모집된 지원자들에 관한 정보를 수집·검토해 그들 중 누가 고용제의를 받을 것인지를 선택하는 것이다.

사람들은 가장 낮은 직무에서부터 최고경영자에 이르기까지 모든 수준에서 조직에 참여할 수 있다. 누구를 채용할 것인지를 결정하는 것은, 승진과 이동이 조직 내에서 사람들을 이동시킨다는 점을 제외하고는, 누가 승진되어야 하고 누가 이동되어야 하는지를 의사결정하는 것과 같다고 할 정도로 중요하게 다루어야 할 사항이다.

방카슈랑스 관련 조직 가운데 그 주요 대상이 되는 FPC의 선발은 방카슈랑스 체계를 짊어지고 있는 핵심적인 조직이라는 점에서 매우 중요하다.

이 장에서는 우수 인력 선발을 위한 기법의 선택에 대해 설명했고, 선발시 효과적인 인터뷰를 이끄는 방법을 면접관 입장에서 자세히 설명했다. 또한 FPC를 채용하는 주요 경로는 어떻게 되는지와 선진 사례에서의 FPC 자격인증제도의 운영에 대해 상세하게 설명했다.

1. 인력선발의 목표

1) 효율성

인력선발은 누가 조직에 참여할 것인가를 의사결정하는 것이다. 신규 채용자들은 성과나 변화하는 시대에 대처할 수 있는 유연성 및 혁신을 얻기 위해 조직이 의존하는 자원이며, 이들이 근무하는 기간 동안 폭넓은 직무할당을 위한 후보자들이기도 하다. 각 조직원을 채용하려는 의사결정이 조직으로 하여금 임금, 부가급, 그리고 다른 부대비용으로 수백만 원의 비용을 지출하게 한다고 말하는 것은 과언이 아니다. 많은 조직원을 선발하는 활동에 수백만 원의 비용이 들 수 있다. 그러나 그러한 종업원들은 여러 해 동안 조직의 성과에 영향을 미치기 때문에 한 번의 신중한 선발 노력은 엄청난 투자수익을 발생시킬 수 있다.

2) 형평성

선발 활동은 지원자들이 조직과 접하게 되는 첫번째 기회이고, 그들은 그러한 선발활동을 다른 조직적 특성에 대한 신호로서 사용한다. 한 조직의 선발과정이 보호받는 집단의 많은 구성원들을 거부할 때 종종 법원이나 정부기관은 비용과 시간 소비가 많은 데이터 수집 노력과 함께 선발절차의 공정성과 필요성이 신중하게 평가되도록 요구할 수도 있다. 실제로 많은 조직들이 여러 풀(pool)에서 최고의 지원자를 선발하는 것보다는 오히려 보호받는 집단을 거부하는 것을 피하는 인력선발 절차를 채택하고 있다.

2. 인력선발 기법의 선택

방카슈랑스 조직 확보시 우수한 인력을 선발하는데 있어 각 기법에 따른 특성을 살펴보고, 선발 기준을 어떻게 잡아야 할 것인지 알아보고자 한다.

지원자들의 정보를 평가하는 데는 다양한 방법이 있고, 날마다 새로운 방법이 개발되고 있다. 컴퓨터 프로그램화된 시험과 유전자에 의한 자격심사(Screening)는 수 년 전만 해도 알려지지 않은 것이었다. 하지만 이제 많은 조직들이 그들을 사용하고 있다. 여전히 지원서와 면접 등과 같은 전통적인 정보수집 기법이 가장 폭넓게 사용되고 있지만, 종종 외국회사들은 훨씬 더 다양한 방법을 사용하기도한다. 타당성은 높지 않으면서도 고비용을 불러오는 기법들이 가장인기가 있기도 하고, 그 반대의 경우도 있다. 이들 기법에 대한 좀더효과적인 이해는 왜 그런가에 대한 이유를 설명하는 데 도움을 줄것이다.

1) 지원서 양식과 이력서

지원서 양식은 지원 기록과 장차 FPC의 공석이 생길 때 지원자들의 특성을 추적하는 역할을 한다. 또한 지원서 양식은 일반적으로고용에 대한 적합성을 판단하기 위해 기업이 사용하는 일련의 질문들을 제시한다. 지원서의 양식은 대부분 지원자의 성명 · 주소 · 전화번호 · 주민번호 등을 요구한다. 지원서는 대개 요구되는 작업형태와 일정(파트타임제 · 풀타임제 등)에 관한 선호 정보를 요구한다.

지원서 양식에 어떤 정보를 요구할 것인가를 의사결정하는 사용자들은 ① 발생가능한 역효과 방지 대책, ② 자격을 갖춘 지원자 확인에 있어서의 정보가치, ③ 가능한 프라이버시 침해 대책, ④ 정보가 직무성과와 관련이 있다는 증거의 이용가능성들을 고려해야 한다.

2) 추천서와 배경조사

대부분의 조직들은 지원서 양식과 이력서상에 있는 정보를 검증하고 지원자나 신용기관, 이전 사용자, 그리고 교육자 등과 같은 다른 조직들에 의해 제공된 추천서로부터 부가적인 정보를 수집한다.

배경정보(Background Information)를 수집하는 것은 여러 가지 딜레마를 제기한다. 배경조사를 하지 못하면, 이는 상당한 손실을 불러올 수 있다. 부주의한 채용으로 종업원이 범죄를 저지르거나 누군가에게 상해를 끼쳐 고소를 당할 수도 있는데, 배경조사는 그러한 경향을 밝혀줄 것이다.

지원자들에 의해 제시된 추천서는 후보자 간의 구별을 불가능하게 하는 획일적으로 긍정적인 반응을 빈번히 제시하고 있다. 많은 연구에 의하면 추천서 조회는 25% 정도의 비교적 적절한 타당성을 보여주고 있다.

3) 신상정보

당신은 날으는 모형비행기를 만들어보았는가?

이러한 질문은 조종사 훈련생 성과의 훌륭한 예측치(Predictor)가 되는 것으로 판명되었다. 이는 전형적으로 지원서, 이력서, 또는 배경조사에 포함된 정보를 넘어서는 것이다. 하지만 후보자들의 과거 교육, 경험, 그리고 성취도의 측면에 초점을 맞추는 신상정보의 한 예라고 할 수 있다. 과거의 행위는 미래 행위의 좋은 예측치가 된다.

따라서 많은 조직들은 이러한 종류의 정보에 의존한다.

4) 면접

사실상 면접은 조직원 선발의 대부분을 차지한다.

한 조사에 따르면, 대상 회사의 56%가 면접이 그들의 선발과정에서 가장 중요한 부분이라고 진술했고, 90%가 다른 어떤 선발 방법보다 면접에 더 많은 확신을 가지고 있다고 응답했다. 그러나 수십 년 간의 연구 결과로부터 나온 증거에 따르면, 면접이 유효한 예측치가 될 수는 있으나 신중하고 적절하게 사용되어야 한다는 점을 시사하고 있다.

5) 적성검사

어떤 사람들은 더 영리하고, 더 강하고, 더 잘 조정되며, 사람들과의 관계에서 좀더 숙련되고, 좀더 많은 상식을 가지고 태어난 것처럼 보인다. 능력시험이라고도 하는데, 이 능력은 한 개인에게 적절한 상황이나 올바른 경험 또는 훈련이 주어졌을 때, 그 개인이 할 수 있는 것을 나타낸다. 능력이 성과나 행위를 결정하는 것은 아니지만 능력은 잠재력을 반영할 수 있다.

6) 신체검사

모든 조직의 거의 절반 이상이 고용 전 신체검사를 실시한다. 외국의 많은 조직들은 약물검사(Drug Tests)를 요구한다. 신체적 능력 테스트, 거짓말 탐지 테스트, 유전자 검사, AIDS 검사 등과 같이 좀 더 구체적인 육체적·생리적 테스트는 외국에서도 매우 드물게 사용된다. 그럼에도 불구하고 그러한 측정은 공공적·법적인 관심을 불러일으키고 있으며, 계속 논란의 대상이 되고 있다.

7) 인성, 정직, 그리고 성실성 시험

"나는 가끔 동물들을 괴롭힌다. 또한 나는 항상 쓸모 없음을 느끼고, 때때로 자제력을 잃는 것 같은 감정을 느낀다. 종종 나는 사물을 부수는 것을 좋아하는데, 이러한 행위는 무시무시하지 않는가?" 세계에서 가장 널리 사용되고 있는 인성 테스트인 MMPI는 개인의 편집광, 우울증, 열광 또는 걱정의 정도를 결정짓기 위해 이와 같은 567개의 진술문을 사용한다. 이러한 다양한 테스트가 다양한 심리적 서비스를 통해 이용 가능하다. 특히 영업직 사용자들의 약 17%가 이를 사용한다.

❑ 인성검사의 5가지 요소

- 외향성(Extroversion) : 사교적이고, 상냥하고, 교제를 좋아하고 따뜻하고, 독단적이고, 적극적임
- 상냥함(Agreeable) : 공손하고, 신뢰적이며, 유연하고, 솔직하고, 마음이 부드러움
- 양심적임(Conscientious) : 주의 깊고, 완벽하며, 열심히 노력하고, 야망적이며, 인내심이 있음
- 노이로제(Neurotic) : 걱정하며, 침울하고, 화를 잘 내고, 당황해함
- 경험에 대해 개방적임(Open to experience) : 독창적이고 상상력이 풍부하며, 대담무쌍함

3. 효과적인 인터뷰 방법

1) 인터뷰 과정

오늘날 면 대 면 인터뷰(이하 '면접')는 대부분 한 면접관에 의해 일 대 일로 행해진다.

그러나 몇몇 조직은 면접위원단(Panel of Interviewers)을 활용하기도 한다. 다음의 표는 면접관의 역할에 대한 명확한 기대를 보여주며, 다섯 개의 장면을 통해 진행되는 대본으로 고용면접을 묘사한다. 면접을 진행하는 은행별로 다소의 차이는 있으나, 이 표는 면접관이 기초자료로 계속 활용하고 있다.

장 면	면접관 스크립트
1. 접촉 전 활동들	• 이력서를 재검토하라 • 면접지침을 재검토하라 • 질문들을 메모해 두어라 • 세팅(Setting)을 준비하라
2. 인사와 친근감 조성	• 악수하라 • 지원자를 참석시켜라 • 적당하고 가벼운 대화로 지원자를 편안하게 하라
3. 직무와 관련된 문제질문	• 교육적 배경에 대해 질문하라 • 작업경력에 관련된 세부사항을 조사하라 • 특별한 기능과 능력에 관해 토의하라
4. 지원자의 질문에 대한 대답	• 지원자의 작업에 대한 동기에 영향을 주라 • 지원자의 질문에 대답하고 조직의 실제 모습을 보여주라
5. 해제 (disengagement)	• 조직에 대해 긍정적인 인상을 창출하도록 노력하라 • 면접이 끝날 때가 되었다는 것을 보여주라 • 다음 단계가 어떠한 것인지를 시사하라 • 일어나서 악수하라 • 지원자들에게 나가는 길을 안내해 주라

전형적인 선발면접의 스크립트(SCRIPT)

2) 면접관의 주의사항(훈련 측면)

선진 외국에서는 다년간의 면접 과정을 분석한 결과, 특정한 형태의 구조와 지침이 없는 경우 면접관들이 면접에서 다음과 같은 잠재적으로 해로운 전략을 채택할 수도 있기 때문에 각별히 주의해야 한다고 강조한다.

□ 부정적 정보에 대한 지나친 강조(Overemphasis on negative information)

□ 확증적 편견(Confirmatory biases)

□ 면접관의 고정관념(Interviewer stereotypes)

□ 직무정보를 고려하지 않는 것(Failure to consider job information)

□ 단서의 상이한 사용(Different use of cues)

□ 비언어적 단서들에 대한 부당한 의존(Undue reliance on non-verbal cues)

□ 대조효과(Contrast effect)

□ 직무와 무관한 주제 토론으로 시간을 낭비(Spending time discussing nonjob related issues)

□ 초반 면접에서 지원자에 관한 성급한 판단(Making snap judgments about applicants early in the interview)

3) 인터뷰를 위한 사전준비 체크리스트

□ 인터뷰 실시 때 준비사항
  - 지원서
  - 이력서
  - 적성검사
  - 증빙서류 (성적증명서 · 졸업증명서 등)

□ 인터뷰 질의서

□ 지원자 평가 방법과 이에 대한 규정 설명

□ 오리엔테이션 및 교육훈련 안내서

□ 합격 후 직책이 바로 주어질 경우 인사규정 · 계약 약정 배포

4) 인터뷰 절차

- 지원자 응시서류 제출
- 은행 소개
- 비디오 시청
- 포지션 설명
- 적성검사 결과 검토
- 인터뷰 실시
- 신입사원을 대상으로 오리엔테이션 실시 및 교육훈련 일정 공지
- 합격자에 한해 배경(Background) 재검토
- 마지막으로 합격자에 대한 서류 검토 후 미비시 추가 요청

4. FPC의 채용

1) 채용 단계

FPC 채용은, 먼저 지원자들을 대상으로 영업직에 적합한지 여부를 판단하는 적성검사를 실시하거나 필요한 자질에 따른 면 대 면 면접을 통해 1차적으로 대상자를 선별하고, FPC 자격인증 교육 I을 실시해 금융감독원의 보험설계사 자격시험에 응시토록 해야 한다.

만약 보험설계사 자격시험에 불합격할 경우에는, 우수한 자질의 소유자라도 보험 판매를 할 수 없으므로 탈락시켜야 한다.

그리고 보험설계사 자격시험에 합격한 사람에 한해 FPC 자격인증 교육 II · III 과정을 실시해 FPC로서의 자질을 다시 한번 검증한다. 교육과정 중 방카슈랑스 상품 판매의 기술에 대한 기초 교육을 실시한 후 익월 생명보험 협회에 등록하면서 채용을 완료해야 한다.

2) 채용 경로

(1) 보험업계 외부채용(비보험 인력 또는 은행직원)

유럽의 많은 회사들은 보험업계 외부로부터 FPC를 채용한다. 이는 현재 우리나라에서 영업 중인 외국 보험사들이 보험 경력자를 채용하지 않는 이유와 동일하다. 보험사 경력자들은 기존의 보험 영업에 대한 좋지 않은 인식이나 방법에 의해 타성에 젖거나 창의성이 떨어지는 경우가 발생할 수도 있다. 하지만 외부채용 인력의 경우에는 이 같은 때가 묻지 않았다고 할 수 있다.

회사가 올바른 인재를 채용할 수만 있다면 영업 전문가로도 육성할 수 있을 것이다. 하지만 이러한 외부채용은 시간이 오래 소요되고 교육에 따른 비용도 많이 소요된다는 단점을 가지고 있다. 그러나 방카슈어러가 정확하게 인재를 선택했다면, 회사로서는 장기적인 이익을 창출하게 될 것이다.

(2) 보험업계 내부채용(보험판매 경력 인력)

또다른 회사들은 보험판매 경력자만 채용하기도 한다. 보험업계 외부채용자를 새롭게 교육 훈련해야 하는 시간과 경비 등의 문제점들을 피하고 보험판매 경력사원의 잘 훈련된 기술과 전문성을 즉시 이용할 수 있기 때문이다.

이 채용 경로의 단점이라면 보험판매 경력사원이 가져올 불가피한 '낡은 인습'이다. 또다른 단점으로는 업계 내에서 판매사원 숫자가 줄어들어 뽑아도 좋을 만한 인력들이 더욱 줄어든다는 것이다.

(3) 이상적인 채용

일반적으로 보험판매 경력사원들은 더 나은 보수와 경력 관리에 유리한 회사로 자리를 옮기게 마련이다. 하지만 각 보험사의 설계사에 대한 보수 및 처우 개선과 영업지원 시스템의 개선, 그 동안의 보험 판매에 대해 적립된 제수당 등으로 우수한 영업사원들은 쉽게 자리를 옮기지 않을 것이다.

그러므로 보험업계 내부에서 경력자를 채용하려고 해도 그 대상자가 적을 뿐만 아니라 스스로 옮기고자 하는 경력자들은 자질의 문제가 있거나 소속 회사에 대해 불만 사항을 내포하고 있는 경우가 대부분이다. 따라서 앞에서 살펴본 FPC의 자질을 놓고 볼 때 채용을 하더라도 새로운 방카슈랑스의 조직, 특히 지점 내 마케팅의 조직에는 적합하지 않을 것이다.

결국 방카슈랑스의 경우에는 제휴 보험사에서 FPC를 선별해 최소한의 인원을 파견하는 형식의 인력 지원을 하거나 제휴하는 은행의 직원 또는 퇴직자 등 업계 외부채용을 통해 자체적인 교육으로 자질을 높이는 방법을 택하는 것이 현명할 것이다.

5. FPC 자격인증제

유럽의 경우 FPC의 자격 인정을 위한 재무설계 증명서(Financial Planning Certificate) 제도를 두고 있으며 이는 FPC1·FPC2·FPC3 등 3가지로 구분된다.

첫번째 FPC1 시험에서는 선다형의 시험들과 함께 재무서비스와 그 규정에 관한 테스트를 통과해야 한다. 두번째 FPC2는 기술적 지식에 중점을 두고 보장, 저축 투자에 관한 시험을 통과해야 한다. 이 문서는 복수선택 형식뿐만 아니라 오엑스 선택형이 포함된다. 마지막 FPC3은 지원자에게 사례연구 상황·사실·조사결과 등을 분석하도록 구성되어 있다.

서구의 경험치를 살펴보면 FPC1과 FPC2는 합격률이 좋지만(약 80%), 많은 판매사원들이 애를 먹는 것은 마지막 FPC3이다. 이 Sheet의 평균 합격률은 60%에 지나지 않는다.

우리나라의 경우 설계사 자격시험이 유럽의 FPC 자격 부여와 유사하다고 할 수 있다. 하지만 사실 설계사 자격시험은 보험 질서를 바로 잡기 위한 일환으로 치러진다. 따라서 기본적인 보험 관련 내용만을 테스트하기 때문에 여기서 말하는 유럽의 자격시험과는 질적으로 차이가 난다. 다만 각 보험사가 재무설계 또는 재정설계사라든가 과거 보험감독원 시절 시행하던 중급·고급 설계사 자격시험 등이 이 부분에서 어느 정도 유사하다고 할 수 있을 것이다.

그러나 이러한 차원을 떠나 방카슈랑스라는 독특한 상품을 판매하기 위해서는 금융 전반에 걸쳐 고객의 재정 설계를 할 수 있어야 한다. 따라서 방카슈랑스 별도의 차별화된 자격제도로서 정착되도록 하는 것이 바람직하다.

6. 오리엔테이션의 진행

오리엔테이션에서는 은행 내 각 지점에서 근무하게 되는 신입 FPC를 대상으로 관련 규정과 업무에 대한 지식, FPC로서의 근무자세와 관련된 대략적인 교육이 실시된다.

오리엔테이션은 신입 FPC 교육훈련 첫 날 약간의 시간(3시간)을 할애해 진행한다. 또한 교육이 시작되기 1~2일 전에는 관련 해당자에게 e-메일로 오리엔테이션에 참여하도록 통보한다.

방카슈랑스팀의 인력지원 담당, 교육지원 담당, 영업관리 담당자는 해당 업무별 주의사항을 주지시켜야 한다.

1) 오리엔테이션 핵심사항

오리엔테이션에서 신입 FPC에게 중점적으로 교육해야 할 사항은 다음과 같다.

- 인사말
- 회사의 비전과 임무에 대한 설명
- 지점 내 주요 지침사항
- 조직구성도 설명
- 은행 계약직 직원으로서의 자격

- 직원 성과보상 제도 설명
- 근무 규율 및 세일즈 생산성 가이드라인에 대한 자세한 설명
- 복장기준 및 징계절차 설명
- 근태관리의 중요성
- 제규정 해설

2) 오리엔테이션 진행 Flow

- 오리엔테이션 및 교육 실시 3~4일 전에 신입 FPC에게 통보
- 교육이 실시되기 3~4일 전에 e-메일로 해당 관계자들이 오리엔테이션에 참여할 수 있도록 통보, 해당 관계자는 방카슈랑스 팀장 및 각 담당자, 영업관리부·인사부·교육부 담당자 등이다. e-메일 내용에는 신입 FPC 교육 프로그램명, 시간, 주최 담당부서명 포함
- 신입 FPC들이 오리엔테이션 및 교육훈련에 참여하지 못하는 사유가 합당할 경우 이들이 다음 교육훈련 스케줄에 투입될 수 있도록 일정을 조정한다. 만약 불참 사유를 밝히지 않았을 경우 탈락 절차를 밟는다.
- 신입 FPC 오리엔테이션 실시
- 대상자에게 구비서류 안내
- 오리엔테이션 자료 배포 및 각종 양식 작성
  - 회사 기밀유지 등 근무서약서
  - 근태관리 준수 동의서
  - 재정보증 동의서

□ 오리엔테이션 자료에 대한 설명

□ FPC 관리자들이 교육훈련 중에 주의할 사항 지시

□ 신입 FPC가 작성한 제반 서류 회수

□ 오리엔테이션 종료

3) 오리엔테이션 후속 업무 Flow

□ 신입 FPC가 작성한 문서를 회수해 해당부서 및 담당자에게
  배포

□ 오리엔테이션 참가자 명단 확인

□ 참가자 명단을 관련부서에 e-메일 전송

□ 근무관련 동의서 해당부서 송부

□ 인사관련 서류는 방카슈랑스팀 인력지원 담당이 편철 보관

④ 고용유지 전략

　조직을 관리하는 많은 사람들은 종종 이직을 '돈이 유출되는 것'으로 간주하고 있다. 어느 조직이든지 항상 모든 인원을 유지(Retention)하려고는 하지 않는다. 원가절감을 위해 하는 수 없이 종업원들을 해고(Dismiss)해야 한다고 하는 기업들이 많다.

　특히 은행의 방카슈랑스 판매조직 중 FPC의 고용유지 전략은 어느 조직보다 차별화되어야 한다. 이는 각 지점별로 1~3명밖에 되지 않는 FPC의 탈락은 경제적으로 막대한 손실일 뿐만 아니라 업무의 정체성을 발생시킬 우려도 있다. 따라서 퇴직자 관리의 중요성이 대두된다.

　이 장에서는 FPC의 효과적인 관리를 위한 제반관리규정을 정리하고 최대의 생산성 제고를 위한 성과분석에 대해 소개한다. 또한 고객응대에 미흡한 직원을 어떻게 코칭하고 동기부여를 해야 하는지 등에 대해 살펴보고자 한다.

1. FPC 관리규정

제1장 총칙

제1조(목 적)

이 규정은 방카슈랑스 상품을 전문으로 판매하는 FPC에 대한 위촉 · 근무규정 · 복장 · 해촉 및 기타 관련사항에 대한 기본규정을 정함을 그 목적으로 한다.

제2조(적용 범위)

이 규정은 당 은행의 지점 내에서 근무하는 FPC에 한해 적용한다.

제3조(등급)

당 은행의 사규나 별도의 영업관련 제규정에 따른다.

제2장 위촉

제1조(위촉 자격)

FPC의 위촉은 고졸 이상의 학력자로서 당사의 선발 규정에 맞는 대인면접, 기본교육 과정을 이수한 후 소정기간의 인턴 과정을 이수한 자로 상담업무를 성실하고 효율적으로 수행할 수 있는 자를 그 대상으로 한다.

제2조(위촉 방법)

위촉 방법에 관한 사항은 소속장이나 담당자가 정한 바에 따른다.

제3조(등급 책정)

당 은행의 사규나 별도의 영업관련 제규정에 따른다.

제3장 근무규정

제1조(근무 이념)

당 은행의 사규 및 영업관련 제규정에 따른다.

제 2조 (근무 규율)

FPC는 업무 수행시 다음 사항을 엄수해야 한다.

1. 당 은행의 경영이념 구현과 회사의 목적 달성에 적극 협조한다.

2. 사규 및 기타 단체 활동에 필요한 질서와 규율을 엄수한다.

3. 자신의 직무에 책임을 지고 필요한 지식 습득에 힘쓴다.

4. 회사의 신용과 명예를 손상시키는 언동은 삼가한다.

5. 업무상 기밀과 회사의 기밀이 누설되지 않도록 한다.

6. 회사의 허가 없이 업무시간에 다른 일을 겸하지 않는다.

7. 회사의 허가 없이 근무시간에 집회 및 업무와 관계가 없는 일
   을 하지 않는다.

8. 상사의 허락 없이 직장을 함부로 이탈하지 않는다.

9. 개인적인 용도로 회사의 명칭 또는 물품을 사용하지 않는다.

10. 회사의 관계 있는 자로부터 사례 또는 증여를 받지 않는다.

11. 회사의 제반 안전 보전에 적극 협조한다.

12. 기타 본 규정 및 상사의 지시에 반(反)하는 행위를 하지 않는다.

13. 항상 단정한 복장을 유지하며 근무시간 중에는 타인의 업무
에 방해가 되는 행동을 하지 않는다.

14. 상사의 허락 없이 회사부품(컴퓨터, 전화기)을 이동, 교체하지
않는다.

제3조(신상 이동의 보고)

FPC는 주거의 이동 등 기타 신상 변동이 있는 경우에는 이를 지
체없이 회사에 통보해야 한다.

제4조(출근)

FPC는 업무 시작 10분 전까지 출근, 조회에 참석해야 한다.

제5조(근무시간)

근무 시간은 정해진 스케줄이나 규정에 따른다.

자의에 의한 스케줄 변동은 원칙적으로 불허하며, 부득이한 이유
로 변동을 해야 하는 경우에는 담당자의 사전 결제를 받도록 한
다.

제6조(교대근무)

회사는 필요한 경우 교대근무를 실시할 수 있으며, 필요한 사항은
별도로 지정한다.

제7조(오버타임/ 초과근무)

근무시간 이외의 본인의 업무로 연장 근무를 할 경우 실적은 인정하나, 초과근무로는 인정하지 않는다.

제8조(결근)

결근하고자 할 경우에는 소속장에게 정해진 양식에 따라 결근 사유에 대한 사전 승인을 얻어야 한다. 단, 불가피한 사유로 인해 사전에 소속장의 승인을 얻을 수 없는 경우에는 사후에 지체없이 승인을 얻어야 한다.

제9조 (지각 · 조퇴)

1. 근무 시작시간보다 지각한 경우에는 그 사유를 당일 소속장에게 보고해야 한다.
2. 부득이한 경우로 결근 또는 지각시에는 사전에 반드시 담당 Lead Coordinator 또는 Sales Manager에게 알려야 한다.
3. 지각처리시에는 1년 단위로 등급 평가에 적용하며, 별도의 규정에 따라 처리한다.

【지각 · 조퇴에 대한 처리규정】

위반 사항	징계 조치	비 고
지각 및 조퇴 3회	결근 1회	단, 관리자가 인정할 수 있는 사항에 한해 정상을 참작하며 매 전월에 대한 사항은 소급 적용하지 않는다
지각 및 조퇴 5회	구두경고	
지각 및 조퇴 7회	서면경고	
지각 및 조퇴 7회 이상	해 촉	

제10조(중식 및 휴식시간)

지점 내 FPC의 정규 근무시간은 평일 8시간을 기준으로 한다. 중식 시간은 60분을 갖는다. 휴식시간은 오전, 오후 10분씩 갖는다. 중식시간 및 휴식시간에 대한 위반시에는 상급 관리자로부터 제재를 받는다.

제11조(휴일 · 병가 · 휴가의 사용)

당 은행의 사규나 영업관련 제규정에 따른다.

제12조(시상 정책)

업무 성실도, 능률성 및 조직 전체에 대한 공헌도에 따라 다음의 시상 규정을 둔다.

※ 이 달의 FPC상

이 상은 FPC 중 각 조장이나 TF의 추천을 받은 자를 대상으로 다음의 각 항목별로 평가한 후 매달 최고의 성적을 기록한 FPC 에게 주어지는 상이다.

항목	가중치	비고
서비스 품질	00%	고객응대 수준
생산성	00%	영업실적
근태	00%	출근율

*평가는 각 Sales Manager, 방카슈랑스 팀장이 담당하며 매달, 첫째 주 월요일 전체 회의 때 시상한다.

제13조(규정 위반시 징계 절차)

①항 : 구두경고

FPC로서의 업무를 수행하는 데 있어서 부적절하다고 판단이 되는 경우 구두경고를 한다.

②항 : 서면경고

근태 불량자에 대한 두번째 징계절차는 서면경고를 원칙으로 한다.

③항 : 권고 퇴사(Decision Making to Leave)

근태 불량자에 대한 마지막 징계 절차다. 이 항에 해당하는 사원에게는 하루의 유급휴가를 주고 회사의 근무규정에 따를 수 있는가에 관한 의사결정을 해볼 시간을 준다. 만약 문제 사원의 근태에 개선점이 발견되지 않을 때는 자진 퇴사하도록 권고한다.

– ③항에 근거해 징계에 따른 개선점이 발견되지 않을시 해고할 수 있다.

제14조(해지 : Deactivation)

①항

징계 해지규정이 정해진 날로부터 징계 사원의 이름 및 기타 사항을 인사 서류로부터 해제한다.

②항

징계에 대한 철회 기간은 다음과 같다.

징 계 (Disciplinary Action)	징계 해지 기간 (Deactivates After)
A) 구두경고	9개월 후 해지
B) 서면경고	12개월 후
C) DML (Decision Making to Leave)	18개월 후

③항

인력지원 담당자는 징계 해지일로부터 약 2주 전 담당 Sales Manager에게 통보함을 원칙으로 한다.

④항

징계 해지일에 Sales Manager는 FPC에게 본인의 징계 해지서류 복사본을 전달한다.

제4장 근무규정

이는 고객에 대한 최고의 서비스를 제공하기 위한 당 은행의 전문 FPC다운 복장을 엄수토록 하기 위한 규정이다. 다음에 근거해 FPC는 복장규정을 준수해야 하며, 만약 이를 어길 시에는 적절한 징계 절차가 따를 것이다.

■월 ~ 금요일

• 남자 직원 : 정장 착용을 원칙으로 하며, 하절기에는 반팔 셔츠 착용이 가능하다.

• 여자 직원 : 스타킹(양말)의 착용을 원칙으로 하며, 신발의 경

우 앞이 막힌 것이어야 한다. 스커트와 원피스는 비즈니스적
인 복장이어야 한다.

■토 ~ 일요일

- 청바지 · 면바지 · 스니커 · 폴로 셔츠 등을 허용한다.
- 운동화 · 티셔츠 등 근무 환경에 크게 물의를 일으키지 않는
  적당한 복장을 허용한다.
  *모자, 반바지, 미니 스커트, 소매 없는 셔츠, 티셔츠, 찢어진
   옷이나 타이트한 레깅스, 비치는 옷, 배꼽 티, 샌들은 절대
   로 금한다.

◈ 규정 위반시 처리 규정 : Policy Enforcement
  직원이 위와 같은 복장 규정을 어겼을 때에는,
  - 1차 위반의 경우 : 구두경고를 한다.
  - 2차 위반의 경우 : 집으로 귀가할 것을 권고한다.
  - 복귀가 어려울 경우 : 다음날 정상 출근하도록 한다.

제5장 해촉

제1조(해촉)

FPC가 아래 사항에 해당되는 경우에는 그 사실이 발생한 날 또는
그 사실을 확인한 날로 해촉된다.

1. 사직원을 제출했을 때
2. 민 · 형사상의 범죄 행위 및 금전 사고를 발생시켰을 때(단, 비

위 사실에 관련되어 조사할 필요가 있는 경우에는 보류할 수
있다)

3. 사망 또는 실종 신고를 받았을 때

4. 제2장 제1조에 의거한 위촉 자격에 결격 사유가 발생 또는 발
견될 때

5. FPC로서의 업무 수행이 어렵다고 판단되는 정년에 달했을 때

제2조(해촉 사유)

FPC가 아래 사항에 해당되는 경우에는 본인 의사와 관계없이 해
촉할 수 있다.

1. 출퇴근이 불량하거나 FPC로서의 자질이 현저히 부족하다고 판
단되는 경우

2. 지점 내의 분위기를 해치거나 선동하는 경우

3. 타인의 실적을 자기 실적으로 이전시키거나 실적을 고의로 조
작하는 등 근무 질서를 해롭게 하는 경우

4. 회사가 정한 보수 규정 및 제반 규정에 이의를 갖고 불만을 제
기하는 경우

5. 근무의 불성실, 태만, 빈번한 결근 등으로 경고 및 징계 조치를
받고도 개선의 여지가 없다고 판단이 되는 경우

6. 지점 내의 고객정보 및 업무상 기밀을 외부로 누설하는 경우

7. 월 3회 이상 무단 결근자

제3조 (정년)

영업관련 제규정이나 사규에 따른다.

제6장 기타 관련 사항

제1조(개인 통화 및 휴대전화 사용 지침)

지점 내에서의 개인통화는 가능한 한 불허하며, 업무시간 중 휴대전화의 사용은 되도록 자제하며, 타인의 업무에 방해가 되지 않도록 한다.

제2조(기밀유지 및 보안규정)

기밀서류란 회사 정책에 관한 정보, 일반 매뉴얼, 교육 자료 등의 구두 정보, 문서 양식, 샘플 또는 테이터 등을 말한다.
근무 중 고의 또는 임의로 고객 및 회사의 정보를 외부로 유출하거나 복제·변조했을 경우, 이에 따른 업무상의 손실은 물론 민·형사상의 책임을 진다. 모든 정보의 기밀 여부는 회사가 결정하며, 이에 대한 문의는 담당 Sales Manager에게 할 수 있다.

제3조(급여)

급여는 FPC 영업관련 제규정이나 기타 규정에 따른다.

제4조(복리후생)

당 은행 내 FPC 관련 제규정과 관련 법규에 따른다.

제7장 지점 내 준수사항

당 은행은 언제나 최상의 서비스를 제공한다.

고객은 지점 내 직원으로부터 인격적 대우와 성실하고 전문적인 서비스를 기대한다. 고객이 기대하는 수준의 서비스를 제공할 때 당 은행은 존속할 수 있다. 따라서 회사의 업무와 단체 생활의 질서를 유지하기 위해 다음과 같이 규정을 준수한다.

지점 본연의 임무인 고객관리 업무에 충실하며, 업무에 방해가 되는 다음의 사항들에 대해서는 관리자급에게 각 업무상의 손실의 중과에 따른 제재를 받을 수 있다.

【해당 사항】

- 속어를 사용하는 직원
- 도벽이 있는 자 · 신뢰성이 없는 자
- Sales Manager의 승인 없이 근무지를 이탈하는 자
- 사규 · 정책에 순응하지 않는 자
- Sales Manager의 지시사항에 불복종하는 자
- 동료 직원에게 폭력을 행사하는 자
- 약물 또는 알코올 중독인자
- 약물 복용 또는 음주 상태로 작업에 임하는 자
- 회사의 기밀정보를 외부인에게 유출하는 자
- 의도적으로 작업에 오류를 만들거나 자신이 맡은 일에 책임을 소홀히 하는 자
- 고의로 작업을 방해하거나 생산성을 저해하는 자
- 근무시간에 잠을 자는 자
- 빈번한 지각 및 결근을 하는 자
- 결근 보고를 하지 않는 자

- 회사 재산을 횡령하는 자
- 고객 리스트와 기타 고객정보를 외부로 유출하는 자
- 회사 거래 정보를 사적으로 이용하는 자
- 타인의 실적을 자신의 실적처럼 변조하는 자
- 자신의 실적을 변조하는 자
- 고객에게 불손하게 대하거나 논쟁을 벌이는 자
- 고객을 인격적으로 대우하지 못하는 자
- 고객에게 사적인 질문을 하는 자
- 목표를 달성하지 못하는 자
- 본연의 업무에 불충실하고 지점 내에서 개인적인 전화를 자주 사용하는 자

2 성과 분석

성과 평가는 직원들에게 독립성과 훌륭한 업무를 하려는 동기를 저하시키지 않으면서, 그들을 향상시킬 필요가 있는 피드백(성과에 관한 정보)을 제공하는 것이다.

최근의 연구를 통해 여러 직업에서 높은 업무 수행자와 평균 업무 수행자 간의 성과 차이 비율이 산출되었다. 일상적인 블루칼라 작업자의 경우 높은 업무 수행자는 평균 업무수행자보다 15% 이상 성과를 냈다.

일상적인 사무직 근로자의 경우에는 17%, 기능직은 25%, 전문직에서는 46%, 비보험 판매직의 경우에는 42%, 그리고 보험판매직의

경우에는 97%나 더 높은 성과를 나타냈다. 이는 업무를 가장 잘 수행하는 보험 판매원이 일반 판매원들보다 거의 두 배나 높은 성과를 나타낸다는 것을 의미한다. 이처럼 은행의 보험상품을 판매하는 FPC도 두 배 이상의 차이를 나타낼 것으로 예견된다. 따라서 적절한 성과 평가는 FPC에게 강력한 자극제가 될 것이다.

1) 단기간의 성과관리

FPC의 성과를 향상시키기 위해서는 자질 있는 인력을 선발하고, 체계적인 교육을 통해 육성하는 것이 필수적이다. 또한 성과기준과 측정방법을 마련해 목표를 달성한 조직에 대해서는 보상과 성과를 제공하고, 미달성한 조직에게는 훈련과 코칭을 통해 성과를 높일 수 있다. 다음 그림을 통해 단기간의 성과측정 체계를 살펴볼 수 있다.

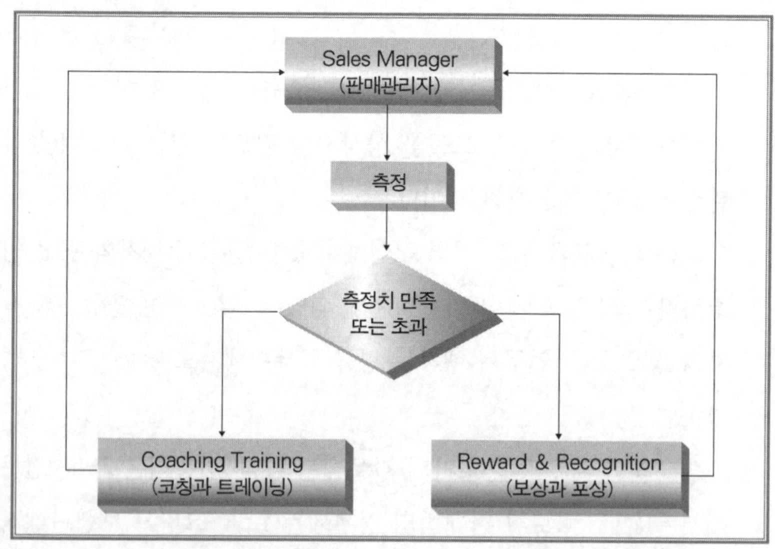

2) 장기간의 성과관리

단기간의 성과관리는 그 기간 내에 발생한 결과에 대해 보상이나 코칭을 통해 개선시키는 효과를 가져온다. 그러나 장기간의 성과관리는 개인의 장래와 직결되는 결과를 가져오기 때문에 단계별 성과관리에 만전을 기해야 한다.

즉 FPC별 성과는 서두에서도 검토했듯이, 뛰어난 FPC와 그렇지 못한 FPC와의 차이가 두 배 이상 나기 때문에 장기간의 성과관리에서는 개인별로 현격한 차이가 나타난다.

우수한 FPC는 승진 등의 보상을 받는 반면, 부진한 FPC는 탈락의 고배를 마실 수도 있다.

다음 그림은 장기간의 성과측정 체계다.

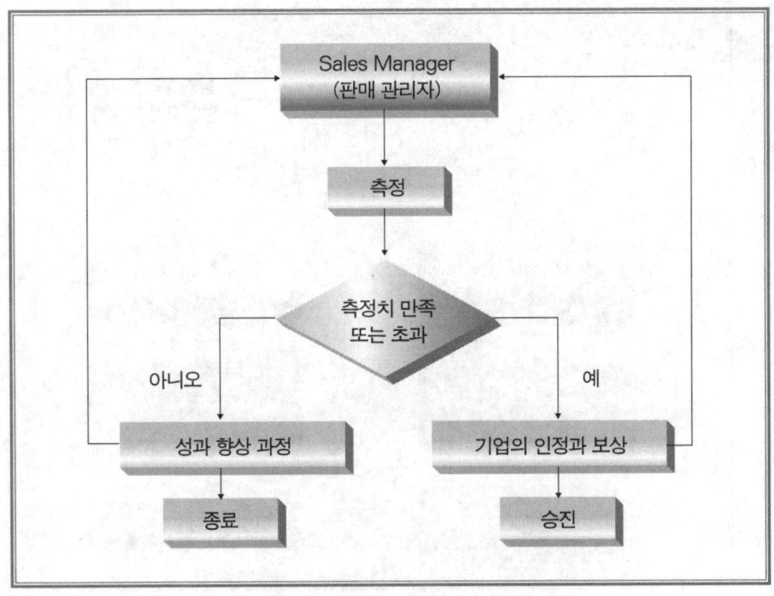

3. 코칭(Coaching)

코칭은 부진한 조직이나 침체되어 있는 조직에게 새로운 활력소를 불어넣을 수 있는 좋은 기회다. 또한 새로운 변화를 모색하는 데 아주 중요한 역할을 한다. 전체 지점에 흩어져 있는 FPC들을 효과적으로 코칭하기 위해서는 지점 내에서의 Sales Manager와 Lead Coordinator의 훌륭한 코칭 능력이 필요하며, 이에 따라 생산성에서 많은 차이를 나타낼 것으로 보인다.

1) 코칭 진행 모델

Sales Manager는 FPC 및 Introducer의 각 업무 분야별 목표를 재

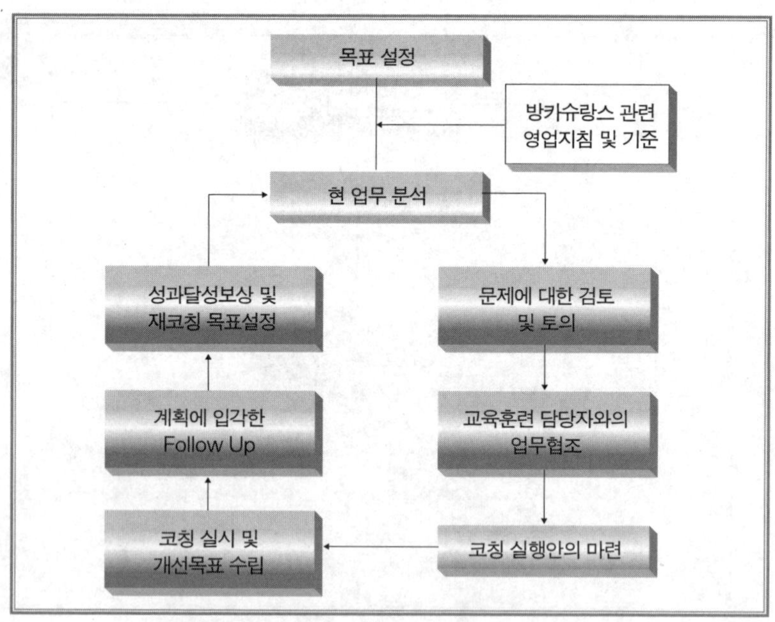

설정하고 체계적인 코칭 계획에 의거 실시해야 한다.

【코칭의 중요성】

☞최대 생산성 효과, 고객감동 구현, 전직원 만족

2) 코칭 사전 체크포인트

- FPC · Introducer는 현재 업무가 문제되고 있다는 사실을 알고 있는가?
- 만약 그들이 의무사항대로 이행하고 있지 않다면, 그것이 문제의 소지가 된다는 것을 알고 있는가?
- 그들의 업무가 제대로 진행되고 있지 않다는 사실을 알고 있는가?
- FPC · Introducer에게 지켜야 할 수칙과 업무를 성공적으로 이행하려면 어떻게 해야 하는지를 자세히 알려주었는가?
- FPC · Introducer가 무엇을 어떻게 해야 하는지 알고 있는가?
- 업무에 대해서 자세히 알려주었으며, FPC · Introducer가 그것을 완전히 이해했다고 확신하는가?
- FPC · Introducer가 현재 무시되고 있는 것은 아닌가(그들의 현재 업무가 무엇이 잘못되었다고 말해 준 것이 당신이 처음은 아닌지 등), 또는 그들이 현재 의욕을 상실하고 있는 것은 아닌가?

3) 성공적 코칭의 7단계

【1단계】

친밀감 구축

지도 수칙	지도를 위한 용어들

• 감정 추스르기
• 인사 나누기
• 편안한 분위기 마련
• 안락한 자세
• 미소
• 정중하고 따뜻하며 자연스러운 용어 사용
• 친밀감을 표현하는 행동
• 용기를 북돋아주는 언어 사용
• 지도를 위한 용어들
	• 인사말
	  − 어떻게 지내세요?
	  − 요즘 어떠세요?
	• 각 자에게 적합한 칭찬
	• 질문
	  − 요즘 일하시기 어떠세요?
	  − 오늘 기분이 어떠세요?
	• 직원의 현재 기분을 파악할 것

【2단계】

회의 · 토의의 목적 명시

지도 수칙	지도를 위한 용어들

• 즉흥적이며 부정적인 언어는 삼갈 것
• 간결하고 명료한 언어 사용, 장점 및 발전의 여지를 나타낼 수 있는 도입부 이용
	• 목적을 나타낼 수 있는 도입부
	  − 이야기를 좀 했으면 하는데요.
	  − 이것들을 좀 같이 살펴볼까요.
	  − 이 점에 대해 잠깐 동안 이야기를 해 봅시다.
	  − 이야기할 시간을 좀 내실 수 있겠나요?
	• 긍정적인 말들
	  − 저는 …하게 되어 매우 기쁩니다.
	  − 당신은 …것들을 매우 잘 하고 있군요.
	  − 저는 언제나 당신의 …한 점을 믿고 있습니다.

【3단계】

장점 파악 및 개선점에 대한 동의 과정

지도 수칙	지도를 위한 용어들
• 직원 스스로가 자신의 화법에 대해서 어떻게 생각하는지를 물어볼 것 • 조급해하지 말 것 • 유도 심문을 통한 발견 • 대화의 흐름이 당신이 의도한 대로 진행되지 않았을 때는 직접적으로 당신이 이야기하고자 하는 것의 요점을 말해 줄 것	• 지도를 위한 말들 　- 당신의 화법이 어떻다고 생각하시는지 알고 싶군요. 　- 만약 당신의 업무 내용 중 고쳐야 할 것이 한 가지 있다면, 그것이 무엇이라고 생각하십니까? 　- 이런 점에 관해 생각해 보신 적이 있나요? • 상세한 내용을 지도할 때 　- 매우 잘 하시는군요. 제 생각에는 말이죠… 　- 당신의 의견은 매우 훌륭하군요. 제 생각에는 이런 것들도 중요할 것 같은데요…

【4단계】

직원과 함께 해결책 마련

지도 수칙	지도를 위한 용어들
• 올바른 행동에 대해 직원들에게 물어볼 것	• 결론 유추를 위한 도입부 　- 다른 가능성들이 없는지 살펴보는 것은 어떨까요? 　- 올바른 업무를 하기 위해서는 어떻게 해야 한다고 생각하시나요? • 질문 사항 　- 당신이 사용할 수 있는 다른 기술이나 말들이 무엇이라고 생각하시나요? 　- 이런 점들을 어떻게 생각하시나요?

【5단계】

발전방안에 대한 요약 정리 및 이해도 체크

지도 수칙	지도를 위한 용어들
• 코칭의 요점에 대한 질문 및 이해도 확인, 그리고 발전의 가능성에 대한 동의 획득	• 요점 파악을 위한 말들 　– 지금까지의 진행 사항을 살펴봅시다. • 질문 사항 　– 우리가 지금까지 이야기한 것 중 가장 중요한 것이 무엇이라고 생각하시나요? 　– 이러한 방법을 사용하면 고객들에게 어떤 면에서 도움이 될 것이라고 생각하시나요? 　– 궁금하신 점 없으십니까?

【6단계】

직원의 의견에 대한 답변 및 건의

지도 수칙	지도를 위한 용어들
• 올바른 행동이 그들의 업무 향상에 얼마나 많은 도움이 되는지 상기시킬 것 • 설득을 시키기 위한 선택권 부여 • 고객들이 받을 수 있는 이점을 요약 정리	• 칭찬을 위한 말들 　– 매우 훌륭한 해결책을 가지고 계시는군요. 　– 그 생각, 정말 마음에 드는걸요. 　– 당신이 잘 해낼 줄 믿었어요. 　– 멋진 생각이에요. • 건의를 위한 말들 　– 이렇게 해볼 수도 있겠죠. 　– 제가 한 가지 의견을 말해도 될까요? 　– 이런 방법도 있을 것 같아요. 　– 이런 점도 고려해 보세요. 　– 다른 직원들에게 제안을 해보세요.

【7단계】

신뢰감 및 후원의 의지 표현으로 회의 마침

지도 수칙	지도를 위한 용어들
• 재차 용기를 북돋아줌 • 올바른 행동을 지속할 수 있도록 유도함	• 긍적적인 끝맺음을 위한 말 – 우리가 이렇게 이야기할 기회를 가져서 정말 기쁩니다. 당신은 어떤가요? – 당신의 힘을 언제나 믿고 있습니다. – …하게 해주신 것에 대해 정말 감사드립니다. – 당신을 진심으로 믿어요. – 계속 잘 할 수 있겠죠?

Follow Up

지도 수칙	지도를 위한 용어들
• 변화에 대한 감사의 표현 • 변화의 여부가 없다면, 고려해야 하는 다른 사항이 있을 것임. 그것을 파악하고 다시 지도를 할 것	• 긍정적인 효과를 지속시키는 말 – 잘 해낼 줄 알았어요. – 당신이 해냈군요! – 정말 잘 하고 있어요! – 정말 마음에 들어요! – 멋진데요! – 잘 했어요! – 정말 마음에 들어요! – 잘 됐군요!

4. 업무 동기부여제도

동기부여는 조직원 모두에게 많은 이익을 안겨줄 수 있는 진정
한 기회다. 동기부여를 위해서는 목표나 업무에 대한 사전 공감대
형성, 풍부한 상상력, 그리고 상대에 대한 깊은 이해가 기본적으로
요구된다. 이는 신뢰감 있는 소수의 매니저에게는 자연스런 자질
이지만, 대부분의 매니저에게는 상당히 어려운 주제이며 미스터리
인 것이다. 사람들은 자선행위나 다른 이를 돌보는 일보다, 자신이
하고자 하는 일에서 성공하기 위해 더 많은 시간을 투자한다. 사람
들의 이러한 성향은 동기부여와도 밀접한 연관성을 갖고 있다. 그
렇다면 이제 동기부여를 위해 어떤 원리들이 적용되는지 살펴보도
록 하겠다.

1) 동기부여의 5가지 원리

(1) 동기부여는 구체적이며 창의적이어야 한다

동기부여는 무엇을 하느냐에 따른 것이 아니라, 어떻게 하는가에
달린 것이다. FPC에게 감사하다는 뜻으로 직원에게 바나나를 전해
주는 한 매니저가 있다고 가정해 보자. 감사의 마음을 바나나라는
작은 선물로 구체화한 그는 자발적이고 진정한 동기부여를 갖춘 것
이 틀림없으나, 그러한 매니저의 행동을 따라하는 다른 매니저는 남
의 행동을 모방하는 사람에 지나지 않는다.

(2) 다양한 동기부여의 방법들을 개발해야 한다

모든 FPC에게 동일한 동기부여 방법을 가져간다거나, 어떠한 상황에서도 변함없는 하나의 동기부여 방책을 고수한다면, 그 동기부여에 대한 효과는 오히려 계속 떨어지게 될 것이다. 따라서 매니저는 항상 여러 가지 동기부여 방법과 종류를 개발하기 위해 지속적으로 고민해야 한다.

(3) 자발적인 동기부여는 외부에서 오는 어떠한 동기부여보다 강력하다

가장 강력한 동기부여 요소가 되는 것은 그들이 하는 일이 매우 중요하다고 스스로 믿는 것이다. 대부분의 사람들은 자신이 중요하다고 생각하는 것에 자신의 모든 노력을 기울이는 습관이 있기 때문이다. 사람들은 자신이 어떤 일을 수행하고 난 뒤, 스스로 노력한 부분과 그 과정이 지난 후 보여지는 결과 사이에 밀접한 관계가 있다고 느낄 때 동기를 부여받는다. 결과에 대해 매니저로부터의 직접적인 피드백이 병행될 때 그 효과는 배가 될 수 있다.

(4) 자발적인 동기부여 후에는 반드시 결과를 인정해 주는 피드백이 있어야 한다

스스로에게서 나오는 동기부여 후에는 타인으로부터 인정받는 것이 두번째로 가장 많은 사람들에게 동기를 부여한다. 흔히들 가장 강력할 것이라고 생각하는 급여 또한 정작 그 중요도 순위는 생각보다 낮게 나타난다. 이는 타인으로부터 인정받는 부분과 금전적인 부분이 복잡한 연결고리를 갖고 있지만 매니저가 FPC들의 자발적 동기부여에 대해서 진정한 가치를 부여해 주는 것이 매우 중요하다는 것을 의미한다.

(5) FPC의 동기부여를 상실시키지 않기 위해 노력해야 한다

  FPC가 우리 조직에 근무하기 위해 왔다는 것은, 그들이 이미 어느정도 동기부여가 되어 있는 상태임을 의미한다. 그렇기 때문에 매니저는 FPC가 갖고 있는 동기부여를 훼손시키지 않도록 노력해야 한다.

2) 영업조직의 욕구 저해 요인

(1) 관리부문

- 훈련의 부족
- 상품지식의 부족
- 강화교육 부재
- 관리감독의 부재

(2) 환경부문

- 승진기회 결여
- 저임금
- 열악한 근무환경
- 경영자의 인식부족

(3) 업무부문

- 고객의 거절
- 실적 저조에 의한 좌절
- 업무의 단조로움
- 권태

3) 동기부여 방법

- 개별 면담 및 집중지도
- 도전의 기회 부여
- 보상책 강구
- 달성 가능한 목표 설정
- 다양한 프로모션

4) 세부적인 동기부여 전략

- 매월 인센티브 예산 책정
- 방카슈랑스 조직의 주요 성과지표 향상을 위한 인센티브 제시
  - 출결
  - 생산성
  - 고객응대
- 창조적인 업무 적용
- 경쟁 유도
  - 개인별
  - 지점별
  - 수상자별
- 성과와 예상 수익 측정
  - 추가 인력의 선발
  - 채용 · 훈련 비용 절감

5. 퇴직자 관리 및 해고

지점 내에서 근무하는 FPC의 퇴직자 관리는 소수의 인원이기 때문에 업무의 연속성 측면에서 매우 중요하다. 갑작스런 결근으로 업무 공백이 발생하면 대체 인력의 대비도 필요하지만, 퇴직의 경우 갑작스런 사직서 제출은 업무 마비의 상황을 불러올 수도 있다. 그렇기 때문에 퇴직의사가 있는 직원은 미리 1개월 전부터 사직 의사를 분명히 밝힘으로써 인력담당자가 미리 이에 대비하도록 관련 규정에 명시해야 한다.

1) 퇴직 절차

- 본인 스스로 퇴직을 결정한 자는 1개월 전에 관리자에게 퇴직 의사를 밝혀야 한다.
- 퇴직 신청자에게 회사 소정의 양식인 사직서를 작성하도록 한다. 해당 내용으로 퇴직사유 · 퇴직일자 · 근무부서 · 성명 · 서명이 들어가도록 한다.
- 퇴직 절차가 끝나는 최종일에 출입증을 반납한다.
- 퇴직 절차가 모두 끝났을 경우 잔여급여를 송금하도록 한다.
- 퇴직자 보고서에 퇴직사항 기재, 매주 퇴직자 리포트를 집계한다.
- 퇴직자를 대상으로 면 대 면 또는 우편으로 퇴직자 인터뷰를 실시한다.

【체크 양식】
✓ 퇴직자 업무일지
✓ 퇴직자 면담서
✓ 퇴직자 평가서

2) 해고 절차

- 해고 절차는 다음의 두 가지 범주에서 진행된다.
  - 업무 태만과 규정 위반
- 해당 인력이 생산성 및 기타 업무 규정위반으로 인해 해고된 경우에는 해고사유 문서를 검토한다.
- 인사부서의 담당자 자문을 요청한다.
- 해당 직원에게 전화로 결근 사유 확인
- 해고 사유 설명
- 결근 사유에 대한 응답을 4일 이내에 회사에 하도록 음성 메시지를 남긴다
- 해고 서류 송부
- 해당 직원의 전화로 해고 사유 통보
- 해당 인력을 바로 귀가시킬 것인지, 업무 종료 후 귀가시킬 것인지 관리자와 결정
- 해당 인력과 해고 근거서류 검토
- 해고
- 근거서류에 동의하지 않는 경우 해고 보류
- 담당부서 통보

• 퇴직보고서에 해고사항 기재

【체크 양식】

✓ 해고서류

✓ 퇴직자 리포트

5 지점 내 판매인력 교육훈련

  방카슈랑스를 성공적으로 운영하기 위해서는 해당 조직원들의 직무역할에 대한 이해 및 방카슈랑스 상품 판매능력 배양이 우선임은 두말 할 나위없다. 기존 은행 직원들의 보험에 대한 무지와 인식 부족 및 잘못된 편견으로 인해 방카슈랑스 상품의 중요도를 낮게 취급하거나 평상시 행하던 손쉬운 은행 업무만을 찾아서 한다면 좋은 결과를 기대하기 어렵다.

  그러므로 교육훈련에서는 이러한 문화의 차이를 과목부터 상담 및 소개 등 전문 판매능력 향상 과목까지 실로 다양하고 짜임새 있게 계획이 수립되어야 할 것이다.

1. 교육훈련 과정

❑ 교육체계도

과 정	입문과정			육성단계	보수단계	능력향상 단계	
					경력보수		금융전문
				육성과정	신인보수	재무설계	
			FPC III				
		FPC II					
	FPC I						
교육대상	시험 전	합격 후	등록 후	2차월	부진자	4차월	7차월↑
교육목표	자격시험 준비교육	상품지식 판매기법		전문판매 능력습득	부진부분 재교육	전문 보험지식	전문 금융지식

2. 교육훈련 과정별 과목

1) FPC 자격 인증과정(1)

❑ 교육대상

- FPC 지원자로서 보험설계사 자격증 미소지자

(생명보험의 경우)

교육 내용	교육 기간
생명보험과 보험설계사	
생명보험 구성원리와 기초 이론	
보험 계약과 보험 약관	5일 × 4H
보험 관련법규 및 세제	총 20H
생명보험 모집실무	
일반 상식	

2) FPC 자격 인증과정(2)

❑ 교육대상

- FPC 지원자로서 보험설계사 합격자로서 등록 전인 자

(생명보험의 경우)

교육 내용	교육 기간
방카슈랑스와 생명보험	
직장인의 예절	
판매 상품 교육	
가망고객 발굴 및 관리	20일 × 3H
단계별 판매 기법 및 POS Systems 설계 판매	총 60H
판매 화법 및 반론 극복법	
영업 제규정	

3) FPC 자격 인증과정(3)

❑ 교육대상

- FPC 지원자로서 보험설계사 합격자로서 등록 후인 자

(생명보험의 경우)

교육 내용	교육 기간
POS Systems 활용법	
판촉 자료 활용법	
국민연급제도	4일 × 3H
판매 상담 기법	총 12H
고객 데이터베이스 활용기준	
협력자 관리	

4) 신입 FPC 육성 과정

□ 교육대상

• 신입 FPC 로 입사(등록 후) 2차월 해당자

(생명보험의 경우)

교육 내용	교육 기간
목표 관련 기법	
보험 관련 금융실무 지식	
보험 관련 세무지식	
고객상담 기법	5일 × 3H
Presentation 기법	총 15H
자산운용 이론	
인간 심리 분석	

5) FPC 재정 설계 과정

□ 교육대상

• 신입 FPC로 입사(등록 후) 4차월 해당자

(생명보험의 경우)

교육 내용	교육 기간
재정설계의 기본 지식	
세대별 재정 Consulting 기법	
재정 Consulting Sales 기법	10일 × 3H
금융권 상품 비교 및 분석	총 30H
증권 및 부동산 관련 전문 지식	
고객만족 상담 기법	

6) FPC 금융전문가 과정

❑ 교육대상

- 신입 FPC로 입사(등록 후) 7차월 해당자

- 경력 FPC로 입사(등록 후) 자

교육 내용	교육 기간
종합 금융 Consulting 기법	
연금(국민연금 포함) Consulting 기법	
재정 Consulting Sales 전문 기법	10일 × 3H
금융권의 조세 제도	총 30H
증권 및 부동산 관련 전문 지식	
경제신문 관련 기사 읽는 법	

7) FPC 보수교육 과정

❑ 교육대상

- FPC 중 영업실적 및 기타 부진자

교육내용	교육 기간
판매화법 및 반론 극복법	
가장고객 발굴 및 관리	
고객만족 상담 기법	5일 × 3H
POS Systems 활용 설계 판매 기법	총 15H
Needs별 상품 선정 및 판매 기법	
Presentation 기법	

8) Introducer 지점 내 교육과정

□ 교육대상

- 은행 창구 직원, 즉 Introducer 및 판매관리자

교육 내용	교육 기간
방카슈랑스의 필요성	
판매 상품 교육	
가망고객 선별 기법	10일 × 1H 총 10H
고객상담 기법	
판매 화법과 반론 극복법	

TM센터 판매인력

방카슈랑스의 TM센터 | TM센터의 조직구성 및 역할 | TM센터 인력선발 방법 |
TM센터 인력 교육훈련 | TM센터 인력 급여 체계| TM센터 생산성 관리

1 방카슈랑스의 TM센터

그 동안 유럽의 방카슈랑스 부문은 은행의 전문 판매인력을 중심으로 판매가 되어 왔다. 그러나 최근 컴퓨터 기술의 발달로 인해 다이렉트 마케팅의 한 종류인 텔레마케팅을 통한 데이터베이스 마케팅이 방카슈랑스에 널리 보급되고 있다. 이는 최근 유행하는 e-비즈니스에서도 온라인 상태의 한계를 극복하고자 오프라인상의 텔레마케팅을 적극 활용하고 있는 현실과 각 보험사에서 앞다투어 텔레마케팅을 보험 판매에 적극 활용하는 것을 볼 때에도, 우리나라 방카슈랑스에서도 결국 텔레마케팅이 그 성공의 열쇠로 나타나게 될 것이다.

이러한 텔레마케팅이 강력하게 대두되는 이유는 무엇일까?

첫째로 높은 생산성과 경제성이다. 짧은 시간에 많은 고객을 접하므로 교통 체증이나 기후변화에 대처하기 쉬우며, Cost Control이 가능하고 1인당 매출액이 상승하는 효과를 거둘 수 있다.

둘째로 설득력 있는 대화를 근간으로 하므로 의사결정이 빠르다. 즉 치밀하게 계산된 스크립트로 반론에 대한 논리적 답변이 효과적이며 체계화된 Communication으로 고객의 설득에 주효하게 나타난다.

셋째로 시너지 효과를 거둘 수 있다. 예를 들면 DM의 반응률을 'Call + Mail + Call' 로 4~7배 증가시킨다

이 밖에도 텔레마케팅의 장점은 매우 많다. 이러한 업무를 시행하는 곳을 일명 TM Center라고 하며, 이는 별도의 영업조직으로 체계화되어 있다.

② TM센터 조직구성 및 역할

방카슈랑스 상품을 판매하는 TM센터의 조직 구성은 아주 과학적이고 체계적인 관리를 전제로 하며, 각 담당자별 확실한 업무분장에 따른 업무 진행으로 최대의 결과를 만들 수 있게끔 구성되어야 한다.

TM센터는 TM 총괄매니저, 팀장, 통화품질 관리자(Quality Assurance Analyst : QAA), 슈퍼바이저(Supervisor), 조장, 텔레마케터(Telephone Sales Representative : TSR) 등으로 구성된다. 이들이 각자 맡은 바 업무에 충실하다면 텔레마케팅은 성공적으로 수행될 것이며 그 효율을 극대화할 수 있을 것이다. 팀장의 경우에는 TM센터의 규모에 따라 초기에는 Manager 또는 Supervisor가 그 업무를 대행하게 할 수 있다.

1. TM센터 판매조직의 구성도

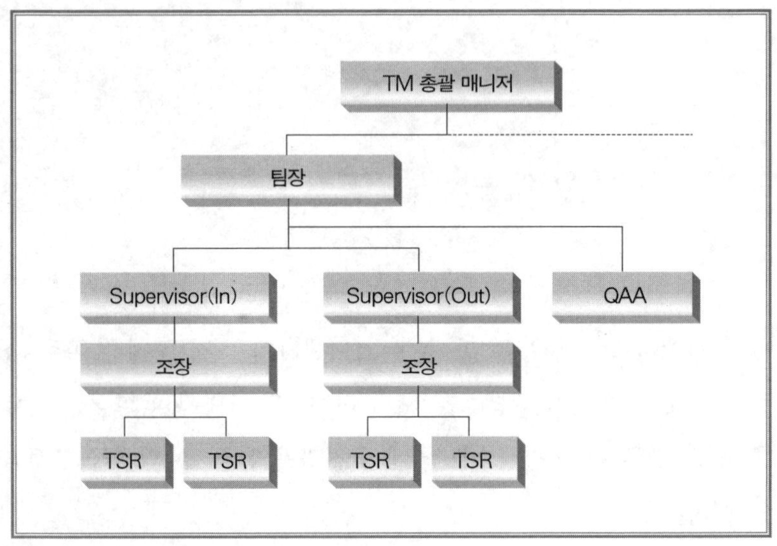

2. TM센터 판매조직의 역할

1) TM 총괄 매니저의 역할과 업무

목표 달성을 위한 각 직원의 지속적인 책임감 유도
슈퍼바이저 및 팀장의 직접적인 관리 및 총 지휘
팀장에게 일별 목표치를 부여하고 정확한 이해도를 확인
슈퍼바이저, 팀장에 대한 Supervising 및 코칭
조장 및 TSR 업무에 대한 간접적인 관장
업무내용에 대한 모니터링
필요시 직접 모니터링 실시
성과에 따른 인센티브 부여
표준 생산성에 못 미치는 직원들에 대한 교육, 개별 코칭 지원
필요시 징계조치 결정

프로그램 코디네이팅 및 수행능력
표준 스크립트 및 업무 프로세스에 대한 평가 · 수정
TM센터 시스템 관련 현안에 대한 파악(시정사항 수정 및 지원)
TM센터 내부의 재정 관련 사안 총괄 및 책임
TM센터 예산의 설정 등 재정 관리
인건비 지출 · 인센티브 · 물품 · 시설물 관리 · 교육비 등
필요시 운영전략에 대한 즉각적인 수정
초과 · 미달 지출된 예산의 관리 및 이에 대한 사유 기록

TSR들의 자질 향상을 위한 교육 업체 선정
인사 문제 및 담당별 업무 분장 총괄
TM센터의 실적 및 운영에 대한 월별 보고자료 준비
TM센터의 직원 관리
매월 직원 Score 카드 작성
평가결과에 대해 필요시 적절한 조치
Focus Group 해당 TSR들과의 회의 주관

2) 팀장의 역할과 업무

맡고 있는 팀이나 프로젝트의 총체적인 생산성, 통화품질의 관리
다이렉트 마케팅 등 다양한 프로젝트 운영
Direct Reponse Advertising(DRA)
DM Follow up Call
인센티브나 Contest의 활용으로 직원의 사기 고취
생산성과 통화품질에 대한 평가
일일수익 및 비용분석을 통해 운영상 비용 효과성 검토
직원들의 Burnout 관리를 위한 효과적인 스케줄링 — 근무시간 · 휴식시간
운영과 시스템상의 문제점 및 실패 요인들에 대한 문제점들을 정확히 파악하고 이에 대한 대안 제시
개별 직원들의 능력개발(Career Path)의 기회 지원
전문적인 생산성, 통화품질 또는 고객만족의 목표를 실행하지 못하는 직원에 대해서는 필요시 행정적인 규제 조치
업무 시작 전 일일업무
전날의 업무보고서 검토
실적현황 및 고객서비스 수준 토론
당일 업무에 대한 계획 수립
당일의 Check List
업무 시작 전 일일업무
교육관련 특이사항 확인
Quality Assurance(통화품질 관리) 관련 특이사항
해당 프로젝트의 변경사항 논의
슈퍼바이저와 함께 조회 실시
업무 종료 후 일일업무
업무 종료 후 15분 간 종례 실시
슈퍼바이저의 시간별 보고서 작성 내용 검토
당일 업무의 성과 및 문제점검, 시스템 보고서 검토
익일 업무에 대한 계획 수립

3) 슈퍼바이저의 역할과 업무

| Business Goal을 달성하기 위한 TSR 관리 |
| TF의 지원(TSR의 시간별 · 일별 생산성 및 QA를 TF에게 보고) |
| TF/QAA/Training Manager와의 지속적 피드백 |
| TSR 출결 사항에 대한 관리 및 일일보고 |
| TSR 사기 증진을 위한 인센티브, Sales Contest 계획 |
| TSR의 개인별 지도 및 교육시간 마련 |
| TSR와의 업무회의 주관 |
| TSR들의 복장, 센터 내 청결 유지 |
| TM센터 내의 시스템과 도구의 청결과 유지 |

일일조회(Pre-Shift Meeting) 업무	
	TF와의 조회에서 결정된 정보들에 대해 논의

일일조회(Pre-Shift Meeting) 업무	
	전날의 실적 우수자에 대한 발표 및 격려
	당일에 특히 주의해야 할 사항에 대한 논의
	외부강사 초빙
	회의 시간은 최장 10분 이상 초과하지 않는다

일일종례(Post-Shift Meeting) 업무	
	업무 종료 후 15분 이내에 시작할 것
	시간별 완성된 보고자료를 TF에게 제출
	익일 업무에 대한 계획 수립

4) 통화품질 관리자(QAA)의 역할과 업무

사내 통화품질에 대한 규정 검토
생산성 유지를 위해 1시간당 6~8명의 TSR를 모니터링
효과적인 코칭 기법 재검토
QA 관련서류 검토 — 좌석 배치도·시간별 분석표·일일보고 근무보고서
최우수 TSR 선정
QAA 개인의 상품 지식과 판매력 유지
QAA 데이터베이스 관리
합동평가 회의

슈퍼바이저, QAA 합동으로 모니터링을 실시한 후 QALR 실시(Quality Assurance Listening Review)
직장 내 직원들의 사기 증진 방안 모색

5) 조장의 역할과 업무

슈퍼바이저가 주관하는 업무회의 진행을 돕기 위한 프로젝트 · 프로그램의 절차 내용
변경사항 관리

프로그램 아이템 준비

각 TSR의 자리 배치 및 인사 Sales Board 설치, TSR의 생산성 결과표 설치, 공지사항
기재, 출근 관리 작성

TSR의 사기를 증진하기 위한 인센티브와 Sale Contest Promotion 기획 및 보조

TSR 출결사항에 대한 관리 및 일일보고

시간별 · 일별 · 월별 TSR들의 Call 분석 — 생산성 및 통화품질

코칭 가이드라인을 통한 TSR 개인별 코칭 및 슈퍼바이저와 협의

대기콜에 대한 분석, TSR 상담 지원

개별 상담원 근무일지(리포트) 회수 및 점검

프로그램 변경사항 점검

근무지 청결 유지

시스템 관련 업무

> 새로운 프로젝트에 대해 시스템 테스트

> 운영시 필요에 따라 Dialing 환경 변경

사무 지원 관련업무

> DM · 청약서 · 증권 수발 업무

기타 Training 관련 업무

6) 텔레마케터(TSR)의 역할과 업무

계약 체결률을 극대화하기 위한 생산성 관리

고객과 회사가 기대하는 통화품질의 관리

③ TM센터 인력선발 방법

텔레마케팅의 TSR는 일반 Inbound 전담의 TSR와는 구별이 되어야 하며 특히 방카슈랑스를 위한 텔레마케팅의 TSR 선발은 차별화된 기준에 따라야 할 것이다. TSR는 전화라는 보이지 않는 매체로 가망고객의 데이터베이스상의 단순한 정보를 통해 고객과의 Communication 및 Lead Generation을 이끌어야 하는 고도의 테크닉과 은행과 보험의 문화를 동시에 이해할 수 있는 수준이 요구된다. 따라서 단순히 업무에 대한 일반 Inbound를 위한 TSR와는 결국 차이가 있다.

그러므로 신인 TSR의 선발은 더욱 신중해야 하며, 경력 TSR의 경우에는 은행과 보험사에서 Call Center 또는 TM센터로 근무 경험이 있는 사람을 선발하는 것이 좋다. 하지만 이는 극히 드물 것이므로 은행이나 보험사 중 어느 한 곳에 근무를 했던 자이면 어느 정도 만족할 수는 있을 것이다. 보험사 경험이 있는 TSR를 선발한다면 비용 면에서 좀더 효율적일 것이다. 하지만 보험 판매에 대한 낡은 관습에 젖어 있는 부분을 간과해서는 안 된다. 만약 그런 TSR가 채용에 응시했다면 과감하게 선발 대상에서 제외하는 것이 현명하다.

1. TM센터 스태프의 자질

□ 출근 성적이 우수한 자

□ 통화품질 성적이 우수한 자

□ 프로그램을 성실히 수행하며 동료들에게 신임을 받는 자

□ 리더십이 있는 자

□ 프로그램 수행 경험이 많고 실제로 프로그램 운영 능력이 있는 자

□ 근태 Score 카드에서 우수한 성적을 보인 자

2. TM센터 TSR의 자질

TM Center Staff는 TSR 경험자로부터 추후 승진 발탁하는 조건으로 해서 TSR에게 비전을 제시하는 형태로 발전하면 된다. 하지만 TSR의 경우에는 최초 선발시 신중하게 채용해야만 추후 방카슈랑스의 성공에 큰 기여를 할 수 있다.

그러므로 TSR 신규 채용시 반드시 몇 가지의 자질을 확인한 후 채용 여부를 결정해야 한다.

□ 고객과의 대화 기술이 뛰어난 자

• 고객과의 대화를 주도할 수 있는 기술

• 대화시 Approach와 Closing 단계를 잘 처리하는 기술

□ 상대방에게 언어적으로 지적인 분위기를 풍기는 자

• 고객의 지적 · 일상적인 수준과 유사한 언어 구사

- 표준어 사용
□ 고객의 불만을 견디는 인내력의 소유자
  - 고객의 반론을 극복할 수 있는 인내력
  - 고객의 클레임 처리시 불만을 참을 수 있는 인내력
□ 매사에 집중력을 지니고 있는 소유자
  - 고객이 알고자 하는 내용을 정확하게 파악하는 능력
  - 반복 업무에도 소홀함이 없이 최선을 다하는 능력
□ 일에 전념할 수 있는 적극적인 성격의 소유자
  - Closing을 시기적절하게 할 수 있는 능력
  - 매사에 포기하지 않고 끈기 있게 판매를 할 수 있는 능력
□ 맑고 깨끗하고 분명한 발음
  - 깨끗한 발음과 확실한 목소리 소유자
  - 고객이 한번에 알아들을 수 있는 목소리
□ 뛰어난 기억력을 가진 자
  - 고객의 사소한 부분까지 기억할 수 있는 능력
  - 고객의 사소한 부탁, 약속 등을 기억할 수 있는 능력
□ 다방면에 다양한 경험이 있는 자
  - 고객의 직업과 관련해 이해를 쉽게 할 수 있는 능력
  - 고객의 취미와 관련해 이해를 쉽게 할 수 있는 능력
□ 대화시 어법과 어조가 정확한 자
  - 표준어를 사용하고 말의 강약이 명확한 자
  - 말의 속도가 적당한 자
□ 업무 수행에 따른 책임감이 있는 자
  - 맡은 업무를 충실히 수행할 수 있는 능력

- • 방카슈랑스의 Mission을 가질 수 있는 능력
- □ 재치가 있고 이를 응용하는 자
  - • 유머 감각을 지니고 있는 자
  - • 고객의 반론, 불만 등을 슬기롭게 대처할 수 있는 능력
- □ 항상 밝고 명랑한 성격의 소유자
  - • 매사에 긍정적인 성격의 소유자
  - • 목소리의 첫인상을 고객에게 심어줄 수 있는 능력

3. TSR 인력선발 기법

TSR 인력 채용시 고객과 은행의 이미지를 고려해야 하며, 전화 통화에 필요한 능력 및 자질 또한 충분히 검토한 후 결정해야 할 것이다. 일반적인 인력 채용은 대부분 면 대 면의 면접으로 만족할 수 있지만, 방카슈랑스의 텔레마케팅 TSR 채용은 반드시 전화를 통한 인터뷰를 실시하고 PC의 취급 능력 또한 검증해야 할 것이다.

1) 채용 방법

- □ 1차 : 서류전형
  - • 이력서 및 자기소개서 활용
  - • 학력 · 경력 및 기본적인 자질 확인
- □ 2차 : 전화 인터뷰
  - • 전화 · ARS 이용

• 전화 대화능력 · 음성 · 발음 등 TSR의 기계적 자질 확인

□ 3차 : 면 대 면 인터뷰

• 직접 개인 면접 · 그룹 면접

• 지식 · 인상 · 성격 · 태도 · 복장 등 인성적인 자질 확인

□ 4차 : PC의 활용능력

• OS(Windows), Ms-Word 등 활용 능력

• 기본적인 PC 작동법 및 타이핑 능력 확인

2) 인터뷰 기술

□ 비판적 행동 인터뷰(CBI) 방식 면접

• CBI (Critical Behavior Interview)

－질문에 대한 세련된 답변과 지식을 평가하기보다는 상황
에 대한 과거의 경험적 행동을 통해 향후 TSR로 적응해 성
공할 수 있는지의 여부를 판단하고 유추하는 면접방식으
로 척박한 프로젝트일수록 성공적인 면접 방법

□ 생활 태도, 인생관을 살펴볼 수 있는 인터뷰

□ 성격과 자세를 살펴볼 수 있는 인터뷰

□ 표현력을 살펴볼 수 있는 인터뷰

□ Dress Coordinate 수준 정도

□ Script에 의한 간단한 Role Playing

3) 전화 인터뷰

전화 인터뷰는 다른 인력 선발과정에는 없는 텔레마케팅만의 독특한 인력 선발 방법이며, TSR의 자질에 가장 적합하고 유능한 인재를 선발하기 위한 사전 검증 과정이다.

최근 신문이나 일반 매스미디어의 모집광고를 통해 지원하는 사례가 많으며, 이들은 대부분 전화로 사전에 문의하는 경우가 많다. 이 경우 문의 시 자연스러운 전화 인터뷰가 실시될 수 있으나 사전 전화 문의 없이 채용에 응할 경우에는 별도의 전화 인터뷰를 시행할 수 있도록 시스템을 구축해야 한다.

전화 인터뷰 시간은 대략 2~3분이면 충분하고, 개인의 일상적인 사항을 질문하면서 결정을 하면 될 것이다.

(1) 전화 인터뷰 Process

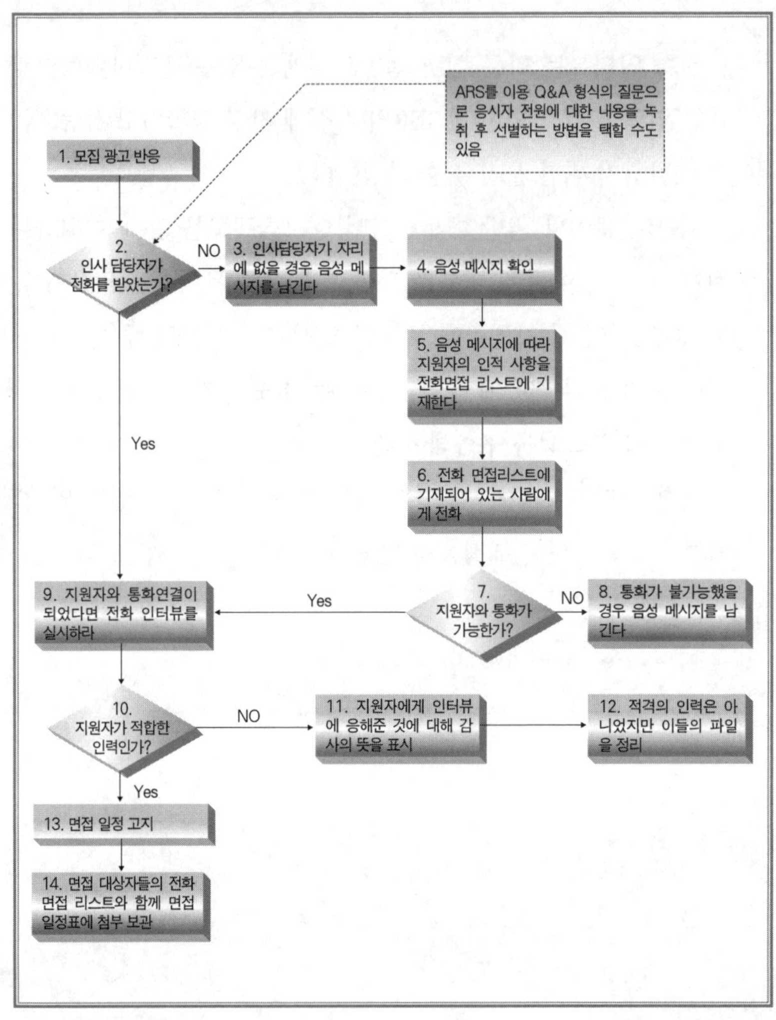

(2) 전화 인터뷰 평가표

성명		연락처		면접자		면접일	

NO	항 목	평가				
		아주 좋음		보통		나쁨
1	음성의 명료성	10	7	5	3	1
2	억양(리듬감)	10	7	5	3	1
3	발음 정확성	10	7	5	3	1
4	어감(명랑 · 상냥)	10	7	5	3	1
5	의사전달 능력	10	7	5	3	1
6	자신감	10	7	5	3	1
7	응대어 구사	10	7	5	3	1
8	순발력(질문 · 상황)	10	7	5	3	1
9	속도	10	7	5	3	1
10	표준어 사용 여부	10	7	5	3	1
		합 계				점

대인 면접 여부	可		不
	보류(사유)		

면접일 및 장소	20××년 월 일 시( )

면접시 준비물	

(3) 전화 인터뷰 평가 결과표

순위	성명	평가										총점	비고
		음성의 명료성	억양	발음	어감 (미소)	의사 전달력	자신감	응대어	순발력	속도	표준어		
1													
2													
3													
4													
5													
6													
7													
8													
9													
10													
11													
12													
13													
14													
15													
16													
17													
18													
19													
20													

4) 대인(對人) 인터뷰

(1) 대인(對人) 인터뷰 Check List

항목	내용
목소리	깨끗한 발음으로 확실한 목소리를 가진 사람
발음 및 억양	발음이 명확하고 억양의 강약이 명확한 사람(아나운서 억양)
말의 속도	말의 속도가 빨라서 급한 인상을 주지 않으며 발음이 정확하게 인식될 수 있을 정도의 적당한 속도
성량	약간 높고 울리지 않을 정도의 성량이 전파에 적합
표현력	짧은 시간 내에 전달 내용을 쉽고 함축적으로 표현할 수 있는 능력
적극성(자신감)	끈기 있고 거절당해도 금방 마음을 고쳐먹을 수 있는 적극성, 판매에 대한 두려움 없이 도전할 수 있는 자세
사교성(친밀감)	친밀감을 느낄 정도의 적당한 애교와 처음 대하는 고객입장에서 거부감을 느끼지 않을 정도의 성격
집중력 (의사 파악)	동일 작업을 반복해도 하는 일에 능하고 짧은 시간에 고객의사를 파악할 수 있는 능력
첫인상	밝고 산뜻한 인상
태도	자신감이 있으나 공손하고 신중하며 침착한 자세, 옷맵시
말씨	올바른 말씨, 표준어 사용 여부
지식과 경험	혼자서 업무를 처리할 수 있는 정도의 지식과 고객 응대 경력
문제 해결 능력	수신자의 반응을 신속히 이해하고 차분히 대처하려는 능력, 문제가 생겼을 때에도 침착하게 마무리를 짓거나 설득하는 능력 등
자기 동기부여 능력	단순 반복업무와 실적 부진 등으로 피로와 권태감을 느낄 수 있고 포기하기 쉬운 일이기 때문에 슬럼프 때의 자기 동기부여 능력
디즈니월드적 성격	명랑, 쾌활, 사교성, 지혜, 성의 있는 경청태도를 지닌 사람
응모 동기	새로운 일에 도전하고자 하는 도전의욕, 전문성을 찾으려는 노력 항상 자기 계발과 지식, 기술의 향상을 위해 노력하는 소신 등
가족 협조적 태도	본인의 업무에 대한 가족들의 이해도 및 협력도 파악
건강	일을 지속적으로 할 수 있는 건강 능력
통근 거리	출퇴근에 지장이 없을 정도의 적당한 통근 거리

(2) 대인(對人) 인터뷰 Process

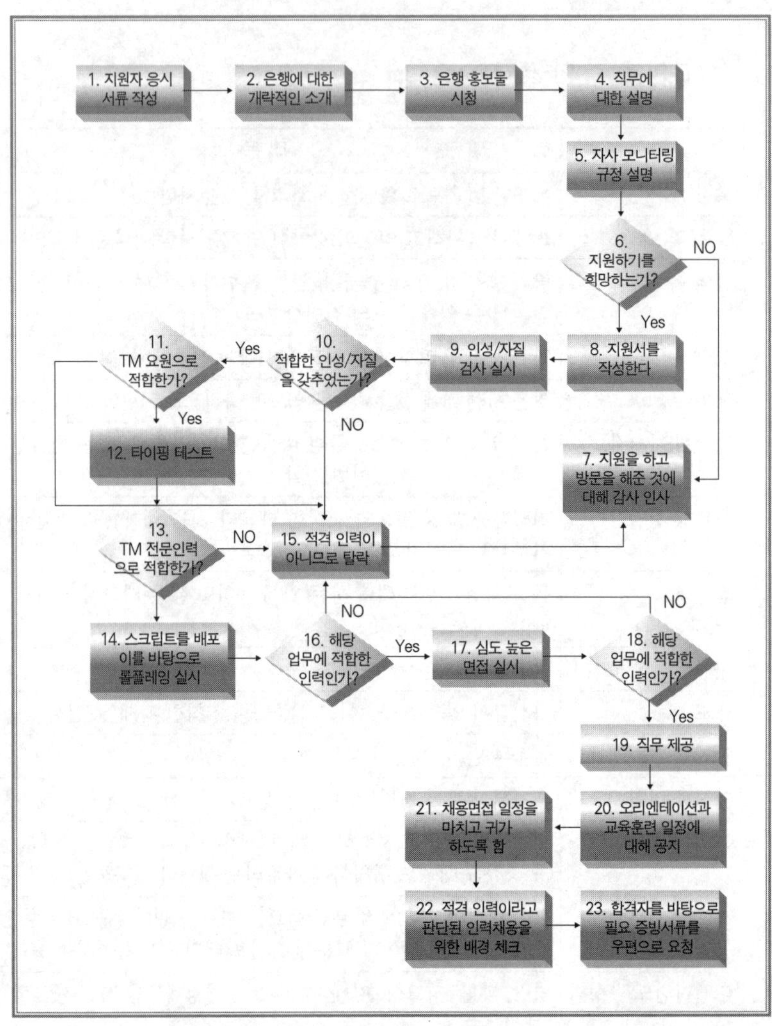

(3) 대인(對人) 인터뷰 평가표

성명		연락처		면접자		면접일	

평가 항목	평가점 수				
	아주 좋음		보통		나쁨
목소리	10	7	5	3	1
발음 및 억양	10	7	5	3	1
말의 속도	10	7	5	3	1
성량	10	7	5	3	1
표현력	10	7	5	3	1
적극성(자신감)	10	7	5	3	1
사교성(친밀감)	10	7	5	3	1
집중력(의사 파악)	10	7	5	3	1
첫인상	10	7	5	3	1
태도	10	7	5	3	1
말씨	10	7	5	3	1
지식과 경험	10	7	5	3	1
문제 해결 능력	10	7	5	3	1
자기 동기부여 능력	10	7	5	3	1
디즈니월드적 성격	10	7	5	3	1
응모 동기	10	7	5	3	1
가족 협조적 태도	10	7	5	3	1
건강	10	7	5	3	1
통근 거리	10	7	5	3	1
		합계			점

대인 면접 결과	可	不

④ TM센터 인력 교육훈련

텔레마케팅은 카탈로그나 DM과 달리 기본적으로 사람이 개입되는 매체이기 때문에 언제나 똑같은 생산성을 실현하기란 매우 어렵다. 한정된 좌석에서 같은 내용의 Presentation을 한없이 반복해야 하는 직업이기 때문에 싫증을 내기 쉽고 업무 능률이 저하되기도 한다.

이 같은 싫증감이 소속 TSR 상당수에게 전염되면, 생산적인 TM센터로 바로 잡기가 매우 어려워진다. 따라서 TM센터 Manager는 개별 면담 및 집중 지도를 통해 도전의 기회를 부여하고 보상책 강구나 달성 가능한 목표 설정 등을 통해 업무를 적극적이고 재미있게 만들어야 하며, 근무년수 등에 따라 적절한 교육을 통해 매너리즘에 빠지지 않도록 최선의 노력을 다해야 한다.

❑ TSR의 업무 수행시 싫증감이 발생하는 사유
- TM 훈련의 부족 및 상품 지식의 부족
- 강화교육의 부재 또는 인지의 부재
- 승진 기회의 결여에 따른 좌절
- 저임금 및 낮은 실적에 따른 좌절

- 고객의 거절
- 업무에 도전할 기회 부재
- 열악한 근무환경
- 경영자의 인식 부족과 대화 · 대면의 기회 부재
- 관리 감독의 부재
- 업무의 단조로움에 따른 권태

1. TSR 교육과정

TSR는 방카슈랑스 TM센터의 최일선 조직으로서 고객과 직접 접점이 이루어지는 곳으로 철저한 교육훈련이 필요하다. 교육훈련이 제 때 제대로 이루어지지 않을 경우 가망고객을 상실하거나 회사에 대한 이미지 손상에 따른 신뢰도 실추의 경우가 발생한다. 자칫 방카슈랑스라는 새롭게 도입한 제도가 실패로 끝날 수도 있는 것이다.

그러므로 TSR에 대한 교육은 다른 교육보다 기초적이고 폭넓게 이루어져야 하며, 적절한 시기에 필요한 지식과 정신을 재무장할 수 있는 철저한 교육이 이루어져야 할 것이다.

방카슈랑스 TM센터의 TSR에 대해서는 다른 텔레마케팅 조직의 TSR와는 차별화된 교육이 진행되어야 하며, 은행과 보험의 전반적인 지식과 특징을 이해할 수 있는 전문지식에 관한 철저한 교육이 필요하다.

과정	입문과정	육성단계	능력향상		관리자 선발 단계		
교육체계							TF(팀장)
						슈퍼바이저	
			판매능력		QAA		
		TSR 양성		FC(조장)			
	TSR 자격						
교육대상	시험 전	합격 후	2~3차월	12차월 ↑	전(前) 단계 교육 이수자		
교육목표	자격시험 준비교육	상품지식 판매기법	생산성 향상	FC 능력	QAA 능력	슈퍼바이저 능력	팀장 능력

2. 교육훈련 과정별 과목

1) TSR 자격 인증과정

❑ 교육대상
- TSR 지원자로서 보험설계사 자격증 미소지자

(생명보험의 경우)

교육 부문	교육 내용	교육 시간
생명보험과 보험설계사	• 생명보험의 개요 • 생명보험 설계사의 역할 • 경제준비의 필요성	2H
생명보험 구성원리	• 생명보험의 기본 원리 • 생명보험의 보험료 산출 기초	3H
보험약관	• 표준사업방법서 해설 • 표준 약관 해설	6H
보험관련 법규	• 보험업법 • 상법의 보험편 • 민법의 보험 관련 규정 • 보험 관련 세제 제도	3H
생명보험 모집실무	• 생명보험의 선택 기준 • 생명보험의 판매 실무	4H
일반상식	• 일반상식 용어 • 증권 등 관련 상식	2H

2) TSR 양성 과정

❑ 교육대상

신입 TSR · 입사 1차월자 대상

교육 부문	교육 과목	교육 시간
회사 오리엔테이션	• 연혁 • 영업내용 • 주력시장 • 회사목표 • 회사정책, 업무처리 절차 및 혜택사항 • TM센터의 설립 취지	1H
방카슈랑스 TM센터 소개	• 조직 • 영업방침 및 정책 • 사무실 • 직무분석표(전화평가표) • 업무흐름도	1H
TSR 직무수행	• 방법 • 테크닉 • 목표설정 및 효과측정 • 상품	6H
상품 내용 설명	• 상품판매 주요내용 설명 • 테스트	8H
고객지향적 마인드 함양	• Phone Power의 중요성 인식 및 고객만족 을 위한 서비스 마케팅의 이해 • 서비스 만족 결정 요인의 이해 및 분석 방법 • 자사 및 경쟁사 모니터링 실시 및 평가	3H
텔레마케팅 및 Call Center	• 텔레마케팅의 발전과 TM센터의 전망 • 기업 내 TM센터의 역할과 주요부서 역할 이해 • TM센터 TSR의 표준업무 및 비전 제시	3H

교육 부문	교육 과목	교육 시간
호감가는 Tele-Communication 능력개발	• Tele-Communication의 3대 요소 이해 • 샘플 녹음사례를 통한 Communication 향상 훈련 • 음성 Check List 활용을 통한 능력 진단 및 • 개인별 집중 코칭	4H
전문 아웃바운드 고객 상담능력 개발	• 전문 아웃바운드 상담 흐름도의 이해 • 거절 처리를 위한 반론 극복 기법 연구 및 훈련 • 고객 유형별 · 사례별 상담 기법 능력 배양 • 샘플 녹음 사례를 통한 상담 기법 응용 및 연습	4H
효과적 Script 및 Q&A 작성 워크숍	• Script의 필요성과 중요성 인식 • Script 작성 기법의 이해 및 워크숍 실시 • 효과적 Script 활용을 위한 검증방법 및 수정	6H
실천적 역할연기 및 개인별 코칭의 실시	• 역할연기의 이해와 방법의 숙지 • 커뮤니케이션 능력 향상을 위한 역할연기, 녹음 + 모니터링 • 시나리오를 활용한 고객 유형별 역할연기, 개인별 코칭	6H

3) 판매능력 향상 과정

❑ 교육대상

신입 TSR · 입사 2~3차월자 대상

교육 부문	교육 과목	교육 시간
고객 지향적 마인드 함양	• Phone Power 중요성 인식 및 고객만족을 위한 서비스 마케팅의 이해 • Tele-Salesman의 기본자세와 프로의식 함양 • 자사 및 경쟁사 모니터링 실시 및 평가	3H
텔레마케팅 및 TM센터의 이해	• 텔레마케팅의 발전과 TM센터의 전망 • 기업 내 TM센터 위상과 주요 부서 역할 이해 • TM센터 TSR의 표준업무 및 비전 제시	3H
호감가는 Tele-Communication 능력 개발	• Tele-Communication의 3대 요소 이해 • 샘플 녹음사례의 Communication 향상 훈련 • 음성 Check List 활용을 통한 능력 진단 및 개인별 집중 코칭	4H
판매지향적 Tele-Sales 상담 능력 개발	• Tele-Sales 상담 흐름도의 이해 • 고객 유형별 생산성 향상을 위한 응용 기법 연구 • Tele-Sales 샘플 녹음 사례를 통한 활용 기법	4H
Tele-Sales 고객상담 테크닉 집중 연구	• 고객 지향적 표현법 및 적극적 경청기법의 연구 • Tele-Sales TSR가 갖추어야 할 10가지 이해 • 고객 유형별 테크닉의 연구 및 Tele-Sales 샘플 녹음 사례를 통한 활용 기법 연구	5H
효과적 Script 및 Q&A 작성 워크숍	• 스크립트의 필요성과 중요성 인식 • 스크립트 작성 기법의 이해 및 워크숍 실시 • 효과적 스크립트 활용을 위한 검증방법 및 수정	5H
실천적 역할연기 및 개인별 코칭의 실시	• 역할연기의 이해와 방법의 숙지 • 커뮤니케이션 능력 향상을 위한 역할연기, 녹음 + 모니터링 • 시나리오를 활용한 고객 유형별 역할연기, 개인별 집중 코칭	6H

총 30H

4) 총괄관리자 양성 과정(TM Center Manager Course)

❑ 교육대상

경력 TSR · Manager 승진 대상자

교육 부문	교육 과목	교육 시간
기업과 TM센터의 예	• 텔레마케팅의 발전과 TM센터의 비전 제시 • TM센터의 위상과 역할 • TM센터 주요 운영 부서 역할 및 Staff의 표준업무 이해	3H
Manager의 역할과 표준업무	• TM센터 Manager의 역할과 표준업무 • 개인별 Manager의 업무 계획 수립 • Manager 일간 · 주간 · 월간 업무 Check List 제작 워크숍 및 연습	3H
TM센터 채용 · 인사 · 조직 관리 능력 배양	• 유능한 TSR의 선발 기준 및 채용 방법의 이해와 효율적 채용을 위한 인터뷰 기술 연구 • 출근 · 근태 · 인사관리 규정의 이해 • TSR 교육훈련의 필요성 및 교육과정의 이해	4H
통화품질(QA) 관리 및 생산성 분석 능력 배양	• QA 평가 및 평가항목 기준의 이해와 업무 생산성 향상기법 연구 • QA & 생산성 분석의 활용과 개선방법 연구 • QA 분석 결과에 의한 TSR 코칭 계획 수립	4H
TM센터 통신 기술의 이해 및 변화의 대응전략	• ACDS & TM센터 통신 기술장비의 이해 • 업무 목표 달성과 효율적 TM센터 통신 장비의 활용 연구 • 성공적 TM센터 운영 위한 관리자 대응전략	4H
TM센터 문제해결 능력향상	• TM센터 부문별 문제 원인 분석방법의 연구 • TM센터 환경변화 문제 해결 능력 연구 • TM센터 운영 요건별 문제 진단 및 Turnaround 기법의 연구	4H
기타	• 선진 TM센터 성공 사례 연구 • 교육과정 요약 정리 및 평가 실시	2H

총 24H

5) 슈퍼바이저 양성 과정(Supervisor Course)

❏ 교육대상 : 경력 TSR · Supervisor 승진 대상자

교육 부문	교육 과목	교육 시간
기업과 TM센터의 예	• 텔레마케팅의 발전과 TM센터의 비전 제시 • TM센터의 위상과 역할 • TM센터 주요 운영 부서 역할 및 Staff의 표준업무 이해	3H
Supervisor의 역할과 표준업무	• TM센터 Supervisor의 역할과 표준업무 • 개인별 Manager의 업무 계획 수립 • Supervisor 일간, 주간, 월간 업무 Check List 제작 워크숍 및 연습	3H
TM센터 채용 · 인사 · 조직 관리 능력 배양	• 유능한 TSR의 선발 기준 및 채용 방법의 이해 • TSR의 효율적 채용을 위한 인터뷰 기술 연구 • 출근 · 근태 · 인사관리 규정의 이해	4H
Call Center 통화 예측 및 업무계획 능력 배양	• TSR 교육 훈련의 필요성 및 교육과정의 이해 • Call Center 통화 분석 및 통화량 예측 • TM센터 Needs 의한 상담원 스케줄 관리 • 상담원 효율적 관리를 위한 업무 계획 능력 배양	4H
통화품질(QA) 관리 및 생산성 분석 능력 배양	• QA평가 방법 및 평가 항목 기준의 이해와 업무 생산성 향상 기법 연구 • QA & 생산성 분석의 활용과 개선방법 연구 • QA 분석 결과에 의한 TSR 코칭 계획 수립	4H
코칭 테크닉과 업무 동기부여 능력 배양	• 효과적 코칭 기법 및 유능한 코칭의 7단계 • 코칭을 위한 대상별 · 상황별 코칭 방법의 연구 • 생산성 향상을 위한 업무 동기부여 방안 연구 • Stress와 Burn-out 관리 기법 연구	6H
효과적 코칭능력 향상 워크숍	• 효과적 코칭 능력 개발 워크숍 연구 • TSR 통화 녹음 사례 청취 및 코칭 실습 • TSR 수준별 · 유형별 다양한 코칭 실습 • 코칭 보고서 작성 및 사후 피드백 기법	6H
기타	• 선진 TM센터 성공사례 연구 • 교육과정 요약 정리 및 평가 실시	2H

총 32H

6) 통화품질 관리자 양성 과정(QAA Course)

❏ 교육대상

경력 TSR · Quality Assurance Analyst 승진 대상자

교육 부문	교육 과목	교육 시간
기업과 TM센터의 이해	• 텔레마케팅의 발전과 TM센터의 비전 제시 • 기업 내 TM센터의 위상과 역할 • TM센터 주요 운영 부서 역할 및 Staff의 표준업무 이해	2H
QAA의 역할과 표준업무	• TM센터 QAA의 역할과 표준업무 • 개인별 QAA 업무 계획 수립 • QAA 일간 · 주간 · 월간 업무 Check List 제작 워크숍 및 연습	3H
통화품질(QA) 관리 및 생산성 분석 능력 배양	• 평가 규정과 평가항목 점검 방법 연구 • 평가 항목별 기준 및 배점 선정 워크숍 • QA 평가항목, 평가기준의 수정 · 보완	3H
QA평가결과 보고 능력 향상 워크숍	• QA 평가 및 개인별 코칭 계획보고서 작성기법 • QA 평가 결과 관리자 보고 및 회의 실시 • QA 대비 생산성 점검에 의한 개선 전략 수립	6H
코칭 테크닉과 업무 동기부여 능력 배양	• 효과적 코칭 기법 및 유능한 코칭의 7단계 • 코칭을 위한 대상별 · 상황별 코칭 방법의 연구 • 생산성 향상을 위한 업무 동기부여 방안 연구 • Stress 와 Burn-out 관리 기법 연구	4H
효과적 코칭능력 향상 워크숍	• 효과적 코칭 능력 개발 워크숍 연구 • TSR 통화 녹음 사례 청취 및 코칭 실습 • TSR 수준별, 유형별 다양한 코칭 실습 • 코칭 보고서 작성 및 사후 피드백 기법	4H
기타	• 선진 TM센터 성공사례 연구 • 교육과정 요약 정리 및 평가 실시	2H

총 24H

7) 초급 관리자 양성 과정(조장 Course)

□ 교육대상

경력 TSR · 조장 승진 대상자

교육 부문	교육 과목	교육 시간
기업과 TM센터의 이해	• 텔레마케팅의 발전과 TM센터의 비전 제시 • 기업 내 TM센터의 위상과 역할 • TM센터 주요 운영 부서 역할 및 Staff의 표준업무 이해	3H
Floor Coach의 역할과 표준업무	• TM센터 조장 역할과 표준업무 • 개인별 Floor Coach 업무 계획 수립 • Supervisor 일간 · 주간 · 월간 업무 Check List 제작 워크숍 및 연습	3H
통화품질(QA) 관리 및 생산성 분석 능력 배양	• QA 평가 방법 및 평가 항목 기준의 이해와 업무 생산성 향상기법 연구 • QA & 생산성 분석의 활용과 개선방법 연구 • QA 분석결과에 의한 TSR 코칭 계획 수립	4H
코칭 테크닉과 업무 동기부여 능력 배양	• 효과적 코칭 기법 및 유능한 코칭의 7단계 • 코칭을 위한 대상별 · 상황별 코칭 방법의 연구 • 생산성 향상을 위한 업무 동기부여 방안 연구 • Stress와 Burn-out 관리 기법 연구	4H
효과적 코칭능력 향상 워크숍	• 효과적 코칭 능력 개발 워크숍 연구 • TSR 통화 녹음 사례 청취 및 코칭 실습 • TSR 수준별 · 유형별 다양한 코칭 실습 • 코칭 보고서 작성 및 사후 피드백 기법	4H
스크립트 작성 능력 배양	• 스크립트 및 Q&A Script 작성 기법 연구 • 업무 유형별 스크립트 작성 능력 배양 • 유형별 스크립트 활용과 업무시 검증방법과 수정	4H
기타	• 선진 TM센터 성공사례 연구 • 교육과정 요약 정리 및 평가 실시	2H

총 24H

⑤ TM센터 인력 급여 체계

TSR는 고정급보다는 성과급을 위주로 하는 급여체계를 선호하며, 이 또한 영업조직이므로 TSR 및 TM Center Staff에 대해서도 성과급으로 하고 각 직급별 급여에 대한 비전을 제시해 줄 필요가 있다.

그러나 경우에 따라 TM 총괄 매니저나 팀장은 내근직(고용직) 신분으로 할 수 있다. 그러할 경우 내근직 급여의 기준에 의거하지만 영업조직의 일원이므로, 영업 성과에 따른 성과급 부분을 간과할 수 없으며 TM Center의 운영비 등에서도 영업실적에 따른 차등 지원이 가능할 것이다.

보통 TM Center의 급여는 일반 영업조직과 유사하게 4가지 항목으로 구성된다. 즉 FPC와 동일하게 기본급·성과급·복리후생성 수당 및 보너스로 구성할 수 있다.

1. TM센터의 직급별 급여 체계

구분	TM manager	슈퍼바이저	팀장 (TIF)	QAA	조장 (FC)	TSR
기본급	직급에 따른 차등된 고정급					
성과급	매월 본인 업무에 대한 개인 실적 및 평가에 따라 차등 지급					
복리후생	중식대 + 교통비					
보너스	분기별 개인 실적 및 평가에 따라 차등 지급					

2. TM센터 성과보상(Incentive) 제도

성과보상 제도는 실적을 달성해야 하는 영업부문에서는 없어서는 안 될 유용한 관리 기법이다. 이러한 인센티브는 결국 판매자뿐만 아니라 판매관리자에게도 동기부여를 하는 계기가 될 수 있으며, 나아가 판매자의 비전으로 자리를 잡을 수 있는 것이다.

TM센터는 방카슈랑스 성공 여부의 관건을 지니고 있는 영업조직이다. 따라서 타 영업조직과 동일하게 TM센터 Staff와 TSR에게도 동기부여를 위한 일반적인 급여 이외의 성과보상, 즉 인센티브제도를 도입해야 할 것이다.

이러한 인센티브 제도는 영업실적 및 관리능력에 따라 조기 승진, 특히 내근 신분(고용직)으로의 전환 및 방카슈랑스에 대한 해외 연수, 복리후생과 관련된 제도 및 수당, 연간 Promotion을 통한 시상 및 매월의 정규적인 시상 등으로 성과보상 제도를 실시할 수 있다. 판매관리자에게는 TM센터 운영비의 지원 규모의 차등화 등으로 인센티브 제도를 실시할 수 있을 것이다.

❑ 조기 승진 기회 부여

- TSR로 입사해 일정한 기간이 경과하고 최소한으로 요구되는 수준의 실적 달성시에는 조장, QAA, 슈퍼바이저, 팀장으로 승진을 할 수 있다.

❑ 교육기회 제공

- 우수 TSR 및 TM센터 Staff에 대해 방카슈랑스 Benchmarking Project 해외 연수를 실시해 근무의욕 고취
- QAA 이상에 대해 대학 또는 전문 교육기관에 위탁 교육
- University of Excellence[사외(社外) Call Center 대학] 운용

❑ 연간 Promotion

- 연 단위의 시상 제도를 도입해 TSR의 선호도가 높은 자동차·컴퓨터 등을 시상품으로 전개
- Wall of Excellence(우수자 홍보벽) 운영으로 우수 TSR에 대해 동기부여, 나머지 TSR에게는 도전 의식 고취
- TM Center Staff에 대한 연간 Promotion도 유사하게 실시
- 연간 Promotion 제도가 정착되기 위해서는 관리자와 TSR 간 목표 공유가 선결 과제다.

⑥ TM센터 생산성 관리

1. TM센터 운영의 원칙

□ 직무별 생산성 기준을 설정해야 한다
  • 생산성 지표 및 Quality 기준의 설정 · 관리 · 수정을 지속적
    으로 실시해야 한다.

□ 통계화하라
  • 숫자화하지 않으면 관리할 수 없다는 논리로 연간 · 월간 ·
    주간 · 일간 · 시간별 수치를 통계화하고 분석해야 한다.

□ 관리자의 현장주의를 일상화한다
  • 실시간 현장에서 TSR 관리(Real Time Coaching)

2. 생산성 개요

방카슈랑스에서 TM센터를 운영하는 목적은 데이터베이스 활용

등 여러 가지의 목적이 있다. 그 중 1인당 생산성의 극대화를 통한 효율적인 사업비 집행으로 은행의 경우에는 수수료 등의 수입이 있고 보험사의 경우에는 수입 보험료의 증대 등에 주된 목적이 있을 것이다.

이러한 생산성은 궁극적으로는 Conversion Rate, 즉 계약 체결률이지만 그 이면에는 가장 기본적인 Call 특히 Outbound Call과 TSR의 기본적인 자세를 관리할 수 있는 기준이 필요하다. 그러므로 생산성 부문의 관리는 철저하게 이루어져야 하고, 체계적 · 과학적으로 관리 운영되어야 한다.

□ 생산성의 기본 개념

- Working Hour

    -TSR의 출근율, 근무시간과 생산성과의 정비례 확인

- CPH(Call Per Hour)

    -시간당 TSR의 Outbound Call 수(통화성공 기준)

- SPH(Sales Per Hour)

    -시간당 TSR의 Sales 성공 건수

- SPD(Sales Per Day)

    -1일의 TSR의 Sales 성공 건수

- Conversion Rate(계약 체결률)

    -CPH, 계약 체결률, Closing률, TSR별 능력지수의 핵심

□ 슈퍼바이저 및 팀장의 리포트 내용

- Hourly · Daily · Weekly · Monthly · Yearly · Project별, Site

별 Report 구분(〈그림 7.2〉 참조)
- Sales Project의 경우 일반 Project와는 Cost 적용방법이 약간
  씩 다르나 CPH, SPH, Conversion Rate가 Cost 관리의 핵심
  이다.

□ 기타 QAA와 TSR의 Report 내용
- 〈그림 7-3〉, 〈그림 7-4〉 참조

3. TM센터 생산성 관리의 사례

□ 관리목적
- 비용의 기본개념 및 생산성 지표에 대한 작성능력 부여

□ 1단계 : 비용의 Turning Point Game Plan

• 직접비	인건비	월 150만 원
	전화비	월 20만 원
• 간접비	네트워크비용	월 50만 원
	간접비 · 장비비	월 30만 원
	계	월 250만 원

- 전제 조건
  - 평균 보험료 : 1만 7,600원
  - 평균 수수료율 : α 의 55% (15만 원)

－월 분납 수수료 : 1만 2,500원

- 생산성 산출

－손익분기점 목표의 달성을 위한 CPH · SPH를 산출

(1개월 22일, 1일 Call 7시간, 계약 체결률 3% 기준)

절대 Call 시간	22 × 7 = 154시간
절대 CPH	26Call
계약 체결률	3%
절대 SPH	0.78건
절대 SPD	2.5건

□ 2단계 : 개인 급여를 위한 Game Plan

- 목표 급여　　　　월 250만 원

- 전제 조건

－평균 보험료 : 1만 7,600원

－입사 3차월 이상

－월 분납 수수료 : 1만 2,500원

- 생산성 산출

개인 목표 급여를 달성하기 위한 CPH · SPH를 산출

(1개월 22일, 1일 Call 7시간, 계약 체결률 2~7 % 기준)

절대 Call 시간	22 × 7 = 154시간
절대 CPH	21Call
계약 체결률	6 %
절대 SPH	1.3건
절대 SPD	9건

이것은 TM센터에 대한 운영 지원 및 관리에 대한 효과적인 환경을 구축하기 위한 것입니다. 솔직한 답변 바랍니다.

■ 나의 슈퍼바이저 이름은?
____

다음의 각 항목 중 해당하는 곳에 표시해주세요

	매우 만족함	매우 만족함	매우 만족함
나의 슈퍼바이저는 TM센터의 정책 등의 변화에 대해 알려준다.			
나의 슈퍼바이저는 TM센터의 정책 등의 변화에 대해 알려 준다.			
나의 슈퍼바이저는 정기적으로 우리와의 대화시간을 가지며, 필요시엔 언제든지 대화를 나눌 수 있다.			
나의 슈퍼바이저는 업무상의 변동에 대해 즉각적으로 알려준다.			
나의 슈퍼바이저는 우리의 업무상 애로점에 대해 잘 알고 있다고 생각한다.			
나의 슈퍼바이저는 우리에게 언제나 긍정적인 피드백을 제시해 준다.			

▫ Comments :

일자 : 2003년 월 일 요일
성명 :
당일목표 :

a : SPH
b : Conversion Rate
C : CPH

IN	OUT	LOGIN#	이름	8:00~ 9:00	9:00~ 10:00	10:00~ 12:00	11:00~ 12:00	12:00~ 13:00	13:00~ 14:00	14:00~ 15:00	15:00~ 16:00	16:00~ 17:00	17:00~ 18:00	18:00~ 19:00	19:00~ 20:00	20:00~ 21:00	21:00~ 22:00	합계	비고
				a b															
				c															

	8:00~ 9:00	9:00~ 10:00	10:00~ 12:00	11:00~ 12:00	12:00~ 13:00	13:00~ 14:00	14:00~ 15:00	15:00~ 16:00	16:00~ 17:00	17:00~ 18:00	18:00~ 19:00	19:00~ 20:00	20:00~ 21:00	21:00~ 22:00
SALES														
CALL														
HOUR														
SPH														
CPH														
SALES누계														
CALL누계														
시간누계														
SPH누계														
CPH누계														

비고사항 :

〈그림 7-3 〉 QAA 일일 근무 현황표

QAA 성명 : ________________
일　　자 : 2003년　월　일
프로젝트명 :

1. 업무 보고

담당 TSR 수	MONITORING 시간 합계	MONITORING 콜 수 합계	시간당 ONITORING 평균

2. Group Leader와의 업무 연계

	8	9	10	11	12	13	14	15	16	17	18	19	20	21	22
MONITORING 횟수															
REPORT 전달 여부															
REPORT 회수 여부															

3. 오늘의 통화 경향 분석

____

____

____

4. 주목할 만한 발전 사항

____

____

____

5. 자주 틀리는 QPI(Quality Process Inventory) 항목

6. 긴급 사항(유 · 무)

____

실행계획 : ____

____

____

나의 2003년   월   일 목표

□ 주간 목표 : __________건
□ 평균 SPH : __________

월요일 __________건   SPH : __________
화요일 __________건   SPH : __________
수요일 __________건   SPH : __________
목표일 __________건   SPH : __________
금요일 __________건   SPH : __________
토요일 __________건   SPH : __________

총 실 적 [   ]   평균 SPH [   ]

위의 사항에 대한 다음 번 화합 날짜 : ________________________________

목표 달성 여부 : [   ] 예   [   ] 아니오

비고사항 :

슈퍼바이저 명 : __________   TSR : __________

8 CHAPTER
수익성 분석

전략적 제휴시 수익성 분석 | 조인트 벤처(합작투자)시 수익성 분석

은행의 전통적인 수익발생 분야는 대부분 송금 · 예금 · 대출 업무였다. 하지만 1980년대 이후 제2금융권의 다양하고 새로운 금융회사의 진출로 은행의 고유 업무에서 나타나는 수익의 둔화 현상이 심화되었다. 또한 IMF 관리체제 이후 부실기업에 대한 과다 여신으로 인해 부실 채권이 대량 발생하게 되어, 결국 금융권의 구조조정과 거대 금융 기관이 태동함과 함께 새로운 수익성 모델 창출과 다양화를 위해 유사 업종 또는 타 업종과의 제휴 및 공동 마케팅을 강화하고 있다.

이러한 금융시장의 여건 변화와 함께 국내 은행들은 새로운 마케팅 채널을 필요로 하게 되었다. 아직 미진하지만 생명보험사 또는 손해보험사와 전략적 업무 제휴를 하는 형태로 방카슈랑스를 도입하기 시작했다.

그러나 아직까지는 법적인 규제 문제로 은행이나 보험사 모두 확신을 갖고 실체적으로 방카슈랑스를 운영하는 곳은 없다. 멀지 않아 외국 보험사의 압력 등으로 법적인 규제 해결과 함께 구체적으로 방카슈랑스에 대한 운영이 가시화될 것으로 판단된다. 이럴 경우 대부분의 은행이 보험판매 대리점 형태로 시작할 것으로 보인다. 외국 보험사의 경우에는 지분교환 방식에 의한 참여를 선호하고 있으나 지분 참여를 위한 자본금의 과다한 부담으로 진출에는 한계가 있음이 분명하다.

이 장에서는 일반적인 은행의 보험판매 대리점 형태로 운용되는 전략적 제휴 방식과 본 Manual에서 제시한 은행과 보험사가 공동출자를 통해 하나의 별도 법인을 설립하는 조인트 벤처에 대한 수익성을 분석하고 가시적인 방향을 검토하고자 한다.

1 전략적 제휴시 수익성 분석

앞에서 살펴본 것처럼 은행과 보험사 간의 포괄적 업무 제휴를 토대로 쌍방의 서면 동의를 이행한 상태를 전략적 제휴라 한다.

전략적 제휴는 은행이 보험사의 판매 대리점으로 계약하는 것으로, 일반 대리점 형태와 전속 대리점 형태로 구분할 수 있다.

일반 대리점 형태는 은행이 다수의 보험사와 대리점 협약을 체결해 고객에게 다양한 상품을 제공할 수 있다. 반면에 다양한 회사의 상품을 위한 업무처리 시스템과 직원교육 등 비용소요가 과다하다는 점이 고려 사항이다.

반면에 전속 대리점 형태는 은행이 하나의 보험사와 배타적으로 협약하는 방식으로, 업무처리 시스템 및 상품 이해가 용이하나 보험사의 상호 경쟁력 등이 탁월해야 한다. 다음에 검토되는 물량 계획 예시표는 배타적 협약, 즉 전속 대리점을 전제로 했다. 이 때 은행은 영업조직 및 상품 판매를 담당하고 보험사는 상품 개발 · Under-writing · 계약 관리 · 고객 서비스 · 교육훈련을 담당해야 한다.

1. 전략적 제휴시 물량계획

물량계획은 수입 보험료 및 예정 사업비를 산출하는 과정으로, 여러 변수에 따라 그 수치의 결과는 다양하게 도출된다. 은행 지점의 방카슈랑스 상품 판매인력인 FPC의 수와 판매 상품 구성비, 초회 보험료, 유지율 적용 등이 주요 결정 사항이다.

물량계획 예시표는 은행에서 주로 판매 예상되는 상품을 중심으로 3가지로 분류해 작성했다.

1) 전략적 제휴 1안

(1) 조직 및 수입 보험료

□ 연금보험 60% + 상해보험 20% + 보장성 보험 20% 기준

구분		단위	1차년	2차년	신장률(%)
조직	FPC 인원(기말)	명	200	300	50
	(경과)		1,500	3,300	120
	초회 보험료	백만	2,700	5,940	120
	계속 보험료	백만	14,570	87,345	499
	수입 보험료 계	백만	17,270	93,285	440
	α	백만	9,222	34,441	273
	β	백만	1,485	8,023	440
	γ	백만	411	2,220	440
	예정 사업비 계	백만	11,119	44,684	302

(2) 산출근거

□ 가동 FPC

• 최초 50개 우수지점당 1명씩 배치 3개월 단위로 50명씩 증원

□ DM 발송

• 매월 FPC당 1,500매 발송

□ 신계약 건수

• FPC 1인당 월 20건 체결 예상

• DM 발송대비 체결률 1.3%(지점 내 상담 포함)

□ 건당 초회 보험료

• 연금 60%, 상해 20%, 보장성 20%의 상품 구성비 적용

• 1999회계년도 대표 상품 평균 월납 초회 보험료 반영

• A연금 12만 1,000원, B교통 상해 2만 9,000원, C질병 5만 5,000원으로 평균 건당 초회 보험료는 9만 원

□ 계속 보험료

• 유지율 2회 98%, 7회 93%, 13회 87%, 24회 76% 적용

□ 응당월 도래율과 연체율 비율

• 80%와 20% 적용

□ 예정사업비

• D생명 경험 사업비율 적용

구 분	연 금	상 해	보장성
	A연금	B교통상해	C질병
α 초년도 보험료 대비	37.9 %	72.1 %	81.2 %
β 영업 보험료 대비	4.6 %	17.9 %	11.3 %
γ 영업 보험료 대비	2.4 %	2.3 %	2.4 %

2) 전략적 제휴 2안

(1) 조직 및 수입보험료

□ 개인연금 80% + 보장성 보험 20% 기준

구분		단위	1차년	2차년	신장률(%)
조직	FPC 인원(기말)	명	200	300	50
	(경과)		1,500	3,300	120
	초회 보험료	백만	5,130	11,286	120
	계속 보험료	백만	27,684	165,956	499
수입 보험료 계		백만	32,814	177,242	440
	α	백만	9,923	37,057	273
	β	백만	1,844	9,961	440
	γ	백만	420	2,269	440
예정 사업비 계		백만	12,187	49,287	304

(2) 산출근거

□ 가동 FPC

- 최초 50개 우수지점당 1명씩 배치, 3개월 단위로 50명씩 증원

□ DM 발송

- 매월 FPC당 1,500매 발송

□ 신계약 건수

- FPC 1인당 월 20건 체결 예상

- DM 발송대비 체결률 1.3%(지점 내 상담 포함)

□ 건당 초회 보험료

- 개인연금(종신형) 80%, 보장성 20%의 상품 구성비 적용

- 1999회계년도 대표 상품 평균 월납 초회 보험료 반영
- 개인연금 노후적립연금 15만 4,000원이나 은행 판매감안 20만 원 C 질병 5만 5,000원으로 평균 건당 초회 보험료는 17만 1,000원

□ 계속 보험료

- 유지율 2회 98%, 7회 93%, 13회 87%, 24회 76% 적용

□ 응당월 도래율과 연체율 비율

- 80%와 20% 적용

□ 예정사업비

- D생명 경험 사업비율 적용

구분	연금	보장성	비 고
	노후적립연금	C질병	
α 초년도 보험료 대비	17.5 %	81.2 %	
β 영업 보험료 대비	4.2 %	11.3 %	
γ 영업 보험료 대비	1.0 %	2.4 %	

3) 전략적 제휴 3안

(1) 조직 및 수입 보험료

□ 연금 20% + 상해보험 40% + 보장성 보험 40% 기준

구분		단위	1차년	2차년	신장률(%)
조직	FPC 인원(기말)	명	200	300	50
	(경과)		1,500	3,300	120
	초회 보험료	백만	2,915	7,656	162
	계속 보험료	백만	15,910	111,629	602
	수입 보험료 계	백만	18,825	119,285	534
	α	백만	12,971	56,785	338
	β	백만	2,372	15,030	534
	γ	백만	444	2,815	534
	예정 사업비 계	백만	15,787	74,630	373

(2) 산출근거

□ 가동 FPC

　• 최초 50개 우수지점당 1명씩 배치, 3개월 단위로 50명씩 증원

□ DM 발송

　• 매월 FPC당 1,500매 발송

□ 신계약건수

　• FPC 1인당 1차년도 초기 6개월 월 30건, 이후 35건 체결

　• FPC 1인당 2차년도 월 40건 체결

　• DM 발송대비 체결률 1.3%(지점 내 상담 포함)

□ 건당 초회 보험료

314

- 연금 20%, 상해 40%, 보장성 40%의 상품 구성비 적용
- 1999회계년도 대표 상품 평균 월납 초회 보험료 반영
- A연금 12만 1,000원, B교통상해 2만 9,000원, C질병 5만 5,000원 평균 건당 초회 보험료는 5만 8,000원
□ 계속보험료
- 유지율 2회 98%, 7회 93%, 13회 87%, 24회 76% 적용
□ 응당월 도래율과 연체율 비율
- 80%와 20% 적용
□ 예정사업비
- D생명 경험 사업비율 적용

| 구분 | 연금 | 상해 | 보장성 |
	A연금	B교통상해	C질병
α 초년도 보험료 대비	37.9 %	72.1 %	81.2 %
β 영업 보험료 대비	4.6 %	17.9 %	11.3 %
γ 영업 보험료 대비	2.4 %	2.3 %	2.4 %

2. 전략적 제휴시 수지계획

수지계획은 실제로 발생된 사업비(경비)를 예정사업비에서 차감해 산출된 손익을 알아보는 일련의 작업 과정이다.

실제사업비 중 가장 많은 비율을 차지하는 영업조직의 제수당은 1차년도에 예정 α의 45% ~ 46%대를 사용하고, 은행의 대리점 수수료는 1차년도에 예정 α의 30%를 지급하는 것으로 예상해 자료를 작성했다.

1) 전략적 제휴 1안

(1) 실제 사업비 및 손익

구분		단위	1차년	α%	2차년	α%	신장률(%)
	α	백만	9,222	–	34,441	–	273
	β	백만	1,485	–	8,023	–	440
	γ	백만	411	–	2,220	–	440
예정 사업비 계		백만	11,119	–	44,684	–	302
FPC 수당 (1인당)		백만 천원	4,267 2,844	46.3 –	13,632 4,131	39.6 –	219 45
은행지점 운영비		백만	2,767	30.0	10,332	30.0	273
판촉비 · 관리비		백만	563	6.1	2,101	6.1	273
통신비		백만	585	6.4	1,287	3.8	120
교육 훈련비		백만	180	2.0	396	1.1	120
기타 제비용		백만	184	2.0	689	2.0	274
실제 사업비 계		백만	8,545	92.7	28,437	82.6	233
집행률	예정 α 대비	%	93	–	83	–	–
	예정 대비	%	77	–	64	–	–
비차 손익		백만	2,573	–	16,246	–	531

□ 은행은 대리점 수수료에 해당하는 은행지점 운영비를 예정 α 대비 30% 적용하여 1차년도 27억, 2차년도 149억의 고수익 달성 예상

□ FPC의 1인당 수당은 1차년도 284만 4,000원, 2차년도 552만 9,000원으로 산출했으며, 업적증대에 따른 사무직원 선발, 탈락 직원에 따른 신규 직원 보충 등 적절한 수당 분배로 위 금액

에 대해 일부 조정 가능

□ 보험사 측면에서는 예정신계약비(α) 대비 신계약비 사용율이 1
차년도 93%, 2차년도 78%로 나타났으며, 손익은 유지비·수
금비가 반영되지 않는 상태에서 1차년도 25억, 2차년도 243억
으로 나타남

(2) 비용 산출 근거

□ FPC 수당

- 고정성 수당 : 1인당 100만 원

- 비례성 수당 : 예정 α의 30% 적용

- 1차년도는 예정 α의 46%, 2차년도는 예정 α의 37%

□ 은행지점 운영비 : 예정 α의 30% 지급

□ 판촉비 및 관리비 : 예정 α의 6.1%

□ 통신비

- 우편 : 발송 건당 200원

- 전화 : 통화 건당 60원

□ 교육훈련비 : FPC 1인당 매월 12만 원 적용

□ 기타 제비용 : 예정 α의 2%

2) 전략적 제휴 2안

(1) 실제 사업비 및 손익

구 분		단 위	1차년	α%	2차년	α%	신장률(%)
	α	백만	9,223	–	37,057	–	302
	β	백만	1,844	–	9,961	–	440
	γ	백만	420	–	2,269	–	440
예정 사업비 계		백만	12,187	–	49,287	–	304
FPC 수당		백만	4,477	45.1	14,417	38.9	222
(1인당)		천원	2,985	–	4,369	–	46
은행지점 운영비		백만	2,977	30.0	11,117	30.0	273
판촉비 · 관리비		백만	605	6.1	2,260	6.1	274
통신비		백만	585	5.9	1,287	3.5	120
교육 훈련비		백만	180	1.8	396	1.1	120
기타 제비용		백만	198	2.0	741	2.0	274
실제 사업비 계		백만	9,023	90.9	30,219	81.5	235
집행률	예정 α 대비	%	91	–	82	–	–
	예정 대비	%	74	–	61	–	–
비차 손익		백만	3,165	–	19,068	–	502

(2) 비용 산출 근거

□ FPC 수당

- 고정성 수당 : 1인당 100만 원

- 비례성 수당 : 예정 α의 30% 적용

- 1차년도는 예정 α의 46%, 2차년도는 예정 α의 37%

□ 은행지점 운영비 : 예정 α의 30% 지급

□ 판촉비 및 관리비 : 예정 α의 6.1%

□ 통신비

- 우편 : 발송 건당 200원

- 전화 : 통화 건당 60원

□ 교육훈련비 : FPC 1인당 매월 12만 원 적용

□ 기타 제비용 : 예정 α의 2%

3) 전략적 제휴 3 안

(1) 실제 사업비 및 손익

구 분		단 위	1차년	α%	2차년	α%	신장률(%)
	α	백만	12,971	–	56,785	–	338
	β	백만	2,372	–	15,030	–	534
	γ	백만	444	–	2,815	–	534
예정 사업비 계		백만	15,787	–	74,630	–	373
	FPC 수당	백만	5,391	41.6	19,676	34.6	265
	(1인당)	천원	3,594	–	5,962	–	53
	은행지점 운영비	백만	3,891	30.0	17,036	30.0	338
	판촉비 · 관리비	백만	791	6.1	3,464	6.1	338
	통신비	백만	585	4.5	1,287	2.2	120
	교육 훈련비	백만	180	1.4	396	0.7	120
	기타 제비용	백만	259	2.0	1,136	2.0	339
실제 사업비 계		백만	10,798	83.2	42,994	75.7	298
집행률	예정 α 대비	%	83	–	76	–	–
	예정 대비	%	68	–	58	–	–
비차 손익		백만	4,989	–	31,637	–	534

(2) 비용 산출 근거

　□ FPC 수당

　　• 고정성 수당 : 1인당 80만 원

　　• 비례성 수당 : 예정 α의 30% 적용

　　• 1차년도는 예정 α의 41.6%,

　　• 2차년도는 예정 α의 33.2%

　□ 은행지점 운영비 : 예정 α의 30% 지급

　□ 판촉비 및 관리비 : 예정 α의 6.1%

　□ 통신비

　　• 우편 : 발송 건당 200원

　　• 전화 : 통화 건당 60원

　□ 교육훈련비 : FPC 1인당 매월 12만 원 적용

　□ 기타 제비용 : 예정 α 2%

2 조인트 벤처(합작투자)시 수익성 분석

은행과 보험사가 합작을 통해 제3의 보험사 또는 판매법인을 설립하고 상호간의 역할을 분담해 운영하는 형태를, 합작투자라고 한다.

은행과 보험사는 소유권 균형에 관심을 두게 되는데, 투자 금액뿐 아니라 기술 관리의 전문성과 상품 범위, 판매 채널, 고객 데이터베이스 범위 등에 의해 통상 결정된다.

조인트 벤처에서의 수익은 공동출자 형식으로 전략적 제휴의 대리점 체계에서의 수수료 지급 형식이 아닌 실질적인 배당을 목표로 회사가 운영된다. 판매조직은 지점 내 판매인력(FPC)뿐만 아니라 Direct 마케팅 방법의 텔레마케팅에 의한 TM Center의 구축이 필수적인 사항으로, 조인트 벤처 내에서의 효율적인 조직관리가 수익성 관리에도 영향을 끼친다.

다음에서 검토되는 조인트 벤처 상태에서의 물량 계획 및 수지계획은 여러 가지 변수 중에서 예상치를 선정해 작성했기 때문에 조인트 벤처 형태의 방향 제시로서 검토된다.

1. 조인트 벤처시 물량계획

조인트 벤처에서 은행의 역할은 지분참여 및 판매 채널의 확보다. 판매 채널은 은행 지점 내 판매인력(FPC) 및 TM센터 내의 텔레마케터(TSR)로 구성되는데, FPC와 TSR는 고능률의 영업조직이나 전화판매를 전담으로 하는 TSR의 생산성이 좀더 상회한다.

1) Joint Venture 1안

(1) 조직 및 수입보험료

□ 연금보험 60 % + 상해보험 20 % + 보장성 보험 20 % 기준

구 분		단 위	1차년	2차년	신장률(%)
조직	조직 TSR 인원(기말)	명	60	120	100
	(경과)		540	1,260	133
	FPC 인원(기말)	명	80	140	75
	(경과)		780	1,500	92
	초회 보험료	백만	2,862	6,102	113
	계속 보험료	백만	15,276	89,652	487
	수입 보험료 계	백만	18,138	95,754	428
	α	백만	9,686	34,823	260
	β	백만	1,560	8,235	428
	γ	백만	432	2,279	428
	예정 사업비 계	백만	11,677	45,336	288

기타 세부내역은 별첨 자료 참조

(2) 산출근거

□ 영업조직

　• 가동 TSR : 최초 설치시 30명 선발, 6개월 단위로 30명 증원

　• 가동 FPC : 최초 50개 지점당 1명, 6개월 단위로 30명 증원

□ DM 발송 : 매월 TSR당 2,000매, FPC당 1,500매 발송

□ 신계약 건수

　• TSR 1인당 월 30건, FPC 1인당 월 20건 체결 예상

　• DM 발송대비 TSR의 체결률 1.5%, FPC의 체결률 1.3%로 평균 1.4% 적용

□ 건당 초회 P

　• 연금 60%, 상해 20%, 보장성 20%의 상품구성비 적용시

　• 1999 회계년도 대표 상품 평균 월납 초회 보험료 반영

　• A연금 12만 1,000원, B 교통 상해 2만 9,000원, C 질병 5만 5,000원으로 평균 건당 초회 보험료는 9만 원

□ 계속 P : 유지율 2회 98%, 7회 93%, 13회 87%, 24회 76%

□ 응당월 도래율과 연체율 비율 : 80 대 20% 적용

□ 예정사업비 : D생명 경험 사업비율 적용

구분	연금	상 해	보장성
	A연금	B교통상해	C질병
α 초년도 보험료 대비	37.9 %	72.1 %	81.2 %
β 영업 보험료 대비	4.6 %	17.9 %	11.3 %
γ 영업 보험료 대비	2.4 %	2.3 %	2.4 %

2) Joint Venture 2안

(1) 조직 및 수입보험료

❑ 연금보험 20% + 상해보험 40 % + 보장성 보험 40 % 기준

구분		단위	1차년	2차년	신장률(%)
조직	조직 TSR 인원(기말)	명	60	120	100
	(경과)		540	1,260	133
	FPC 인원(기말)	명	80	140	75
	(경과)		780	1,500	92
	초회 보험료	백만	2,610	5,533	112
	계속 보험료	백만	13,922	81,317	484
	수입 보험료 계	백만	16,532	86,850	425
	α	백만	11,391	40,753	258
	β	백만	2,083	10,943	425
	γ	백만	390	2,050	426
	예정 사업비 계	백만	13,864	53,745	288

(2) 산출근거

  □ 영업조직

   • 가동 TSR : 최초 설치시 30명 선발, 6개월 단위로 30명 증원

   • 가동 FPC : 최초 50개 지점당 1명, 6개월 단위로 30명 증원

  □ DM 발송 : 매월 TSR당 2,000매, FPC당 1,500매 발송

  □ 신계약 건수

   • TSR 1인당 월 40건, FPC 1인당 월 30건 체결 예상

   • DM 발송대비 TSR의 체결률 2%, FPC의 체결률 2%

□ 건당 초회 P

- 연금 20%, 상해 40%, 보장성 40%의 상품구성비 적용시
- 1999 회계년도 대표 상품 평균 월납 초회 보험료 반영
- A연금 12만 1,000원, B 교통 상해 2만 9,000원, C 질병 5만 5,000원으로 평균 건당 초회 보험료는 5만 8,000원

□ 계속 P : 유지율 2회 98%, 7회 93%, 13회 87%, 24회 76%

□ 응당월 도래율과 연체율 비율 : 80%와 20% 적용

□ 예정사업비 : D생명 경험 사업비율 적용

구 분	연금	상 해	보장성
	A연금	B교통상해	C질병
α 초년도 보험료 대비	37.9 %	72.1 %	81.2 %
β 영업 보험료 대비	4.6 %	17.9 %	11.3 %
γ 영업 보험료 대비	2.4 %	2.3 %	2.4 %

2. 조인트 벤처시 수지계획

TSR의 1인당 평균 수당이 FPC보다 약간 높게 나타나고 있는데, 이는 TSR의 생산성(TSR 30건 · FPC 20건)이 더 높게 예상되기 때문이다.

이 때문에 성과급에서도 더 낮게(TSR α 대비 25% · FPC α 대비 30%) 분배했음에도 실질 수당 수혜는 더 높게 나타난다.

1) Joint Venture 1안

(1) 실제 사업비 및 손익

구 분		단 위	1차년	α%	2차년	α%	신장률(%)
	α	백만	9,686	–	34,823	–	260
	β	백만	1,560	–	8,235	–	428
	γ	백만	432	–	2,279	–	428
예정 사업비 계		백만	11,677	–	45,336	–	288
TSR 수당		백만	1,689	17.5	5,862	16.8	247
(1인당)		천원	2,839	–	4,652	–	63
FPC 수당		백만	1,937	20.0	6,122	17.6	216
(1인당)		천원	2,632	–	4,081	–	55
판촉비 · 관리비		백만	591	6.1	2,124	6.1	259
통신비		백만	585	6.0	1,240	3.5	112
교육 훈련비		백만	211	2.2	442	1.3	109
기타 제비용		백만	194	2.0	696	2.0	259
실제 사업비 계		백만	8,447	56.2	10,625	30.5	95
집행률	예정 α 대비	%	56	–	31	–	–
	예정 대비	%	47	–	23	–	–
비차 손익		백만	6,230	–	28,850	–	363
배당재원(동일 지분시)		백만	3,115	–	14,425	–	363

(2) 비용 산출 근거

□ TSR 수당

- 고정성 : 1인당 80만 원
- 비례성 : 예정 α의 25% 적용

□ FPC 수당

　• 고정성 : 1인당 100만 원

　• 비례성 : 예정 α의 30% 적용

　• 1차년도는 예정 α의 46%, 2차 년도는 예정 α의 37%

□ 판촉비 및 관리비 : 예정 α의 6.1%

□ 통신비

　• 우편 : 발송 건당 200원

　• 전화 : 통화 건당 60원

□ 교육훈련비 : 1인당 16만 원 교육비 지출

□ 기타 제비용 : 예정 α의 2%

2) Joint Venture 2안

(1) 실제 사업비 및 손익

구분		단 위	1차년	α%	2차년	α%	신장률(%)
	α	백만	11,391	–	40,753	–	258
	β	백만	2,083	–	10,943	–	425
	γ	백만	390	–	2,050	–	426
예정 사업비 계		백만	13,864	–	53,745	–	288
	TSR 수당 (1인당)	백만 천원	1,910 3,200	16.8 –	6,688 5,308	16.4 –	250 65
	FPC 수당 (1인당)	백만 천원	2,183 2,920	19.1 –	6,909 4,606	17.0 –	216 58
	판촉비 · 관리비	백만	695	6.1	2,486	6.1	258
	통신비	백만	585	5.2	1,240	3.0	112
	교육 훈련비	백만	211	1.9	442	1.1	109
	기타 제비용	백만	228	2.0	815	2.0	257
실제 사업비 계		백만	6,052	53.1	11,892	29.2	96
집행률	예정 α 대비	%	53	–	29	–	–
	예정 대비	%	44	–	22	–	–
비차 손익		백만	7,812	–	35,165	–	350
배당재원(동일 지분시)		백만	3,906	–	17,582	–	350

(2) 비용 산출 근거

- □ TSR 수당

  - 고정성 : 1인당 80만 원

  - 비례성 : 예정 α의 25% 적용

- □ FPC 수당

  - 고정성 : 1인당 100만 원

  - 비례성 : 예정 α의 30% 적용

  - 총 수당은 1차년도는 예정 α의 35.9%, 2차년도는 예정 α의 31.4%

- □ 판촉비 및 관리비 : 예정 α의 6.1%

- □ 통신비

  - 우편 : 발송 건당 200원

  - 전화 : 통화 건당 60원

- □ 교육훈련비 : 1인당 16만 원 교육비 지출

- □ 기타 제비용 : 예정 α의 2%

제2권 방카슈랑스(워크북편)
제1권 방카슈랑스(이론 · 실무편)

●

방카슈랑스 How to Work

●

지은이 / 최종욱
펴낸이 / 김경태
펴낸곳 / 한국경제신문 한경BP
등록 / 2-315(1967. 5. 15)
제1판 1쇄 인쇄 / 2003년 11월 25일
제1판 1쇄 발행 / 2003년 11월 30일
주소 / 서울특별시 중구 중림동 441
홈페이지 / http://bp.hankyung.com
전자우편 / bp@hankyung.com
기획출판팀 / 3604-553~6
영업마케팅팀 / 3604-561~2, 595
FAX / 3604-599

●

* 파본이나 잘못된 책은 바꿔 드립니다.
ISBN 89-475-2406-9
89-475-2404-2(세트)

값15,000원